中学语文阅读教学新视野

曾凡忠◎著

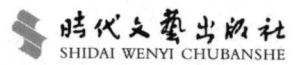

图书在版编目（CIP）数据

中学语文阅读教学新视野 / 曾凡忠著. -- 长春：时代文艺出版社，2023.12
ISBN 978-7-5387-7323-1

Ⅰ.①中… Ⅱ.①曾… Ⅲ.①阅读课—教学研究—中学 Ⅳ.①G633.332

中国国家版本馆CIP数据核字(2023)第222562号

中学语文阅读教学新视野
ZHONGXUE YUWEN YUEDU JIAOXUE XIN SHIYE

曾凡忠　著

出 品 人：	吴　刚
责任编辑：	李荣銮
装帧设计：	钱金华
排版制作：	钱金华

出版发行：时代文艺出版社
地　　址：长春市福祉大路5788号　龙腾国际大厦A座15层（130118）
电　　话：0431-81629751（总编办）　0431-81629758（发行部）
网　　址：weibo.com/tlapress（官方微博）
开　　本：787mm×1092mm　1/16
字　　数：223千字
印　　张：14
印　　刷：廊坊市海涛印刷有限公司
版　　次：2023年12月第1版
印　　次：2023年12月第1次印刷
定　　价：68.00元

图书如有印装错误　请寄回印厂调换

前　言

阅读是搜集处理信息、认识世界、发展思维、获得审美体验的重要途径，阅读是学生个性化的行为，阅读是一种以理解和创造为目的的对话活动。语文是承载和传播人类文明的工具，语文教学的终极目的是教会学生以语言为工具，自由地、广泛地吸取思想，扩充知识，接受人类的认识成果。随着人类文明的不断发展进步，人们要接受和处理的信息越来越多，越来越复杂，没有一定的阅读能力是应对不了的。所以，阅读教学在语文教学中占有举足轻重的地位。语文教学从本质上说是一种"沟通"与"合作"的活动，中学语文阅读从本质上说也是一种"沟通"与"合作"的活动，阅读教学是学生、教师、文本之间的对话过程。阅读、口语交际与写作是中学语文教学中三大部分。阅读教学不仅能引导学生积累知识，培养阅读理解能力，而且能训练学生的思维；不仅能陶冶情操、培养审美能力，而且能发展学生的个性，因此如何有效地进行阅读教学显得尤为重要。

阅读是语文课程学习的核心领域之一。提高阅读教学质量，培养学生阅读素养是语文教育一个"永远在路上"却常说常新的话题，但在中学语文阅读课堂教学中，还存在诸如语文教师专业能力不强，不善于对阅读教学中出现的问题进行思考、分析等问题。因此，中学语文教师要积极探索更多有效提高学生阅读能力的方法，不断创新教学方法，不断尝试，并且不断总结，为学生的阅读营造良好的氛围，充分调动学生的积极性，激发学生的阅读兴趣，尊重学生的主体地位，才能找到行之有效的优化中学语文阅读教学的具体措施和方法，从而增强教学有效性，促进教学发展。这就需要教师在教学中相对以往的教学方式要有所改变，首先就要改变教师自身的教育观念，摒弃传统语文教学中的错误观念，明确中学语文教学的目的与任务，运用有效的中学语文阅读教学策略，根据中学语文阅读教学学情，有选择性地应用个性化阅读、探究性阅读、复查法阅读、曲问法阅读以及微课阅读教学法，以学生为主体，开发学生的思维，提高学生的能力，增强学生学习的自主意识，进而提升中学语文阅读教学的有效性。

语文教学不仅要帮助学生在今日的标准下取得成功，而且也要为学生在将来取得成功奠定基础。阅读教学绝不是一个被动的现象，教师必须从所阅读文本中寻求其与学生当下和未来生活有关联的价值与意义，引导学生在阅读之后有根据地评判在生活、学习中所遇到的人物、事件和活动，帮助学生形成正确的价值观，成为有知识、有能力、有人格、能创造美好生活的人。

目 录

第一章　中学语文阅读教学概述 ·· 1
第一节　中学语文阅读教学的任务和目的 ························· 1
第二节　中学语文阅读教学的现状及对策 ······················· 25

第二章　中学语文阅读教学设计 ·· 47
第一节　阅读能力的构成及其发展 ································· 47
第二节　教学设计的指导思想 ·· 53
第三节　单篇教读课文的教学设计 ································· 55
第四节　单篇自读课文的教学设计 ································· 62
第五节　单元教学设计 ·· 66

第三章　中学语文阅读教学策略 ·· 70
第一节　选择阅读教学策略与方法的基本构想 ················ 70
第二节　阅读教学的基本策略 ·· 77
第三节　阅读教学方法的价值意义 ································· 96

第四章　中学语文个性化阅读教学 ······································ 100
第一节　个性化阅读教学的基本原理 ···························· 100
第二节　个性化阅读教学概述 ······································ 105
第三节　个性化阅读教学的模式 ··································· 114

第五章 中学语文探究性阅读教学……124
第一节 探究性阅读教学概述……124
第二节 探究性阅读教学的实施……135
第三节 探究性阅读教学的实施效果及反思……151

第六章 中学语文复沓法阅读教学……156
第一节 复沓法的概念、特点与教学价值……156
第二节 复沓法的理论基础及教学要求……164
第三节 复沓法的运用原则与教学策略……171
第四节 复沓法的教学实践……177

第七章 中学语文曲问法阅读教学……182
第一节 曲问法的内涵与教学价值……182
第二节 曲问法的学理基础……187
第三节 曲问法的设计原则与类型……193
第四节 曲问法的设计与实践……196

第八章 中学语文阅读微课教学……203
第一节 微课概述及应用依据……203
第二节 微课在中学语文阅读教学中的必要性……208
第三节 中学语文阅读微课教学的策略探索……210

参考文献……217

第一章　中学语文阅读教学概述

第一节　中学语文阅读教学的任务和目的

一、阅读的相关概念

(一)阅读的概念

何为阅读?《中国大百科全书》对其的定义是:阅读是从文字、符号、公式、图表等书面材料中获取信息的过程,其主要是对书面材料的理解过程。这种概念的界定强调了阅读不是被动地获取知识,而是主动地获取信息的过程,但其实阅读过程中还包括其他因素,如情感、动机等。

王继坤认为,阅读是阅读主体对读物的认知、理解、吸收和应用的复杂的心智过程,是现代文明社会所不可或缺的智能活动,是人们从事学习的重要途径和手段之一。曾祥芹认为,阅读是读者从写的或印刷的书面材料中提取意义和情感信息的过程。

从本质上说,阅读是从"信息"中获取所需要的意义的过程。从阅读的特性来看,阅读既是一种认知过程,也是一种非智力因素过程,还是现代文明社会需要掌握的一种操作技能。阅读是智力活动和操作技能的统一,这就要求阅读一要讲求方法和策略,二要不断地练习,直至熟练。正如叶圣陶所说,阅读跟写作不会比走路跟说话容易,一要得其道,二要经常历练,历练到成了习惯,才算有了这种能力。

(二)"阅读"与"读书"辨析

阅读的概念要与"读书"区分开,读书有两层含义,一层是指上学,另一层就是指阅读书籍。阅读与读书的区别有:一是材料的不同,阅读的材料可以是连续性文本或者非连续性文本,既可以是单篇也可以是整本书,而读书一般是指读整本书;二是读书更多的是领会、涵泳作者的情思,阅读则需要获取信息,适应社会,形成能力。读书是一种活动,更多的是凭借经验和个人动机,而阅读则是一种更加科学、高效的学习方式,需要掌握一定的方法、规则。

二、语文阅读

语文阅读是学生获取知识、接受文化的主要途径,阅读有利于开发学生的心智。重视学生的阅读,关系到学生以至整个社会的文化品质与持续发展的能力。这就需要教师搞懂什么是阅读、阅读内涵、阅读理念等。探讨这些问题,可以指导青少年开展阅读活动,提升阅读教学的价值,促进青少年积极健康成长。

(一)语文阅读的内涵

1. 认知内涵

语文阅读是个体感受、认知的过程,学生在阅读中要进行感知与理解。感知是对书面文字、符号的认知,是阅读的初级阶段,感知阶段主要依靠视觉器官来完成,眼睛在阅读的时候比较活跃,将字、词、语句等信息收入大脑之中。在阅读感知后,开始阅读理解,而阅读理解是对信息进行加工的认知过程,理解与创造意义。语文阅读中,学生在感知文本的基础上,形成记忆,运用自身的认知与思维,理解文本的意义。对文本的理解与感知,也就是理解文章的意义,是认知发展的过程。

2. 情感内涵

语文阅读不仅是认知活动,还是情感活动。阅读过程是个体与文本的对话过程,在阅读文章的过程中,阅读者与作者在思想、情感、灵魂上产生碰撞,感受文章的情感。阅读的过程是情感交流的过程,阅读者走进作者创造的精神世界中,个体情感与作者情感交织在一起,让阅读者产生积极向上的心态,更好地面对现实与生活。

3. 行为内涵

阅读是一种具有广泛性、经常性的行为,在学习中几乎时时刻刻都在发生。通过阅读,可以掌握知识,了解经验,获取信息。阅读具有实践性与社会性。从阅读者的个体角度来讲,阅读是交际的过程,阅读文本的过程,是与作者进行情感交流的实践活动,在这样的实践活动中,个体的思想得到发展,知识得到丰富。阅读是一种特殊的交际方式,作者、文本、读者三者之间形成交际环境。语文阅读是社会信息交流的一种模式,它可以有效地传递社会文明,改变人们的思想,促进学生综合素质的提升。

(二)语文阅读的理念

1. 生命阅读

阅读不仅仅是掌握知识、获取信息的手段,更是对生命的关注。提升阅读者的生命质量,以及其对社会发展的意义,是语文阅读教学的终极追求。我们要关注阅读的本质,要让阅读成为生命阅读。首先,阅读会贯穿人的一生。通过阅读,学生获取知识,探索未知的世界。人从学习第一个字开始,就开始了阅读的旅程,随着成长与发展,人的阅读能力、阅读需要都在不断发展,通过阅读掌握知识,获取信息,最终实现人生价值,而在生命发展的过程中,不间断地、持续地阅读,又可以找到新的体验与意义;其次,生命阅读,就是阅读者感知、创作的过程。通过阅读,学生获得大量与生命有关的信息与知识,知道了什么是生命,学会了生存,在不断的阅读实践过程中,体验作者情感,这些情感让阅读者获得感性认识,追求生命的意义,创造属于自己的价值,获得自我、他人、社会、自然的和谐相处。

2. 快乐阅读

快乐学习是积极的情感与情绪状态,如果不快乐,学习也难以产生效果,而阅读会让学生感受快乐。首先,知识的获取会给学生带来快乐。阅读的文章中有着丰富的知识,很多都是学生以前并不了解的,通过阅读文章,与文本进行深刻的交流,获得新概念、新知识,学生的求知欲、好奇心得到满足,在体验知识的过程中获得快乐;其次,体验与经历会给学生带来快乐。每篇文章、每个文本都记载了跌宕起伏的故事、饱满的人物形象,阅读者与文本之间进行沟通,会产生各种各样的情感体验,使其感受到快乐。1958年,美国社会心理学家海德提出了平衡说,他认为,在阅读中,文本中的某个人物与自己的经历很像,但是其经历的命运比自己现实的还要悲惨,阅读者在比较中体验到快乐与平衡。同样,快乐作为一种积极的情绪,可以影响阅读,在阅读中快乐,在快乐中阅读。

3. 成长阅读

学生在成长与发展的过程中,需要德智体美劳综合素质的全面发展。成长阅读的理念,就是学生在阅读的过程中,使其自身素质不断进步与发展。首先,阅读有助于学生心智的开发。通过阅读,学生掌握了大量有用的知识。进行认知、阅读的过程是学生观察能力、感知能力、记忆能力、想象能力、思维能力发展的过程。其次,语文阅读有助于学生意志力的培养过程。文章会体现出一些优秀的非智力品质,个体获得这些体验,就会用其指导自己的生活,最后有利于形成自身良好的非智力品质。

4. 审美阅读

追求美好事物是每一个人的天性,学生对美进行欣赏,可以产生审美情感。在审美阅读的理念下,学生在阅读中欣赏美、感受美、体验美,提高品位,体验美好的人生。审美阅读是一种高级的阅读目标。美感超越了功利性的教学目标,具有广泛的价值与意义,这样的美具有真实性与强烈性,贯穿语文阅读活动的始终。学生在阅读中享受美的愉悦,带给学生精神世界非凡的享受,获得良好的情感体验。

总而言之,厘清语文阅读的内涵与理念,有利于学生更好地进行阅读,促进学生综合素质的提升,加强阅读教学的效果。

三、阅读教学

(一)阅读教学的定义

沈韬认为,阅读教学是指导学生学习课文,进行综合阅读训练,使学生掌握阅读的方法,培养阅读能力的教学,其中心是引导学生读懂课文和指导学生会读课文。程翔认为,阅读教学活动不是单纯的阅读活动,其基本任务是经过系统的、科学的阅读训练,使学生获得阅读能力。总之,阅读教学是系统、科学地指导学生阅读课文,进行阅读训练,掌握阅读方法并获得阅读能力的一种教学活动。

(二)阅读教学的基本任务

王荣生提出,阅读教学的基本任务根植于阅读教学"课文"的特性中。阅读教学的基本路径有三条,即唤起、补充学生的生活经验,指导学生学习新的阅读方法,组织学生交流和分享语文经验。张心科谈到,阅读教学应当是教师带领学生从材料中获取信息,并与文本交流、对话的过程,应当教授学生从材料中获取信息,与文本交流、对话的技能或策略。但现实的阅读教学往往忽视技能和策略的传授,侧重的是借助文本进行听说、写作等的教学。

由此可以看出,阅读教学的基本任务之一就是指导学生掌握阅读方法。然而现实的阅读教学并没有把阅读方法的教学当作重要的内容。

四、中学语文阅读教学

阅读教学是中学语文教学的中心环节,是语文知识和其他知识全面综合运用的过程,是语言能力、思维能力及思想认识水平的综合反映。搞好阅读教学,对提高学生的听说读写能力,受到美的熏陶和思想品德教育有着举足轻重的作用。

同时,教师通过阅读教学开阔学生视野,发展学生的智力,不断引导学生逐渐形成健康向上的世界观、人生观、价值观,对塑造学生形成良好的道德品质和健康的人格起到十分重要的作用。并且,语文阅读教学有利于学生提高掌握语文知识的能力,所以中学语文的阅读教学是培养提高中学生听、说、读、写各种能力的重要环节和手段。

此外,阅读活动的根本价值还在于为成长中的中学生提供精神食粮,并不断地为其补充营养。阅读活动能不断地把古今中外的优秀文化产品提供给每个学生,在潜移默化中塑造学生的灵魂,丰满他们的血肉。教师推荐给学生的文学作品,饱含着作家真、善、美的情思,闪烁着人类的智慧,充溢着生机、灵气、爱憎、智慧的生命律动。教师在阅读教学中要真正使中学生含英咀华,吃透对象,一定要授之以渔。教师首先应全身心地沉浸在文章中,声情并茂地讲解,循循善诱地启示,用课文中体现出来的闪光的精华丰富学生的美好心灵,激发学生的求知热情,并以此促使学生的道德感、理智感、审美力和意志力的形成。

五、中学语文阅读教学的目标

中学语文阅读教学的目标主要有以下几个方面。

(一)培养阅读兴趣和习惯

1.培养阅读兴趣

阅读兴趣是指阅读主体(读者)对于阅读客体(读物)的喜好。

培养中学生的阅读兴趣,帮助中学生形成持久不衰的内在动力,是阅读教学的一项重要任务。"兴趣是最好的老师",对阅读有兴趣,就为学生持续阅读和提高阅读能力提供了重要的内因。许多著名的教育家,都非常注重学习兴趣的培养,如孔子就说过:"知之者不如好之者,好之者不如乐之者。"朱熹也曾指出:"教人未见意趣,必不乐学。"《义务教育语文课程标准(2022年版)》明确要求:"每学年阅读两三部名著,探索个性化的阅读方法,分享阅读感受,开展专题探究,建构阅读整本书的经验。感受经典名著的艺术魅力,丰富自己的精神世界。"阅读兴趣包括广泛的兴趣、专一的兴趣、稳定的兴趣、高雅的兴趣、新奇的兴趣。

2.培养阅读习惯

阅读习惯是指在阅读活动中由多次重复而达到的带有稳定特点的自动化的阅读思维或阅读行动方式。良好的阅读习惯有利于中学生高效地阅读,使中学生终身受益。阅读习惯包括以下几点:一是喜欢阅读、经常读书的习惯。二是读书用脑的习惯。主要指读书能积极主动动脑筋思考,能够提出问题,在阅读过程中具有自觉分析问题、归纳要点、提炼主旨、评价赏析的习惯。三是读书用笔的习惯。主要指在阅读过程会主动动笔,具有摘录要点、圈画要点、批注观点、制作卡片、撰写读后感的习惯。四是使用工具书的习惯。五是讲究阅读卫生的习惯。因此,良好的阅读习惯是阅读活动顺利进行的保证。

（二）教给阅读方法

在阅读教学中,阅读方法与技巧的教学自然占有重要的地位。教师要密切联系中学生阅读实践,积极运用理论指导、模式指导、范例指导、经验指导等多种形式,向中学生提供有关阅读的规律性知识,使他们切实掌握有效阅读的方法与策略;并要积极创造适宜中学生阅读的情境,让中学生尝试和体验成功阅读的愉悦,从而能够使中学生从阅读中学会阅读,提高阅读效率与阅读水平,并从真正意义上具备终身学习的能力。

（三）培养阅读能力

根据对阅读过程的纵向考查,阅读能力的结构一般由以下几个方面构成。

1. 认读能力

认读即感知、辨识文字符号的过程。认读要以一定的识字量为基础。培养认读能力,要从加强识字教学提高识字量入手,教学生把握认读的规律,并通过认读实践,切实有效地培养学生的认读能力。

2. 理解能力

理解能力是指在认读的基础上,把连续感知的文字符号联系起来,通过直觉、联想、想象以及逻辑分析和综合判断的思维活动,确认其所表达的思想意义的能力。在语文教学过程中,培养学生的理解能力,主要是培养学生理解文章遣词造句的技巧、篇章构制的特点及文章的思想内容与感情色彩的能力,以促进学生阅读能力及思维能力的发展。

3. 欣赏能力

欣赏能力是读者对作品的思想意蕴及艺术形式的感受、领略、品味、体验的能力。欣赏是感知、想象、情感体验等一系列复杂的心理活动互相交织的过程,它是高层次阅读不可缺少的能力。在阅读教学中,教师应当注意引导中学生通过想象、联想,再现文章的情境,并唤起他们相似的心理体验与情感共鸣,对文章的情调、韵味及艺术美质进行全方位的观照,培养和提高学生的这种能力。

4.评价能力

在感知、理解的基础上,对阅读材料的内容与形式做出价值认定与意义的判断,是高层次阅读不可或缺的环节。它以对作品价值的理性分析与判断为基本特征。在教学中,要引导中学生注意从作品的实际内容出发,通过对作品构成要素的分析,正确地评价作品的思想倾向,并要注意联系作品赖以生成的背景及环境,对作品的社会意义做出合乎情理的阐释与分析。

(四)训练阅读技巧

从横向上看,阅读的方式有朗读、默读、精读、略读、速读,相应地就有阅读的技巧。

1.朗读训练

朗读就是出声的读,是通过读出词语和句子的声音把诉诸视觉的文字语言转化为诉诸听觉的有声语言。朗读有助于增强对语言的感受能力,从而加深对文章思想感情的体味理解;可以促进记忆,积累语言材料;有助于形成语感,提高口头和书面的表达能力等朗读训练的基本要求。朗读训练的方式主要有:范读、领读、仿读、接替读、轮读、提问接读、齐读、小组读、个别读、散读、分角色读等。对读物可采取全篇读、分段读、重点读等。

2.默读训练

默读是指不出声的阅读,它通过视觉接受文字符号后,直接反射给大脑,可以立即进行译码、理解。因此,默读又称"直接阅读"。一般说的阅读能力,实际多指默读能力,因为它在实际学习和生活中运用得最多。

默读训练的要求:感知文字符号要正确,注意字音、字形、词语的搭配、句子的排列;要讲究一定的速度,要学会抓重点;在阅读中学会思考,根据文章的内容,向自己提出问题、解决问题。

根据默读训练的要求,默读训练可着重从下面三方面进行。

第一,视觉功能的训练。主要是扩大视觉幅度的训练,增加一次辨认文字的数量,同时提高视觉接受文字符号的速度,减少眼停次数和回视次数。

第二，默读理解的训练。主要是要教会学生如何调动想象、联想、思维和记忆的作用，以提高理解读物的内容深度和速度。

第三，默读习惯的训练。主要是帮助学生克服不良习惯，如出声读、唇读、喉读、指读、回读等；使学生养成良好的阅读习惯，如认真、专注、边读边思、边读边记等，良好的阅读习惯，能够提高阅读效率。

3. 精读训练

精读是逐字逐句深入钻研、咬文嚼字的一种阅读。

精读训练的基本要求：对读物从整体到部分，从部分到整体，从形式到内容，从内容到形式的反复思考深入理解；对于阅读材料中的关键词语或句子，要仔细推敲琢磨，不仅要理解其表层的意义，而且要深入领会其言外之意、画外之象；养成边阅读边思考、边阅读边做笔记的习惯，因为只有真正独立思考的主动的阅读活动，才是有效的阅读活动。

为了提高精读训练的有效性，教师在精读训练过程中，要提示精读的步骤和方法，给予适当的引导，使中学生逐步练习，直到完全掌握精读技能、形成熟练的技巧与习惯。

精读训练可以有不同的步骤，各有侧重。具有代表性的精读步骤有以下几种。

三步阅读法：认读→理解→鉴赏。

五步阅读法：纵览→发问→阅读→记忆→复习。

六步自读法：认读→辨体→审题→问答→质疑→评析。

在实施阅读训练的过程中，无论哪一个步骤或环节都需要运用良好的、合适的阅读方法才能保证精读的顺利完成。实际上，精读没有固定不变的步骤和方法，每个教师都可以根据自己的经验和中学生的情况提出训练方案，同时鼓励中学生在实际阅读和训练中，总结出符合个人阅读情况的步骤和方法。

4. 略读训练

略读是指粗知文本大意的一种阅读，是一种相对于精读而言的阅读方式。略读对文章的阅读理解要求较低，略读的特点是"提纲挈领"。它的优势在于快速捕捉信息，在于发挥人的直觉思维的作用，一般与精读训练总是交叉进行的。

略读训练指导应注意：第一，加强注意力的培养，提高在大量的文字信息中捕捉必要信息的能力，纠正漫不经心的阅读习惯。第二，加强拓宽视觉范围、提高扫视速度的训练。第三，着重训练阅读后，用简练的语句迅速归纳材料的总体内容或概括中心意思的能力。第四，注意教给学生如何利用书目优选阅读书籍，利用序目了解读物全貌，如何寻找和利用参考书解决疑问，以及略读中如何根据不同文体抓略读要点等。

5. 速读训练

速读是指在有限的时间里，迅速抓住阅读要点和中心，或按要求捕捉读物中某一内容的一种阅读方式。速读的基本要求：使用默读的方式；扩大视觉范围，目光以词语、句子或行、段为单位移动，改变逐字逐句视读的习惯；高度集中注意力进行阅读的习惯；每读一遍都有明确的阅读目标的习惯；减少回读；从顺次阅读进入跳读。

速读方法的训练主要有：一是提问法，读前报出问题，限时阅读后，按问题检查效果。二是记要法，边读边记中心句、内容要点或主要人物和事件等，读后写出提要。三是跳读法，速读中迅速跳过已知的或次要的部分，迅速选取与阅读目的相符的内容，着重阅读未知的、主要的或有疑问的地方。四是猜读法，即根据上文猜测下文的意思，或根据下文猜上文的意思，能迅速猜测出意思的，就不必刻意去读。当然，速读训练应注意根据中学生的阅读基础和读物的难度来规定速度的要求。

（五）陶冶情操，提高人文素养

语言文字是人类文化的重要组成部分，作为体现语文课程鲜明的人文性特点的阅读教学内容，对中学生精神领域的影响是深广的。因而，在阅读教学中应当发挥语文自身优势，重视文化信息的吸收，充分体现语文在思想、道德情操、审美等方面的教育价值，使中学生在阅读中体味大自然和人生的多姿多彩，激发珍爱自然、热爱生活的情感；通过阅读和鉴赏，深化热爱祖国语文的感情，体会中华文化的博大精深；在阅读和鉴赏活动中，不断充实精神生活，感受艺术和科学中的美，提升审美境界，完善自我人格。

六、中学语文阅读教学的内容与基本过程

(一)中学语文阅读教学的内容

阅读教学内容与语文教科书的内容密切相关,但是,语文教科书的内容不等于教师的教学内容。长期以来,我国语文教科书都是采用"文选型"模式,形成了一个根深蒂固的"范文制度",阅读教学的内容似乎就是教范文。近年来有研究者对"文选型"的教科书编制进行了细致的研究,认为语文教科书中的选文,大致可以鉴别出四种类型,即"定篇""例文""样本""用件"。以上述观念为指导,阅读教学的主要内容应包括经典名篇、言语经验、读解策略、语言文化知识、整合性阅读实践活动,以及文言文的阅读。

1. 经典名篇

经典名篇是指从古今中外文化典籍中选出来的世界和民族优秀的文化和文学作品。过去的教学大纲称之为"基本篇目"。经典名篇的教育意义,朱自清先生早在他的《经典常谈》的序文中指出:"经典训练的价值不在实用,而在文化。"通过学习经典名篇,学生将会"认识中华文化的丰厚博大,吸收民族文化智慧。关心当代文化生活,尊重多样文化,吸取人类优秀文化的营养"。因此,经典名篇应该直接地、原汁原味地进入语文教科书中,不应该随意删改;并且应当成为那一部分教材内容所围绕的中心。学生学习这些经典名篇的主要任务是沉浸于这些诗文,对诗文加以内化(了解和欣赏)。而且,要注意记诵和积累,让这些经典名篇成为自己文化素养的有机组成部分。

2. 言语经验

语文教科书中还有一部分选文,是作为运用语言表情达意的成功范例而编选进来的。这些文章或作品,都是作者运用社会语言来表达自己的思想、观点、情感、态度、主张的"言语作品"。这些言语作品以活生生的状态告诉学生:他的写作意图是什么,他是如何选择材料的,如何组织篇章的,以至于如何选词、造句等。研究如何运用祖国语言去生成自己的言语作品,这正是语文课程的重要任务之一。

3.读解策略

阅读首先是为了理解读物的意义,从中提取出于己有用的知识或信息。读物是作者运用语言表情达意的成品,属于言语的范围。读者要能够成功地与读物和作者交流,就需要有能够调控阅读活动过程的主要策略。这些策略如认知语言的策略、还原语境的策略、提纯撮要的策略、联想生发的策略、问题导向的策略。

(1)认知语言的策略

读解言语的意义首先需要认知和理解语言,读者和作者应当具有一套共有的语言知识,否则,理解是不可能产生的。

(2)还原语境的策略

语境和言语一道生成。言语作品一旦生成,语境因素也就自然消失。这个时候,言语理解面临的问题是通过对言语的解码恢复言语与语境的关系。还原语境,包括充分利用上下文微观语境;探察写作活动发生的时间、场合、心态等中观语境;追寻作者所处的历史、社会、文化状况等宏观语境。由此可知,还原语境就是还原生活,理解语境就是理解生活。

(3)提纯撮要的策略

在阅读过程中,读者始终把提取读物所表述的最主要、最基本的信息作为目标。这一方面是因为读物的语言符号系统中的每个元素,并不是处处都处于同等重要的地位;另一方面是因为人的大脑不可能容纳所有的知识信息,它自身就具有过滤和筛选的功能。

(4)联想生发的策略

读物的意义要由读者生成和拓展。联想,是读者生成、拓展和创新意义的重要渠道。联想意义的策略,指的是在读解过程中自觉地运用联想的方法去理解和拓展读物的意义。联想意义的策略主要包括"联想/替换""联想/填充""联想/触发"。

(5)问题导向的策略

没有问题导向意识的读者所读到的和摘抄到的,往往是散的、无结构的资料。因此,读者应当注意在阅读中学会质疑问难,带着发现和解决问题的期待去实施和调控阅读过程。

4.语言文化知识

在语文教科书中,除了经典文篇(定篇)、言语经验(例文)、读写凭借(样本)之外,还有一部分专门供中学生阅读的材料。这些材料有的是讲述语言和修辞的知识;有的介绍作家和作品的常识;有的说明某种文化或科学的现象;还有的给中学生提供听、说、读、写言语活动的方法。中学生阅读这些材料的目的不在于学习它们的表达形式,而在于了解它们所说明的内容,在于增长自己的文化科学知识,拓宽自己的知识视野。这些材料往往以"语文知识""引起话题""提供资料"等形式出现;其主要目的是提供信息、介绍资料、组织活动、引起探究并指导学生在相关的言语实践中去运用这些材料等。

5.整合性阅读实践活动

只靠语文教科书中有限的文选是很难培养出中学生实用的阅读能力的。因此,在语文教学中,还应注意安排和组织各种整合性阅读实践活动。例如,现行的几种义务教育语文课程标准的实验教材中,都编排有"综合性学习"。课外阅读也是组织和实施整合阅读实践的机会。整合阅读实践活动与"综合性学习"一样,具有综合性、探究性、过程性和合作性等特点。

6.文言文的阅读

文言文阅读的最终目的是对全篇思想和情感的理解。把握文意,归纳概括文章的思想内容,辨析作者的观点态度,是文言文阅读的重点和难点。文章的内容,总体上来说不外乎写人、绘景、抒情、说理等几个方面或多方面的综合。对它的理解把握源于对文章词句提供信息的综合,人物形象可以从语言行为上把握,大致可以从事物、环境上把握,情感可以从感情、缘由上把握,道理可以从观点、依据上把握。

对文言文文意的把握方法也适用于现代文和外文,差别只在于文言文和外文首先要消除语言上的障碍。这就要求掌握语言文字的相关知识,先打好语言文字的基础。

(二)中学语文阅读教学的基本过程

阅读教学的过程通常是指教学一篇课文所经历的过程。当代教学论认为,学习是一个过程,而不只是一个结果,因而十分注重过程。

按照学生阅读知识和阅读能力发展的规律,阅读教学流程一般按三个环节开展:引导—研读—运用。

1. 引导过程

引导过程的基本任务是确定学习目标,唤起学生学习动机。一般包括以下教学内容:预习、解题、介绍有关资料、导入新课。阅读教学实践中,可以全部运用,也可以只运用其中的若干项。

(1)预习

预习是学生学习的准备阶段。教师在教学实践中既可以布置中学生在课前预习,也可以指导中学生在课堂上进行预习。教师可以根据教学需要灵活运用。

(2)解题

课文标题相当于文章的"眼睛",透过课题可以了解文章的内涵和特点,所以,有经验的语文教师都会通过巧妙解题来导入新课,引导中学生找到理解课文的纹理脉络。课文标题与文章内容的关系,或者是课文标题直接揭示主题,或者课文标题指示选材范围或对象,或者课文标题直接指示事件,或者课文标题隐含深刻寓意等。

(3)介绍有关资料

介绍有关资料是帮助中学生深入学习和理解课文的基础,包括介绍作者生平、写作缘起、时代背景和社会影响等内容。介绍有关资料也应根据课文特点和中学生学情具体而定,可以几个方面的内容都做介绍,也可以有选择地进行介绍。

(4)导入新课

导入新课也称为"开场白""开讲""引题""课前谈话"等。它是课堂教学的序曲,导入的好坏,直接影响到一堂课的成败。导入阶段一般向中学生明确本课的学习目标、学习内容和学习方法等。导入的方式一般有开门见山式、联旧引新式、问题引路式、知识拓展式等。

2. 研读过程

研读过程是阅读教学的核心环节,主要是对课文的内容和形式做深入的研读和探讨。根据阅读活动的特点,研读过程一般分为三个阶段:感知阶段、分析阶段、综合阶段。感知阶段是对课文的整体认识,分析阶段是深入课文的具体认识,综合阶段是课文的整体理解和把握。

(1)感知阶段

感知阶段的教学任务一般包括以下几个方面的内容:认识生字新词、课文通读、感知内容、质疑问难。

(2)分析阶段

分析阶段是对课文内容和形式进行深入细致的具体分析研讨,主要包括下面一些内容。

第一,文章结构分析。注意抓住开头结尾、层次段落、过渡照应、详写略写等特点。

第二,内容要素分析。通过对文章某些要素进行分析来把握文章内容,如小说中的人物、环境、情节的分析,议论文的论点、论据分析,诗歌的意境、典故的分析等。

第三,写作技巧分析。通过认识和借鉴文章的写作方法来深入理解课文,写作的技巧一般包括构思、剪裁的技巧;写人、写事、写景的方法;说明的方法;论证的方法;直接和间接抒情的方法等。

第四,语言特点分析。主要分析语言的规范性和艺术性,即语法分析、修辞分析和语言风格分析。

第五,重难点分析。包括教学要点、教学难点和教学疑点,教师精讲的时候一定要抓住这些关键的内容。

(3)综合阶段

综合阶段是分析阶段的基础上进行的,是由局部到整体的概括过程,由现象到本质的抽象过程。综合阶段的教学任务一般包括概括中心思想、总结写作特点等。

3. 运用过程

运用过程的基本任务就是教师指导学生把分析综合阶段中学得的语

文知识应用于语文实践,转化为语文能力。转化的途径就是集中训练,一般采用听、说、读、写等多种方法进行。这是阅读教学的关键。

阅读教学过程中有多边矛盾,而核心的矛盾是中学生认识、学习课文的矛盾,其他矛盾都从属并服从于这一矛盾。因此,组织教学过程,教师应综合艺术处理课文,帮助中学生有效地认识、学习课文。所谓综合艺术处理课文,就是根据教学情况,创造性地对课文的内容进行教学的组织设计,有效地利用课文对中学生进行语文训练,提高语文课堂教学效率。

七、中学语文阅读教学的原则与常用方法

(一)中学语文阅读教学的原则

阅读教学的内容太过广大,无论是诗歌、散文还是小说、戏剧,各种不同文体的教学都包含于阅读教学之中。面对一篇课文,选择哪一部分作为教学内容,不同的老师会有不同的选择。这受到教师个人的文化背景、兴趣爱好、教学经历、思维方式等很多条件的影响。即便如此,中学语文阅读教学依然不能随心所欲,它需要遵循以下原则。

1. 发挥教材的范例作用

发挥教材范例作用的关键是深挖课文的智能因素特别是创造性因素,并实现它的训练价值。必须看到,语文教材的课文是作者经过一系列复杂的智能操作写成的,其中蕴含着极其丰富的智力因素和语文技能因素,课文所具有的范例作用实质上就是这些因素对中学生学习语文和发展心理所产生的积极影响。优化语文教学就必须重视这些因素对培养中学生语文能力、发展学生智力方面的教学价值,将课文的这些因素充分发掘出来,使之作为学习语文的示范。

2. 重视对课文的情境感受

重视对课文的情境感受是语文教材的特点对阅读认识活动的要求。语文教材本身是有情境的。一篇优秀的文章、文学作品总是在一定的情境中产生的,是作者对自己所接触的实际生活的反映。即使一些课文如议论文没有直接描绘意境,但在逻辑推论中隐含了情感结构,仍然含有

动心、动情的生动形象。

重视情境感受也是阅读教学科学规律的必然反映。首先,情境感受可以促进中学生从整体上准确理解课文。阅读应从整体上对课文做理解。而一个情境就是一个整体,感受情境本身有助于中学生正确的思想方法的形成,可以培养中学生着眼于整体理解课文的习惯和能力。同时,阅读学习注重情境感受合乎青少年思维活动的认知规律。中学生虽然以抽象逻辑思维开始发展,但仍以感性表象为支点,这种逻辑思维属于直观形象的抽象。而感受情境要调动中学生的表象,从感受形象开始,在此基础上引导中学生运用抽象思维深入认识课文,这与青少年阅读学习的思维活动是一致的。

3. 在阅读教学中促进学生积极的学习迁移;

迁移是一种学习对另一种学习的影响。"为迁移而教",是时代对教学的要求。一切有意义的学习,必然包含着迁移。可以说,中学生学习迁移的效果是检验教学是否达到这种目标的最可靠的指标。对阅读教学来说,迁移学习训练是发展中学生自读能力和创造能力的必要途径,阅读教学应注意促进中学生积极的学习迁移。

(二)中学语文阅读教学的常用方法

中学语文阅读教学的常用方法如提问对话法、整体感悟法、言语分析法、诵读涵泳法等。

1. 提问对话法

阅读教学的过程是一个多重关系、多种向度的对话过程。教师的提问在教师教与学生学之间架起了一座桥梁。提问的目的在于以下两个方面:引发中学生的认知矛盾,激起中学生的探索欲望,使中学生愿意从事有一定难度的智力劳动;给中学生的思考提供"支架式"帮助,将中学生个人的思考或集体的讨论引向深入。

按照不同的标准区分,教学提问可以有多种类型。美国教育家特内根据布鲁姆《教学目标分类学》的基本思想创设的"布鲁姆—特内提问模式",就将提问分成了由低到高的六种类型:知识(回忆)水平的提问、理解水平的提问、应用水平的提问、分析水平的提问、综合水平的提问、评价水平的提问。此外,还可根据教学提问的信息交流形式将教学提问分为特指式提问、泛指式提问、重复式提问、反语式提问和自答式提问等。而从教学提问的内部结构看,它可以分为总分式提问、台阶式提问、连环式提问、插入式提问等。根据提问所运用的策略,可分为直问、曲问、逆问、比较式提问、选择式提问等。

2.整体感悟法

感悟是读者在已有的知识系统、情感体验、智力水平基础上对作品的感受和领悟、扩展和想象、提高和创新。整体性感悟是阅读主体把语言文字放在具体的语境中完整地感受,是对言语对象进行多角度、多层面、全方面的整体把握,获得的是言语的表面意义和隐含意义的总和。

为了指导中学生形成自觉的整体感悟的习惯,培养中学生整体感悟的能力,提高中学生整体感悟的水平,教师应当给中学生充分感悟文本的时间,还应当注意指导中学生掌握整体感悟的方法。第一,引导中学生了解文本的全局。第二,促成中学生的原初感悟。第三,形成阅读期待。第四,从初感发展到评说。教师在阅读教学对话中,不仅应当重视中学生的阅读初感,更应当重视中学生对读物的整体评说。

3.言语分析法

言语分析法建立在细读文本的基础之上,综合运用语言、修辞、逻辑、心理、语境、语体等相关知识和方法,对文本的词语、句子、句群、段落、篇章等言语单位进行语用分析,旨在说明作者为什么要用这样的言语形式去表达这些内容,对于所表达的内容而言,这些言语形式为什么是最恰当的。言语分析法有利于培养中学生的语感。言语分析法的实施,就是在直觉言语材料的基础上,对言语内容和形式进行理法分析,从中提取出有益于提高中学生言语能力的言语经验的过程。

4.诵读涵泳法

诵读涵泳法指诵读法和涵泳法。

诵读是把文字作品转化为有声语言的创作活动。诵读是心、眼、口、耳并用的一种学习方法。读者在诵读时会自觉地发现自己对文字作品的理解"贴切"或"不贴切",体验得"对味"或"不对味"。诵读本身就是一个追踪作者的创作动机、创作情状的过程,是对于作品的再理解和再创造。诵读有助于深入理解读物。

涵泳,指的是一种亲身实践、沉浸其中、玩味体会、自得其乐的读书境界。老师引导中学生涵泳,可从以下几点入手:第一,要使中学生明白读书时只有虚心定气,才能密察其意。心浮气躁的心态是无法做到沉浸、涵泳的。第二,要引导中学生懂得"默识心通"的道理。第三,要引导中学生学会"切己省察"。第四,要引导中学生诵读中涵泳。诵读注重的是将文字转化为有声语言,涵泳注重的是对文字的默识心通。二者虽存在明显的差异,但又密不可分。这是因为诵读是心、眼、口、耳的综合活动,声音有助于理解和体验。

八、中学语文教学的任务

时代在变,教材在变,人的观念也在变,语文新课标的实施对语文研究者而言,既是一种机遇,更是一种挑战,语文课堂教学的转变,不仅是课堂改革的热点,更是课程改革的难点。新课改下语文教学的任务主要是教师教学观念的转变和学生的学习任务的转变。

(一)教师教学方式的转变

多年来,我们语文老师教学上习惯于传输,教师把课文条分缕析,把语文课当成纯粹的工具训练课。语文课上没有思想的碰撞、心灵的触动、情感的陶冶、审美的熏陶。语文教学的人文教育功能远远没有得到充分的发挥,所以,语文课不受学生的欢迎。因而,我们对中学语文阅读教学要有新的认识,要想转变原来的教学方式首先做的就是应该转变老师自身角色,提高自身素质,让教师成为学生学习知识的引导者和合作者。[1]

(二)在新课程的教学中做学生的合作者

在新课程的课堂上,师生之间的合作是极其重要的。这要求老师要走下讲台,成为学生的合作者。不仅是身体走下来,更重要的是心灵也要走下来,全身心地融入到学生中间去,以心灵感受心灵,以感情赢得感

---
[1]常福胜.中小学语文探究性阅读研究[M].郑州:中州古籍出版社,2017:11-15.

情。陶行知先生说得好:"我们必须会变成小孩子,才配做小孩子的先生。"就是说老师要尽量使自己具备学生的心灵,走进他们的情感世界。

(三)语文教师要成为一个不断进步的教师

我们已经不能再用给学生一桶水来要求自己,再大的桶也是有限量的,绝不可能无止境地给予。在重视学科知识的交叉,综合和渗透的语文教学中,在知识与技术日益更新的今天,在鼓励探究发现的氛围中,学科型教师如何适应新形势呢?只有转变观念,转变角色,从知识的输出者转化为学习者,转化为和学生并肩的共同探究者,在共同探究中共同发展。教师只有这样,才能与学生一同成长,与新课程一同成长。

(四)语文阅读教学中教师要注重做一个促进者

语文课程标准要求教师关注每个人,关注每一个学生的每一件"小事"。既要关注学生对知识的掌握和能力的提高,又要关注学生在学习过程与方法运用中的行为,关注学生在情感、态度、价值观等方面的积极表现。只有这样,才能真正实现语文课程的目的。因此,教师要重视营造民主的学习氛围,做学生个性张扬的促进者,让每个学生在民主的氛围中得到尊重,让每个学生都有表现的权利,他们积极进取,进而发挥自己的聪明才智。

(五)语文阅读教学中教师要做一个有目的的引导者

教师需要引导、激励学生的思考,引导学生掌握正确的学习方式和方法,引导学生正确导演自己的人生。教学中,"导"要因势利导,教师要多一点儿启发引导,多一点儿参与激励,多一点儿多元思维;"导"要有法可导,要遵循科学的方法,要在适当的时间,适当的空间中引导;"导"不要依对象而导,要注意学生的差异,因材而导。

语文课程标准理念下,学生是学习和发展的主体,因此,教学内容的确定,教学方法的选择,评价方式的设计,教学任务的制定都必须根据学生身心发展和语文学习的特点,关注学生个体差异和不同的学习需要,倡导自主、合作、探究的学习方式。就中学语文教学的现实而言,要回答语文教学的任务是什么,这是一个非常困难的问题,学生的语文素养至少包括听、说、读、写四个方面,忽略任何一个方面,都不是完整的语文教学,众所周知,语文教学是一项复杂的系统工程,在这项工程中,需要我们带领学生完成的任务很多,诸如字词的认读,各种知识(常识)的积累,语法修辞的理解、应用、赏析,写作实践的落实与经验积累等。在语文课程标准的要求下,学生的学习任务也应有新的要求,主要为以下几点。

第一,学生能够讲一口流畅的普通话。很多学生对朗读的训练还很缺乏,让学生学会正确、流畅、富有感情地朗读课文是学生认识世界、发展思维、获得审美体验的重要途径,所以在日常的教学中就要突出这一要求,古人曾说"思而未晓则读"多读就能领会文章的内容,而富有感情地读能够帮助学生积累知识,培养语感,从而激发学生的兴趣,融入学生独立的体验,使文章声情并茂。读是学生认知语文的开始,所以朗读是语文教学中对学生进行写读训练的基础。

第二,学生能够熟练地运用语言。学生除了会读,还要能创造性地运用自己的语言。语文课程标准要求在生活中学习语文,在语文中体验生活,要学生学会运用语言不一定要在课堂教学生如何表达,只要学生多积累语言、词汇,多练习表达,并善于体验生活,处处留心将各种各样的生活体验用自己的语言创造性地表达出来,并将课本中的语言联系到生活当中,在实践中积累语言,在语言中感受生活,让生活成为学习语文的一面镜子,让生活成为学生潜移默化的老师,就能够真正地用语言与生活进行交流。

第三,学生能够写一手漂亮的字,得体的文章。写字教学是语文教学的基本训练,一手漂亮的字可以让人赏心悦目,给人美的享受。学生把自己对社会的认识,对生活的感受,对情感的体验运用自己最理想的语言记录下来,梳理成文,或存放、或传递、交流、沟通,构成了自己对客观物质世界和主观心灵世界的新认知。并将其用优美的语言书面表达出来形成文章,表明自己的主张,树立正确的价值观,激发人们的情感。这既锻炼了学生独立认知世界表达思想的能力,又带给读者美的享受和生活的启迪。这也是语文教学基本功的体现之一。

第四,将语文融入生活和实践中。语文课就是生活实践课。在语文课程标准中明确提出"在实践中学习语文、运用语文"的要求。那么,我们的语文教学就应该立足于生活实践。所以,我们就必须像对待人生一样对待语文,必须实行开放教学,生活实践教学。生活是一个无限容量的活水池。把生活中的活水源源不断地注入我们的语文教学中,把我们的教学内容贴近生活,贴近学生,学生才乐于接受。

讲一口流畅的普通话,熟练地运用语言,写一手漂亮的字,得体的文章,将语文融入生活和实践中,就是中学生学习语文的四大任务。

新的形式不仅对语文教学工作者提出了更高的要求,也使学生有了更广阔的学习天地,总之教师教学观念的转变和学生学习任务的转变相辅相成,只有两者和谐发展才能使新形势下的语文教学再上新台阶。

九、中学语文教学的目的

(一)优化教学资源,提高教学效率

课堂是语文教学的主要阵地,因此,教师要在课堂上加大培养学生阅读习惯的力度,加强口语交际训练,不断丰富词汇,注重联系实际生活,构建互动交流的平台,使学生的语文素养得到培养和发展。语文素养是全面的、多层次的统一体,具有整体性和连贯性;是以语文能力为核心,集语文能力、语文知识、语言积累、思想情感、审美情趣、思维品质、学习方法、学习习惯于一体;是德、智、体、美、劳的和谐统一;是学生学好其他课程的重要条件;是实践全面发展素质教育的基础。因而,语文素养的形成对学生有重大的意义。在现实中,部分中学生的语文素养还不高,表现为朗读不通畅,停顿不够准确;没有足够的阅历和经历,写不出作文来;还有的同学表达能力不强,没有写好文章的信心;对社会生活的观察不够仔细,写作时无话可说。

随着社会经济的发展,现代中学生爱好、兴趣较为广泛,但对语文的学习缺乏兴趣。因此,教师应强化学生间语言的交流与切磋,这样可以诱发学生对语言的悟性,对文章字里行间隐含的情、理的感知,还可以激发学生的学习兴趣,使学生感到学习的快乐。语文教学中语言交流领域十分广泛,可以是文章的主旨、内容,也可以是精美词句、丰富的情感、优

美的意境,或者是学生对学习方法的亲身体验。尤其在古典诗文教学中,教师要重视诵读、吟咏、背诵、默写的强化作用,培养学生的语感,为以后的学习、生活打下扎实的基础。在阅读训练、写作训练、口语交际训练中,教师在每一节语文课中都应该根据教学内容,安排适量的训练任务,使课堂更生动,使每一个学生都能参与其中。

在具体的语文实践中,教师应充分利用农村现有语文资源,积极开展多种语文实践活动,把学校、家庭与大社会结合起来。如秀丽的田园风光,哪怕一草一木,都带着泥土的芳香,无不蕴含着丰富的知识,教师应鼓励学生到原野去,到大自然中去,赏农景、干农活儿、记农事、写农民,使学生的视野更为广阔。在激发学生的学习兴趣,拓展知识的空间中,教师可把"鸟语"和"花香"带进课堂,为学生增强语文素养,促进自身全面和谐发展,更好地适应未来学习、生活和工作奠定坚实的基础。

(二)鼓励探究性学习,强化语文能力

教师应让学生成为语文课堂的主角,促进学生自主、合作、探究学习,进而形成学习语文的良好氛围。根据教学内容,教师应精心设计教学环节和教学方法,并以信任、期待的语言,激发学生的自主、合作与探究,使学生在快乐中学习语文,从而学会学习,乐于探究。教师还应具备民主意识,充分尊重学生的自主意识,相信并依靠他们,相信学生巨大潜力的存在;充分了解学生的心理和学习状态,针对学生的不同水平,及时给予不同方式的指导,让不同层次的学生乐意配合教师,积极主动地参与到课堂教学中来。

立足课堂,把语文素养带进教材,让学生在阅读课本的过程中,切身体验作品的艺术魅力,品味语文课程中丰富的情感和内涵,让他们有新奇和新鲜的感受。教师应精心安排每一节语文课,使课堂"动"起来,使每一个学生能在多学科的交叉中,体现语文知识和能力的实际运用,促进综合素质的全面提高。语文综合性学习主要体现为语文知识的综合运用,听、说、读、写能力的整体发展。一个人的语文素养表现在理解和语言的运用,只有善于吸收和表达,才能全面展现自己的语文素养。也只有在具体的语文实践中,学生的情感态度、意志品质、学习方法和习惯的培养才能更好地完成。

作为教师,必须以身作则,亲身践行,以培养学生的创新精神和实践能力为目的,以语文学科为依托,以学生自主为基础,以调查、实验、观察、交流、协作等实践活动为内容,让学生在感兴趣的活动中,语文素养得到健康和谐发展。在课堂上,教师应让学生将自己所收集的材料进行交流,然后给予积极评价。这样,教师能够在教学中生动地表现出语文所具有的丰富的内容,使学生喜欢语文课,使学生在轻松愉快中获得语文知识,提高语文能力。

(三)多渠道提高中学生语文素养

阅读、口语交际、写作是积累语文素养最好的方式。在阅读教学过程中,教师必须重视培养学生的阅读乐趣,并且要使学生养成良好的学习习惯。只有学生喜欢上语文课,才能感受阅读的乐趣,才能进行广泛的课外阅读,达到事半功倍的效果。语文课程标准明确提出,学生应根据自己的学习目标,在阅读与鉴赏活动中,不断充实精神世界,完善自我,提升人生境界;与文本展开对话,充分调动自己的生活经验和知识积累,通过阅读和思考,在主动积极的思维和情感活动中获得独特的感受和体验,进而领悟文本丰富的精神内涵,探讨人生价值和时代风尚,逐步形成自己的思想、行为准则,树立积极向上的人生理想。在鉴赏活动中,教师应努力扩大学生的阅读视野,指导学生学会正确、自主地选择阅读材料,了解不同体裁文学作品的基本特征及其主要的表现手法,善于从历史发展的角度理解作品的内容价值,从而丰富自己的精神世界。

写作能力是语文素养的综合体现,教师要为学生构建一个写作互动的平台。写作互动是在教师的指导下,师生进行有目的的写作前的对话,写作后的互评和讨论。写作是运用语言文字进行表达和交流的重要方式,是认识世界、认识自我、进行创造性表述的过程。写作教学应贴近学生实际,让学生易于动笔,乐于表达,应引导学生关注现实,热爱生活,表达真情实感。写作前,师生都要积极搜索相关资料和材料,然后通过积极的对话、谈论,激活写作灵感,燃起写作兴趣,从而进行有效的作文练习。同时,教师还应抓住取材、构思、起草、加工等过程,让学生在实践中学会写作。此外，教师还应引导学生在自我修改和相互修改的过程中提高写作能力。互相评改作文、互相讨论作文，可使学生取长补短，培养学生倾听、表达和应对的能力，促进相互了解和合作，从而共同提高写作水平。

口语交际的教学训练目的是培养学生口语交际素养，让他们在各种各样的训练中积累经验和体会，在走向社会之后能得心应手地应对各种可能出现的口语交际情况。同时，口语交际训练可使学生的作文能力得到提升。因此，教师应努力选择贴近生活的话题，采用灵活的形式组织教学，鼓励学生在各科教学活动以及日常生活中锻炼口语交际能力。

总之，语文来源于生活，语文素养植根于生活。因此，教师应更加注重语文教学与实际生活的联系，尊重学生自己的阅读、感悟和体验，鼓励学生更多的实践、观察、体验，使学生在参与中感悟情境，体会作家的思想感情，更深刻地理解各种社会现象，从而使语文素养在潜移默化中得到完善。

第二节 中学语文阅读教学的现状及对策

一、中学语文阅读教学的现状分析

阅读教学在整个语文教学中占据着重要地位。当前的中学语文阅读教学仍旧存在一些问题，主要表现在以下几个方面。

(一)教师仍旧使用传统教学模式

中学语文阅读课堂仍以教师"教"为中心，学生"读"的时间少，课堂上的大部分时间都被教师的分析与提问占用。

(二)阅读教学目的发生扭曲

中学语文阅读课堂中，教师的教学目的是使学生了解一篇文章的写作内容、写作特点及中心思想等，使学生学会如何"读"，让学生自己去感悟、去把握,而不是用烦琐的分析僵化学生阅读的灵性。

(三)学生的阅读量少

相当多的学生除了读课本以外,几乎没有课外阅读,他们最多只是为了应付考试而看过一些优秀作文,造成这种现象的原因有以下几点。

1. 学生阅读兴趣缺失

阅读兴趣的缺失必然导致精神世界的匮乏。在学校里,学生要跟没完没了的习题做斗争,走出校门还要跟各种遥控器做斗争,多数学生缺少阅读信仰。

2. 学生课业负担重

学生课业负担过重,挤占了学生阅读的时间。学生每天忙着写作业到深夜,忙于应付大大小小的考试,好不容易到了周六、周日,各种补课班又开始接踵而来。纵有十八般武艺在身,学生看似强大了,但这是一种孤独的强大。因为在各种"术"的学习中,学生的心灵并没有被唤醒,精神里缺少文化内涵。

3. 家长功利性强

家长功利性强,影响学生读书。家长只关心学生的考试成绩,阅读课外书籍被视为不务正业。在应试教育的背景下,真正的阅读是受到排挤的,大部分学生都没有享受到阅读的快乐。

4. 学生读书需求低

学生读书需求低,影响读书的质量。学生即使阅读课外书籍,往往也只是为了放松消遣而去读一些通俗读物,而不是想通过阅读,提高自身的阅读能力。大多学生对经典读物有束缚,认为它们读起来费劲,从而没有兴趣。学生的课余生活大多是被手机和电脑占据,从而导致大脑长时间处于被动接收状态,这对青少年的成长发育是非常不利的。

5. 学生对阅读迷茫

现在的中国图书市场可谓相当大,但选择多了,问题也多了起来。有些学生明白读书的重要性,渴望读点好书,但面对书海感到茫然,不知道自己这个年龄段适合读什么样的书,以什么样的方式来读书对他们来说更是一个难题,不少学生尝试过后觉得没成就感,于是就放弃了,几次的挫败感使学生自觉燃起的读书兴趣的火花悄无声息地熄灭了。

6.教师指导作用的缺失

教师示范指导作用的缺失和人们对阅读教学的误解,阻碍了学生阅读的脚步。学生即使读了一些名著,大多也只是停留在浅层次的理解上,追求一种阅读的快感,文学层面上的思考相对较少。

二、中学语文阅读教学的策略探讨

(一)改善学生阅读现状

1.激发学生阅读兴趣

教师应在阅读教学中做到以学生为本,及时更新传统教学观念,调动学生的阅读兴趣,使学生充分发挥主观能动性;应多鼓励和表扬学生,激发学生学习的动力,使学生感受到满足感和成就感;应创造活跃的课堂氛围,使学生身临其境,消除学生的不良学习情绪,使学生更好地理解课文内容,提高自身的阅读能力。

2.引导学生有感情地阅读

在阅读课堂中,教师应给予学生充足的时间,引导学生有感情地阅读,保证学生有时间训练阅读能力,让学生在阅读中有所感悟,加深对课文的理解,提高学生的认知能力和阅读能力。教师在发现学生出现阅读问题时,应及时解决,加强训练,引导学生反复阅读。

3.培养学生良好的阅读习惯

教师应积极培育学生养成良好的阅读习惯,提高学生阅读的自觉性,应制订一个详细的阅读计划,引导学生把从阅读中学到的知识与技巧应用到实际生活中。

4.提高学生阅读理解能力

教师应留出一定的时间,供学生品读课文中的好词佳句,从较深层次去分析课文内容,更好地掌握课文中的知识点,强化学生的语感,提高学生的思考能力和阅读理解能力。

5. 教会学生科学阅读的方法

朗读和默读：教师应教会学生朗读和默读。教师应不仅能从"读"中判断学生认读的正误、理解得深浅、欣赏品位的高低、探究研讨的精粗。朗读与默读还有助于学生养成眼、脑、口、耳协同动作的良好阅读习惯。

精读和略读：学生在读书时应先略读一遍，理解文章大意，在精读时做好笔记。经过长期的培养，学生则能做到，略读能提纲挈领，精读能咬文嚼字、纤屑不遗。

爱读和多读：学生只有达到一定的"量的积累"，其阅读水平、知识水平、人格修养有一天才能达到"质的飞跃"。

6. 加强课外阅读引导

课外阅读是指学生在课外的各种独立的阅读活动，是课外语文活动中最重要、最普遍、最经常的形式，是课堂阅读的继续与扩展，是阅读能力训练必不可少的组成部分。因此，要想真正提高学生阅读能力，教师就必须将课内外相结合，从课堂教学向课外延伸，这是真正让学生走进阅读空间的有效方法。教师需要做的就是帮助学生选择正确的阅读文本，结合有效的阅读方法，培养学生良好的课外阅读习惯，使学生的课外阅读实现利益的最大化。

7. 提高学生阅读的有效性

（1）把握阅读时机

小学阶段是培养阅读兴趣和阅读能力的关键时期。但由于受认知水平的限制，学生还不能在小学期间阅读一些伟大的经典名著。因此，教师应在中学时期培养学生的阅读能力，进行有质量的阅读。既然已经明确了这一点，教师就要给出学生阅读时间。教师每周要安排两节课，甚至更多的阅读课，只有先保证时间，学生才有可能开始精心阅读，才可能有阅读兴趣的萌发以至于"爆炸"。一起读书的时间会让整个班级、年级、学校的读书行为"发酵"。

此外，教师还应营造阅读氛围，"熏"出读书人。要想把读书这颗"种子"种在学生们的心中，并让它生根发芽，培养兴趣是第一位的，因为兴趣是这颗"种子"最好的肥料。教师一定要给学生们讨论交流的时间和空间,而不是在学生们还没有读完,就滔滔不绝地讲起读书诀窍、提分妙招,让人兴味索然。①

(2)推荐阅读作品

教师推荐优秀的阅读作品让学生品读,可以使学生的阅读更加高效。教师推荐课外书首先要根据学生的文化基础、认知水平、心理特点等方面,选择学生能读懂的作品;其次,可选择一些贴近实际生活的优秀作品供学生阅读,这会对学生产生较大的影响;最后,还可选择一些自然、科学、历史等方面的作品,开阔学生的眼界。

(3)指导学生有效阅读

学校可开设阅读课程,促进阅读活动课程化,若另外开设阅读课程有困难,可将阅读课程融入语文课程,并定期进行阅读指导。以课文为对象的课内阅读教学应与课文外的课外阅读教学的阅读指导是各有侧重的。在阅读指导中,教师应制定层次化的阅读指导目标,划分精读与略读。阅读课程的形式应是多种多样的,可以是专题阅读课,也可以是名著导读课,还可以是阅读表演课。

教师应指导多种阅读方法,如速读、精读、做笔记等。速读是指快速阅读,通过速读,学生能快速获取知识、检索信息;精读是指细致阅读,精读要求学生细细品味作品,了解作品的写作特点与蕴含的思想感情;做笔记是指学生在阅读时,把一些有价值的内容标记下来,可进行摘抄,写上自己的看法,也可写读后感或内容摘要。

阅读应与写作共进,共同提高学生阅读的有效性,教师应以阅读扩充学生写作词汇量,以写作深化学生阅读。教师可让学生每周写一篇读书笔记,内容不限,写法不限,只要是学生真实的情感流露就好。三年下来,每个学生三年后会攒下来好几本读书笔记,学生的阅读量上去了,写作也不再是件难事了,成绩自然也会得到提高。

(二)优化组合阅读教学方法

中学语文阅读教学方法多种多样,为语文教师提供了更多可发挥的

---

①储建明.阅读教学觉悟论[M].长春:东北师范大学出版社,2018:21-26.

空间，但同时教师也面临着应如何根据教学实际，选择最恰当的教学方法并加以运用的问题。要实现阅读教学方法的优化组合，教师首先要对教学方法的一般特征和选择教学方法的一般依据具有一定的认识。

1. 教学方法的一般特征

第一，教学方法具有依存性。教学方法是实现教学目的的条件和手段，一定的教学方法取决于一定的教学内容，为学生完成一定的学习任务服务，并由一定的教师操作使用，所以教学方法依存于教学目的和教学内容，并受学生学习水平、认知水平和教师的教学水平的限制。

第二，教学方法具有局限性。每种教学方法都既有优点又有缺点，都既有助于实现某些目的，又不利于另外一些目的的实现。因此，不存在适用于任何情况的教学方法，也不存在于任何情况下都是最好的教学方法。

第三，教学方法具有互补性和发展性。某些教学方法的短处恰恰能被另外一些教学方法的长处所弥补。各种教学方法如果配合得当，可以产生优势互补、相得益彰的效应。同时，教学方法也总是在不断更新、完善和发展的。随着人的认识水平的提高和各种改造世界的物质条件或手段的不断完善，教学方法也处在优胜劣汰的发展变化过程中。

2. 选择教学方法的一般依据

第一，选择的教学方法应满足教学目标。教学方法应为满足教学目标、为完成教育任务服务。能实现教学目标的教学方法就是恰当的教学方法，离开教学目标选择教学方法会导致形式主义。

第二，选择的教学方法应符合教学内容。教学内容决定教学方法，教学方法应随教学内容灵活变化。

第三，选择的教学方法应符合学生的特点，贴近学生实际。教师在选择教学方法时应根据所教学生的性格、心理以及认知水平等因素，选择恰当的教学方法。即使是面对同一个年级、同一个班，也要因班级和学生的风格和水平差异，选择不同的教法。

第四，选择的教学方法还应符合教师的特点。每位教师的教学风格各不相同，因此，选择的教学方法应符合教师特点，能发挥教师的优势。

第五,教师在选择教学方法时还应因地制宜、因时制宜,考虑教学设备和教学环境等物质条件。

3.阅读教学方法优化组合的原则

作为教学方法的一个组成部分,阅读教学方法也具有上述一般教学方法的诸多特征,选择阅读教学方法,也要遵循一般教学方法所遵循的原则,具体有以下几点。

第一,要尽可能想到多种阅读教学方法,以进行综合比较,可选择的教学方法越多,就越能实现优化组合。

第二,要清楚认识每种阅读教学方法的优缺点,在此基础上选出最优的组合形式。

第三,综合考虑选择教学方法的一般依据,所选择的教学方法应符合一般依据,并按照一定的顺序将教学方法进行优化组合。

第四,优化组合的方式要灵活,或新旧搭配、动静结合;或疾徐有致、深浅有序;或一法为主、他法为辅,或多种方法交替并用。教师要综合运用各种方法去调动学生的多种感官和思维,从而达到最大化教学效果的目的。

(三)核心素养视域下的中学语文阅读教学策略

1.借助课前预习阅读,培养学生自主学习习惯

到了中学阶段,学生要逐渐地养成自主阅读的习惯,对每一篇课文在授课之前先进行自主的阅读,有助于培养他们的认读能力。而且,学生可以借助工具书解决阅读过程中的一些困难,如遇到不认识的字,或者一些难以理解含义的古诗词,都可以通过工具书或者通过互联网进行查阅。在现代的学习环境之下,学生自主学习的能力可以得到很多的支持资源,正是在这些资源以及合适的资源利用之下,学生的自主学习能力才获得不断的提升。那么,教师要从权威的角度安排学生进行课前阅读,给学生安排好这样的任务,学生会逐渐地通过课前自主阅读,积累更多的认读经验,逐渐地将之变成能力,所以,这也是一个不断地积累的过程。学生的课前预习习惯给了学生更多积极的反馈,这也是一种自我的强化,有助于他们兴趣的保持和习惯的养成。

2. 注重培养学生的阅读兴趣

在中学语文的阅读教学活动中,我们要引导学生逐渐地从接触阅读到热爱阅读。从小学阶段情况来看,很多学生没有养成良好的阅读习惯,对于语文学科的学习,他们带着一种被迫学习的心态。那么教师要及时地弥补这类学生在小学阶段的不良习惯带来的负面影响。可以说根据不同学生的情况,教师要把培养阅读兴趣作为基础来抓。例如,有的学生阅读兴趣寥寥,一看到字就觉得头脑发蒙。这样的学生可能在早期接触阅读的时候形成了消极的经验。因此,教师可以通过谈话疏通他们内心的障碍,从而让他们能够专注在当下,把自己的注意力全都集中在阅读这件事上。还有的同学本身在阅读方面倒是有兴趣,教师要进一步给他们提供适合他们兴趣偏好的阅读材料,这可以让他们在兴趣的带领之下主动地进行阅读,从而提高他们的阅读能力。

3. 挖掘文本内涵,培养学生理解素养

文本的意义是学生在阅读探究中思考发现的。中学生已经有了一定的阅读能力,具体拓展文本可以师生共同讨论决定,这样可以提高学生主动阅读的积极性。师生先共同确定拓展文本的角度,然后再将主题细化分类,再经过和小组成员共同讨论,对细化主题文本进行拓展。中学教材的选篇基本都是由教育家和经验丰富的教育学者参与选择和编写的,文本内容更贴合中学生的知识水平和思维能力,在德育方面也具有较强的教育意义与扩展空间。

4. 引导学生总结阅读方法与技能

在阅读的过程中,教师要注意引导学生多思考,尤其要思考阅读材料的中心思想,进而总结阅读的方法和基本的过程。可以说,在阅读的过程中离不开学生心智技能的发挥,这是一种内隐的简缩过程。对于教师而言,在教学的过程中要注意向学生传授这些知识,但是,如果学生在阅读的过程中能够自己归纳总结一些好的方法,对他们的益处将会更多。因此,教师有目的地教学,一方面要关注学生兴趣的发展,另一方面也要促使他们多思考,通过引导鼓励让学生真正掌握阅读过程的主动权,能够自主地在课余安排时间进行阅读。

对于很多人来说,阅读是一种习惯,可以延续终身,现在我们倡导终身学习的理念,只要学习就离不开阅读,这对所有人来说都是一种非常基本的能力。因此,教师也要以身作则给学生树立榜样,让学生可以从教师的言行举止当中感受到阅读以及文化的力量。

(四)传统文化视域下的中学语文阅读教学策略

1.确立传统文化渗透目标

教学目标,是传统文化渗透的"指南针",它指向着教学预期实现的结果,具有导向、激励、评价等多种作用,为教师选择渗透内容与方法、评价渗透效果提供依据。因此,要保证初中语文阅读教学传统文化渗透的深入性,首先必须确立传统文化渗透目标。根据语文的阅读规律,阅读的过程必经三个阶段:一是感言辨体的认形阶段;二是入情得意的取神阶段;三是运思及物的笃行阶段。现代阅读学的规律启示我们,要顺应阅读规律,将传统文化贯穿于阅读的全流程,在此基础上形成科学合理的传统文化渗透目标。

(1)感言辨体,积淀文化常识

感言辨体,是指在阅读教学中先引导学生整体感知组成课文的语言符号,由字词逐步过渡到句篇,进而了解课文的文体与语体,以初步把握课文表层意义的过程。在这一阅读阶段,积淀文化常识是传统文化渗透应确立的主要目标。

传统文化常识分为语文学科本体性文化常识与条件性文化常识,应对这两类文化常识设置不同的教学目标。语文学科本体性文化常识,即传统语言文字文化与传统文学文化,与语文学科联系更为紧密,这类文化常识是阅读感言辨体阶段所必需的基本知识。尤其是对文言文的阅读而言,不知晓古代汉语字词的意义,不了解文言句式与语法,不明白作品中文学意象的含义,不了解相关文体的特点,便无法由字而词地把握课文内容的组织意义。条件性文化常识,包括传统艺术、政治、礼仪、习俗、科技、历史文化等,这类文化常识对阅读教学中学生的深度理解具有重要的辅助作用,这类文化常识积累得越多,越有助于他们阅读能力的提升,进而促进学生对教材选文中文化内涵的深入理解。

(2)入情得意,理解文化精神

入情得意,是指学生在把握课文表层意义的基础上,深入作者当时写作时所处的情境氛围之中,以理解并领悟作品中传达的深层文化意蕴。在这一阅读阶段,理解文化精神是传统文化渗透的主要目标。

教材中许多选文都凝聚着传统文化的精华,蕴含着中华民族世代沿传的文化精神,这些文化精神往往也正是课文内在隐含的主旨。文化精神的理解,可以从品读关键词句着手,抓住作者含蓄蕴藉的写景之语或直接流露的抒情之语,通过反复品读和方法赏析,深入课文的内在情境中去体悟感受。阅读教学的目标不仅应有表层的知识与技能性目标,还应有深层的情感态度与价值观方面的目标。入情得意,理解课文所蕴藉的传统文化精神,正体现了情感态度与价值观方面的目标。通过对课文内在情感的体悟,学生在潜移默化中对传统文化精神形成深入的理解并产生情感共鸣,进而陶冶他们的思想情操,涵养他们的文化精神。

(3)运思及物,塑造文化品行

运思及物,是将所读运用于实践的过程,即学生将阅读教学中习得的传统文化内容表现出来,主要指传统文化精神的力行。阅读不仅是"感受""理解"的认识过程,也包含着"行"的实践过程,学习传统文化的目的,最终亦应落实到"行"上。因此,阅读教学不能仅关注学生对传统文化的认知与理解,更应注重培育、塑造他们的文化品行。

塑造文化品行,可以通过引导学生向具有高尚文化品行的人物学习来实现。在先前深入理解课文传统文化精神的基础上,使学生剖析自我,以积极主动的态度看到自身与高尚人物的文化品行之间的差距,并通过持之以恒的努力来逐步缩小二者之间的差距。学生在学习与生活中将习得的理想文化品行身体力行,通过日常学习生活中的磨砺和锻炼来增强自身的传统文化底蕴,展现文化精神风貌,逐步塑造自我的文化品行。例如,《行路难(其一)》中,诗人虽出仕无路,胸中满怀郁愤与苦闷,但他仍坚信会有"长风破浪"的一天,体现出他奋发向上的进取精神。教授这篇课文时,教师可以将目标确定为:树立乐观自信的人生态度和追求理想的坚定信念。当然,文化品行的塑造是一个渐进的长期过程,有时学生的传统文化学习可能只是处于内化阶段,行为表现中还没有明显的体现。但这些文化养料在潜移默化之中日渐积累,未来一定会在学生的言行举止中体现,发挥出塑造学生文化品行的作用。

2.优选传统文化渗透内容

教学内容的选择是中学语文阅读教学传统文化渗透面临的关键性问题。一篇课文可能涉及多个传统文化教学点,择优选取其中最恰当的内容进行教学才能事半功倍,提高传统文化渗透的效率,改善传统文化教学效果。

(1)根据语文课程标准要求

一般而言,根据语文课程标准择取教学内容,可以避免教学内容的泛化,在相当程度上保证传统文化渗透的有效性。其中对课程性质的说明是:"语文课程是一门学习语言文字运用的综合性、实践性课程。"这一课程性质要求教师在选取传统文化教学内容时,应当立足于语言文字基础,并且使学生"热爱祖国语言文字",即传统文化渗透不能脱离课文中的语言文字凭空进行。阅读教学应当重视传统文化对学生的精神化育和熏陶作用,于潜移默化中提升学生的思想道德素养和审美情操,使他们逐渐养成优良的性格品质与健全的人格。由此可见,教师所选取的传统文化教学内容最终应落脚到促进学生精神发展方面,所以在教学中应侧重选取传统文化精神方面的内容进行重点渗透。立足语言文字基础,侧重传统文化精神渗透,这为教师优选传统文化教学内容提供了方向性指导。

另外,语文课程标准在学段目标与实施建议中,反复强调学生在古诗文的阅读过程中,要注重诵读积累、体悟运用、增强体验、培养语感,循序渐进地提升自身的审美品位。在对学生阅读古代诗词和浅易文言文的评价建议中,说明词法与句法等方面的概念不作为考试内容,能通过注释和工具书的阅读,理解古诗词和浅易文言文的基本内容即可。以上要求为教师选择合宜的传统文化教学内容提供了更为具体的指导。

(2)把握学段特点

国家在关于传统文化渗透的系列文件中,要求将传统文化贯穿整个国民教育的始终,结合基础教育(小学、初中、高中)各个学段学生的认知特点进行传统文化渗透。2014年颁布的《完善中华优秀传统文化教育指导纲要》对不同学段传统文化渗透的内容做了说明,从中把握学段特点,对明确初中语文阅读教学传统文化渗透的方向、优选传统文化渗透内容具有重要的指导意义。

中学阶段,学生对传统节日、礼仪、艺术等的学习,不再停留于表面的"了解"与"感受",而是要深入其中,理解其文化内涵,感受其中传达的思想与情感,即学生对传统文化的学习提升到"理解""认同"的层面。所以,对中学阶段传统文化渗入的侧重点有更清晰、明确的认识,可以为在初中语文阅读教学中优选传统文化教学内容提供方向性的指导。传统文化教学内容的选择可参考以下两方面:其一,传统文化渗透内容要兼顾多个方面,"汉字与书法""古代诗文""国家历史""传统节日与习俗""传统艺术""价值观念"都要有所涉及,并与初中阶段的学段要求相适应。其二,传统文化渗透要重视学生对传统文化的"理解"与"认同",尤其是要优选有助于学生深入理解课文文化精神的传统文化。

(3)立足教材文本

教材文本是阅读教学的重要素材与凭借,传统文化渗透内容的选择必须尊重教材、基于教材,立足于具体课文本身的特点。在教学一篇具体的课文时,教师首先应借助教参等工具书对其进行深入研读,揣摩教材编者的意图,寻找传统文化最佳教学点。揣摩编者意图,可以从单元引语、预习提示、课后巩固题等方面入手。其次,教师应立足于文本,关注文体特点,针对不同文体选取不同的传统文化内容进行渗透。教材中的课文可以分为现代文与文言文,文言文包括古代散文,也包括古诗词。以文言文为例,许多文言文集中凝聚着古人的思想情感,抒发着他们的志与道,这些皆是传统文化的鲜明体现,也是文言文教学的重要方面。在文言文课文中,作者传达志与道的精髓之处通常也是文章讲求章法、锤炼字句的地方。因此,教师应在文言文教学中将作者行文的章法、锤炼字句的艺术,尤其是传达的"志"与"道"作为教学内容。就古诗词而言,意象是不可或缺的重要元素,其中往往承载着特别的文化意义,因此,在教学时可以将传统意象选取为渗透内容。

(4)基于学生学情

选取传统文化教学内容时,教师需要了解学情,了解学生对传统文化内容的认知程度与水平,才能有针对性地进行文化渗透,最大限度地促进学生的传统文化学习。中学阶段学生的抽象思维水平相比小学已经有了较高的提升,以教授古代诗歌为例,教师不能仅将诗歌大意作为教学内容,还应将诗歌的思想情感、艺术手法作为教学内容。当然,在实际教学过程中,教师亦应注意观察学生在学习时所产生的态度反应,思考他们提出的疑惑和问题,根据他们的实际情况及时调整先前预设的教学内容,注重课堂中的即时生成。

尊重学生兴趣,也是选取传统文化教学内容时需要考虑的重要因素。学生十分感兴趣,又符合语文课程标准要求、课文特点,在可选行列之内的传统文化内容,应当优先选择。大多数学生缺乏主动学习传统文化的兴趣与内在动力的问题。在关乎学生传统文化兴趣方面,传统民俗、传统史学、传统艺术是学生们最感兴趣的三项内容,因此,教师可以在教学时优先选取与此相关的传统文化作为教学内容,如在教授一些古代经典的文化作品时,可以在课堂教学的导入环节适当介绍当时的历史背景、历史人物故事,拓展与此作品相关的传统史学知识,这样既可在课堂伊始引起学生们的兴趣,也有助于他们在后续学习中对课文的文化内涵进行深刻理解与体悟。总之,在语文课程标准要求的宏观框架下,进一步明确学段特点,并对具体课文进行分析,寻找出适宜的传统文化教学点,最后根据学生学情对已选择的教学内容进行进一步的推敲,方能优选出最恰当的传统文化内容。

3. 灵活采用适宜教学方法

阅读教学传统文化渗透最核心的目标是促进学生对传统文化精神的深入理解,这也是塑造文化品行的基础。只有采用有助于学生文化理解的教学方法,才能由"语言"入"文化",从而收到良好的文化渗透效果,极大程度上达成渗透目标。当然,教学方法的运用并不局限于某一种,教学时应当根据具体的课文内容,灵活采用适合于"这一篇"课文的一种或多种文化渗透方法。

(1)因字解文,文化互证

沉淀着几千年历史底蕴的汉字既是传统文化的介质,也是阅读教学中传统文化渗透的基石。在阅读教学,尤其是文言文教学中,因汉字的深层文化意蕴去阐释、解读文本,才能"知其所以然",帮助学生在历史语境中准确而深入地理解作品表达的文化思想。

例如,在教授《〈论语〉十二章》时,一般情况都是教师仅根据课文注释,将"学而时习之,不亦说乎"一句解释为"学习与温习"的关系。有的教师则认为,应当从"学"与"习"二字的字源入手,深入由字义阐述其中的文化深意。所以,教师可以首先借助PPT出示"学"与"习"从甲骨文到楷书的形体演变,并加以解释。在阐释"学"与"习"字文化本义的基础上,教师进一步启发学生思考:"学"与"习"之间有什么关系?这句话能够证明儒家学说中的哪一重要观点?这一问题便将学生从对汉字文化意义的把握深入到课文的文化深意中,"学而时习之"并非学习并经常温习,而是学习并且去躬行实践,将心中的觉悟与身体的实践结合起来,这句话印证的正是儒家"知行统一"的文化思想精华。

(2)诵读体悟,文化理解

所谓诵读,是让学生在初步感知课文内容后,采用朗读的方式熟读课文,渐渐深化理解,直到可以熟练背诵。考察诵读法的历史源流,"诵读"之"诵"重于读文时的情态,而"诵读"之"读"则更为强调对于课文内容的理解,讲求声律、注重读的质量与数量、各感官协调并用是其基本特点。诵读法作为在长期语文教学实践中总结出的重要方法,其上述特点使得它对阅读教学中学生的文化体悟与理解发挥着行之有效的作用。

将诵读法运用于教学中时,切不可令学生盲目泛读。诵读最基础的要求首先是读准,其次是读出情感,最后要能够背诵。所谓读准,即是要读准确各个字词的音,把握好重音、停顿、强弱等节奏;读出情感,就是将作者的情绪带入其中,体悟并理解作者的文化情怀;熟读成诵,则是在多种形式反复诵读、深入理解的基础上,调动感官来提高记诵的效率。

(3)群文阅读,文化拓展

倪文锦指出,群文阅读之于学生产生的文化熏陶作用相对单文本阅读来说更为广泛、深刻和持久。而调查结果显示,学生传统文化学习内在动力不足,产生这个问题的一个重要原因在于他们缺乏背景文化知识,即使了解了文本的字面含义,也仍难以理解其中的传统文化深意,这种畏难心理使学生对传统文化空有敬意而缺乏熟悉、亲切感。适当拓展学生的背景文化知识,是促进他们文化理解的关键之一。背景文化知识越深厚,对于课文文化意义的理解就越充分,久而久之,学生传统文化的阅读能力也会有所长进。群文阅读不仅能够呈现给学生背景知识,实现文化拓展,还能借以组文的对比阅读等来促进他们对传统文化的深度理解。因此,以群文阅读的方式,在阅读教学中针对一篇具体课文确定与传统文化有关的议题,以该议题为中心选择一组文章,为学生还原、拓展与这一篇课文有关的文化背景知识,是实现传统文化渗透的有效方法。

教师在运用群文阅读的方法进行教学时,可以根据具体课文与选定的议题,将课内的几篇文章组文教学,或采取课内外文章相结合的方式。选文既可以围绕作者,选取该作者不同时期的相关作品或与作者生平有关的背景文化类文章,也可以按照同类文化主题,或是按照同一体裁等标准进行选文,例如,在进行陶渊明《饮酒(其五)》一诗的教学时,若以陶渊明作品中的隐逸文化精神为议题,则可加选课内的《归园田居(其一)》《桃花源记》两篇课文,补选课外的《从隐逸文化解读陶渊明》以及陶渊明生平故事,从陶渊明的不同体裁文章(诗作、散文)、生平经历文章、评论文章等多篇选文的阅读来拓展文化,使学生从整体上深刻地理解以陶诗为代表的传统隐逸文化精神。一些经典的作品,往往有其内在的契合性,许多经典作品都有着相同或相似的文化主题,将同一主题的传统文化作品组文,可以在阅读教学中实现以文解文的效果,促进学生对这类文化主题的深度理解。

(4)创设情境,文化体验

后现代课程理论认为,知识学习总是与特定的情境密切相连。传统文化内容大多与当今时代相隔较远,在一定程度上脱离了学生现实的生活,超越了他们现有的经验。人生阅历和百科常识的缺乏,是学生不能深入感受、欣赏和理解课文内容与思想的重要原因。因此,在阅读教学时,教师需要将传统文化镶嵌到一定的情境中,通过创设情境,使学生的学习理解与现实世界相衔接,引发学生的想象与联想,进而促进他们对传统文化内容的知识获得与情感体验。

那么,如何创设情境呢?第一,可以联系生活实际,唤起学生的真实体验。教师要联系生活实际,创设与学生已有经验相似的情境,使他们回忆起自己的真实生活体验,从而更好地理解传统文化精神,更真切地体验课文中传达的文化情感。第二,可以借助图画、音乐、故事创设情境。由于学生生活经历的限制,他们不一定见过阅读中涉及的与传统文化有关的事物,借助多媒体来呈现相关图画,能够激发学生的想象与联想。第三,教师还可以专门设计教学语言,用真切而形象生动的语言描绘来创设情境,激发学生的联想,引起他们对传统文化的体验与情感共鸣。在一些有条件的地区,教师还可以充分利用当地的传统文化资源,结合相关教学内容组织学生共同参观、游览历史文化古迹。

总之,教师从学生的当前认知水平出发,结合现实生活,以传统文化篇目的"文本情境"为基础,运用语言、图画、音乐、故事等多种方式营造贴近学生真实生活的情境,使学生沉浸到文化情境中,方能实现传统文化的有效渗透。

4.创新传统文化评价方式

教学评价是在教育方针的指导下,根据一定的教学目标和标准要求,运用一切可行的评价手段对教学效果和教学目标的达成情况进行价值判断。通常情况下,阅读教学评价往往对传统文化渗透情况进行一次性评估,将其作为对学习结果的检测,放到期中和期末考试试题中,这样的评价方式不仅难以激发学生内在的学习兴趣与动力,也很难起到促进学生文化理解与体验的作用。因此,教师需要创新传统文化渗透的评价方式,坚持以激发学生兴趣为导向,侧重理解与体验,发挥出评价促进文化育人的功能。

(1)评价以激励性原则为导向

学生的学习动力与兴趣一方面源自外在的激励,即教师、家长等人的肯定;另一方面源自内在的激励,即学生通过自身努力后所获得的成功体验。调查时所发现的学生传统文化学习内在动力不足的问题,也要求教师应当以激励性原则为评价导向,多从正面肯定学生,让学生感受到学习带来的愉悦与乐趣,体会到传统文化的魅力,促进他们传统文化学习的深入与持续发展。具体来说,是要对传统文化渗透进行多主体、多方式、多角度评价,从外在激励与内在激励两方面来提升学生对传统文化的学习兴趣。

第一,多主体评价,使学生参与评价过程。当前的课程改革倡导多主体评价,其中尤其强调要尊重学生的主体地位,调动学生的评价积极性,促使学生主动地参与到评价过程。这不仅有助学生及时发现自身存在的问题,不断完善自我,也能充分调动他们传统文化学习的自觉性与主动性,增强他们的学习动机。初中阶段的学生往往缺乏一定的自我评价意识,因此,教师需向学生阐明自我评估的重要性,并在教学中指导他们掌握相关方法。当然,重视学生的评价主体地位,不代表就要否定他人的评价。他人的评价对学生而言同样重要,只有将学生自评、教师评价、家长评价、同伴评价相结合,才能对传统文化渗透效果形成全面、客观的认识,教师也才能针对评价中存在的问题有目的地进行教育。过去的评价方式主要以教师评价为核心,倘若教师评价不恰当,只看到学生的不足而未看到他们的进步、长处,则很可能会挫伤学生学习的积极性。同伴评价、家长评价等多主体评价的方式,更易使教师从他人的评价中看到学生身上的优点和长处,弥补教师评价的片面性,增进学生的自我肯定和认同。而来自家长的评价,如鼓励的言语和殷切的期盼,也会使学生倍感温暖,成为促进他们传统文化学习的不竭动力。由此可见,学生通过自我评价及时发现并改进不足,通过教师、同伴、家长等他者评价获得肯定与认同,能够激发学生对传统文化的兴趣,起到激励性作用,增强他们学习的内在动力。

第二,多方式评价,重视学生成长的过程。阅读教学中渗透传统文化的最终目标是塑造文化品行,品行的塑造是一个循序渐进的过程,重视的是学生在情感态度、价值观方面的发展转变。采用多种方式评价,尤其是以观察法、档案袋评价法等质性方式进行评价,既可以丰富传统考试的单一形式,又可以着眼于学生的成长过程进行评价,使他们看到自己日积月累的进步,进而产生对传统文化学习的动力与兴趣。观察评价法需要教师在日常阅读教学工作中留心观察学生对传统文化的学习态度、兴趣、习惯、意识、实践情况等,注意学生的一言一行,在观察学生对相关传统文化内容的行为反应后,针对他们当前的表现做出即时、有针对性的反馈。及时、恰当的观察评价能够收到事半功倍的渗透效果。而对不同学生所给予的个性化的评价,如丰富多样的评语内容,针对学生各自的问题与进步提出的符合其个性特点的建议与鼓励,也能让学生充分感受到教师对自己的关注,进而加强他们对自我的监督,增强他们对传统文化的热情与信心。传统文化对学生情感精神方面的熏陶作用,需要一个比较长的培养周期,而建立传统文化学习档案袋,通过保存、记录学生整个学习过程中的主要活动进行评价,是对其传统文化学习情况进行长期、持久性的考查,这正符合传统文化渗透的特点。档案袋中可以包含以下内容:能够反映学生朝传统文化学习目标进步的证据;能够反映学生将传统文化运用于实践的例子;能够反映学生在传统文化课堂学习活动的实物(如课堂笔记、发言稿);学生一年中最满意的传统文化学习作品(如课文朗诵作品);学生一年中关于传统文化的测验及其分析;学生自我评价、反思的资料;同伴的观察与评价资料;家长的观察与评价资料;教师的观察与评价资料。这种评价方式把学生每一阶段取得的进步都记录下来,他们的每一点进步都能够被老师、同学、家长看在眼里,当学生回顾自己的成长与进步轨迹时,也会从内心深处产生一种成就感,获得继续努力的动力。另外,传统文化评价还可采取多种灵活、丰富的趣味形式,如根据课文涉及的传统文化开展知识竞赛、课堂诗词朗诵、背诵活动等,这些贯穿于阅读教学中的灵活而富有趣味性的评价方式,能够起到激发学生兴趣、促进学生发展的作用。

第三,多角度评价,全面衡量学生传统文化学习情况。多角度评价是就评价内容而言的,传统文化学习需要"由知到行",因此评价内容不仅要关注传统文化知识方面的内容,更需要关注学生对传统文化精神内容的内化践行,重视他们传统文化的学习态度与学习风气。在评价学生时,明确将思想精神、情感态度、实践情况纳入评价内容体系中,作为考量学生传统文化学习情况的重要维度,可以有效地让学生意识到转变自身思想态度的必要性,厘清传统文化学习侧重点,促进他们自主激发对传统文化的兴趣。同伴、家长、教师等在进行评价时,也应当自觉地将学生课堂学习和平时生活中传统文化学习态度价值观方面的内容作为评价的重要方面,在深入观察与了解的基础上,结合学生"知"与"行"等多方面的具体情况做出适当的评价。

(2)评价侧重理解与体验

学生的传统文化学习是被动接受的还是主动理解与体验的,是停留知识层面的还是深入精神世界的,这些都与评价方式有着紧密的联系。探索促进学生文化理解与体验的评价方式,如设置情境化试题、链接课外材料等,有助于传统文化在阅读教学中的深入渗透。

第一,设置情境化试题。在一般的考试测验中,涉及传统文化的试题往往只是考查学生对一些简单内容的识记默写。设置情境化试题,可以有效改善现有试题命制方式存在的问题,促使测验评价实现由重知识识记向重深层理解与体验转变。设置情境化试题,是指根据情境认知理论,以与学生日常生活相通的材料为基础设计问题,让学生调动自己头脑中已有的知识技能,在具体问题情境中主动思考、整合升华,根据自己的理解与体验做出回答。

第二,链接课外材料。课堂阅读教学采用群文阅读的方法可以拓宽学生的文化视野,丰富他们的背景文化知识,增进他们对课文中传统文化内容的深层理解。试题评价同样可以链接简短的课外材料,在课内与课外文本的比较阅读中综合评价学生对传统文化精神内核的理解与体验情况。

(五)新媒体环境下中学语文阅读教学的实施策略

新媒体在教育的改革中还有很长一段路要走,需要政府部门的支持、学校的重视、教师观念的转变和设计者的参与。也就是说,在信息技术的大背景下,要从政策、经费、人员等各方面全力推动。我们需要将课堂教学信息化作为重点,并要考虑教师用户在应用中的刚性需求,抓住痛点,实现创新。

1. 正确看待新媒体在中学语文阅读教学中的地位

一个新事物的出现总是伴随着争议,教师从"一根粉笔走天下"到"老式放映机"到多媒体投影仪,再到现在的网络终端等新媒体设施,所有的教育设施都在争议中完善和发展。不难看出,我们在争议的同时也对教育现状改革有迫切的希望,希望教育朝着更好的方向发展。新媒体应用于语文阅读教学是教育改革和发展的必然趋势,教师要正视新媒体对教育的促进作用,积极参加培训,提高新媒体设施的利用率。教师若永远对新媒体保持排斥的态度、只当作是应付和做表面工程,久而久之,教师就可能无法达到和设计者、学生、教学过程的有效改进循环,将故步自封。

学生的学习兴趣随着年级变化逐步降低。在中学语文阅读教学过程中,视听觉因素对学生的影响很大。可见,教师应充分合理利用新媒体,发挥视听觉结合的优势,提高学生阅读兴趣和阅读教学的效率。

2. 加强教师与学生的双向交流

语文是工具性和人文性的统一,既肩负着传授学生语文知识的任务,又要在教学中渗透人文思想,提高学生的审美能力。在运用新媒体进行阅读教学的过程中,教师和学生面对的是"人""机"单向交流,缺乏基本的情感交流。

苏联教育家苏霍姆林斯基指出:"情感如同肥沃的土壤,知识的种子就播种在情感的土壤上。"一旦对阅读失去情感,思维、记忆等认知技能的提升将会受到严重阻碍,无论何等抽象的思维,没有情感都不能进行。因此,教师在使用新媒体辅助语文阅读教学的过程中,要注意融入情感的调动因素,以饱满的精神状态点燃学生的阅读激情,做到双向互动和沟通;要突出学生在教学中的主体性和教师的主导作用,要注意扬长避短,因为并不是所有的教学内容都适用新媒体技术,不能为了用而用,而要适合用才用;要坚决避免使用粗制滥造的教学课件对学生进行疲劳轰炸;要留有即兴发挥的余地和提问互动的时间,不能全部依赖新媒体上的内容。此外,教师要结合板书进行讲授,变换课堂教学形式,吸引学生的注意力,以免学生产生视觉疲劳。将传统教学方式与新媒体技术有机结合,有利于提高课堂教学效果。

3.平衡互联网与非互联网生活

中学生的自我掌控和辨别能力较差,需要学校、家庭以及社会的积极引导,即要坚决扎紧"篱笆",积极做好网络安全防范措施,把好网络的"入口""出口",避免学生陷入网络黑洞不能自拔。随着学生可选择的学习内容、方法、参与的方式日益丰富,学校需帮助学生在互联与非互联生活之间寻找到一个平衡点,确保其不会在丰富的信息空间与技术世界里迷失自我,应鼓励学生科学、合理地使用新媒体技术,对数字世界保持清醒、理性的认识。

此外,新媒体阅读的大势已不可逆转,关键是要转变阅读时的心态。传统书籍和电子书完全可以共同生存。只有静心,不急功近利,不为猎奇八卦而阅读,不为谣言假象而迷惑,才可能避免新媒体阅读弊端。当然,我们也不能忽视纸质书籍带给人们的精神愉悦和心灵触动。现在公共图书馆已经全部免费开放,教师还应该通过多种学习活动,鼓励学生走进图书馆,亲身感受书卷的气息,养成自主阅读和利用图书馆的好习惯,这种阅读体验则是网络空间所无法替代的。

4.培养阅读媒介素养

为适应世界教育改革的趋势,提升我国教育国际竞争力,我国在2016年发布的《中国学生发展核心素养》要求学生具有数字化生存能力,主动适应"互联网+"等社会信息化发展趋势,具有网络伦理道德与信息安全意识等。1982年,联合国教科文组织提出:"我们必须让年轻人在一个充斥着图像、文字、声音的世界里学会生存。"新媒体阅读已经成为年轻人课内和课外的一个重要组成部分,培养阅读媒介素养,可以对他们的身心健康成长和文化修养起到重要作用。1992年,美国媒体素养研究中心对"媒体素养"做了如下定义:媒体素养就是指人们面对媒体各种信息时的选择能力、理解能力、质疑能力、评估能力、创造能力、生产能力，以及思辨的反应能力。

　　新媒体高速发展，使人们的学习和生活更加便利和多样化，也带来了纷纭杂沓的信息，媒介素养教育已成为学生面对信息爆炸的社会所需要的核心素养。叶圣陶先生认为，在课堂里教语文，最终目的是达到"不需要教"，使学生养成这样一种能力，不待老师教，自己能阅读。教师在日常教学中渗透阅读媒介素养教育，培养学生具备从纷繁复杂、琳琅满目的信息海洋中提取自己需要的、有价值的信息的能力，分析信息的能力及做出客观评价的能力。在当下这样一个媒介平台无所不在的世界里，培养孩子的媒介素养，就等于给了他们一双在新世界翱翔的翅膀。

第二章　中学语文阅读教学设计

第一节　阅读能力的构成及其发展

阅读能力是人类使用最普遍的一项社会认知活动能力之一,是读者从书面文字中提取信息和加工信息总的心智过程,是顺利地进行阅读活动所必须具备的心理特征的总和。阅读作为一项认识世界和改造世界的能力之一受到人们的普遍重视,它正从语文学科分化出来,形成一门独立的学科——阅读学。阅读学的研究范围包括阅读原理、阅读技术、阅读训练三个组成部分。对阅读能力逐层分解进行研究,并探讨它的发展规律,是科学培养阅读能力的前提,也是语文教学的重要组成部分。

一、阅读能力的构成

阅读能力是在阅读实践中形成和发展起来的,它是一个十分复杂的结构系统。近年来,中外研究者一般认为,认读能力、理解能力、鉴赏能力、活用能力等是构成阅读能力的重要组成成分。

(一)认读能力

认读能力就是学生对书面语言准确而快速的感知能力,具体指认知字形、认读字音、初步了解文字意义所表现出来的心理特征。认读能力主要表现在以下方面。

老舍《骆驼祥子》共10.7万字,所用单字2413个;古典名著《红楼梦》共107.5万字,所用单字4200个左右。根据以上数字推算,如果按初中语文教学大纲的要求"在基础上扩大识字量,认识3500个左右的常用字",就能阅读一般的报纸、杂志、科技读物和文学作品,满足日常学习、工作、生活的需要。不过,这仅仅是推算,对识字量进行科学的测算,还有待于进一步研究。

视读广度,它是指阅读时视知觉范围的大小。视读广度越大则知觉单元越大,理解越完整,阅读能力越强。心理学研究表明,学生视读广度随着年龄增长而逐渐增大。

感知的选择性,它是指感知文字符号时,学生总是随着自己的思路,依据先前的信息预测后继的信息,并从冗长的文字符号中选择最精练、最需要的语言信号重组意义,不断证实和修正自己的预测结果。

敏锐的语感,它是指学生迅速而有效地感知表层文字与深层内容的联系和统一。人的大脑和感官在接受语言文字信息时,是否能迅速地做出反应,在很大程度上取决于这种感知能力的强弱。

感知的精确性,它是指学生在阅读时能够正确辨认输入感觉器官的言语符号和它们之间的组合关系,并准确地将这些符号化为语义加以吸收。

(二)理解能力

理解能力是指学生感知的书面语言符号经过大脑一系列分析综合、比较、抽象概括等复杂的思维活动,正确而敏捷地认识文章本质意义的能力。理解能力有复杂的结构,主要包括四个方面的要求。

理解词语的能力。理解词语包括:第一,必须掌握词语的内涵和外延,否则就不能算理解,运用时就会出错。如美术展览会展出了许多美术作品、木刻、油画。根本的毛病就是没有掌握词语的外延。第二,要正确理解词语的感情色彩。第三,要理解词语在特定语境中的特殊含义。(这需要一定的联想能力)

理解语言构造(句、段、篇章)的能力。要准确理解句义,一方面是能根据词序变化、重音变化、标点符号的使用、句式的变化、段落之间的关系、篇章的重点等理解作者的表达原意。另一方面是能根据具体语境领会作者的言外之意。

理解修辞格的能力。在一篇课文的教学过程中我们曾说过作者使用修辞手法是有一定的原因的,或突出句义,或强调句义的某一方面,或为了使读者便于理解。所以要理解作者为什么要使用修辞格,才能更好地理解文章。

理解表达方法的能力。领会文章主题思想和社会价值;联想和想象力。联想力是指在阅读文章时能根据文章所提供的文字表象,回忆起相同、相关、相似的表象的能力;想象力是人们在感知文章内容的基础上,根据词语所提供的间接表象,重新创造出新形象的能力。学生在阅读时,在初步感知课文内容之后,只有借助于丰富的联想和想象力,才能在头脑中再造出文章所描述的人物、场景、情节、思想感情等,并把它们与现实生活和知识经验联系起来,使新旧知识之间相互触发,从而进一步丰富、加深对文章的感知和理解。联想和想象力架起了抽象与具体、概念与实体之间的桥梁。

(三)鉴赏能力

阅读鉴赏能力是指人们运用正确的立场、观点和方法,对阅读材料的思想内容、表现形式、文章结构、艺术技巧、写作风格等方面进行鉴别、欣赏和评价的能力。鉴赏能力是阅读能力发展的最高阶段,它直接关系到阅读的质量和效果。

理解是从形式到内容,认识文章的意义,解决的是文章是什么的问题。鉴赏是从内容到形式,是在理解文章的基础上,领悟文章内容的是非好坏和表达方法技巧的优劣高低,解决的是文章为什么和怎么样的问题。鉴赏也可以说是理解的进一步深化和提高。此外,记忆力、阅读速度等也是构成阅读能力的要素。

(四)活用能力

活用能力是指在阅读过程中或在阅读一篇文章后利用已经掌握的知识去学习新知识的能力。活用能力的高低,对阅读效率和阅读质量影响极大。活用能力是阅读教学中要培养的终极目标之一,也是人人需要的终身能力之一。教师要在教学实践中十分重视活用能力的培养。[①]

二、阅读能力发展的其他因素

阅读能力是一项综合性很强的能力,它除了上面所表述的几种基本

[①] 高爽.初中语文阅读微课教学的策略研究[D].杭州:杭州师范大学,2020:5-7.

能力构成外,还受其他各种因素的制约。主要有以下几种。

思维因素:如记忆力、分析与综合、归纳与概括能力。

知识因素:如社会科学知识(政治、历史、民俗、人文等)自然科学知识(数、理、化、地理等)。

技能因素:运用工具书的技能、收集资料的技能、根据阅读需要选择阅读方式的技能(速读、跳读、精读、浏览)等。

思想因素:具有正确的世界观和方法论的指导。能运用辩证唯物主义和历史唯物主义的观点对文章的内容做合情合理的分析和评价。

非智力因素:如情感、意志、性格、习惯、兴趣等。根据上述分析,教师在培养学生的阅读能力时,应该使学生的各种阅读素质都得到提高,使学生具有正确的思想、熟练的技能、广博的知识、健康的心理、浓厚的兴趣和坚韧不拔的意志,这样阅读能力的发展就有了坚实的基础。

三、学生阅读能力发展的阶段及其主要教学方法

阅读能力有一个从低到高的发展过程,教师应根据阅读能力的形成和发展规律,有计划、有目的地进行培养和训练。我国学者们也把阅读能力的发展分为四个阶段,但表述不尽相同。他们认为:学生阅读能力的形成,从小学到中学,可分为四个相对独立又互相联系的发展阶段,如图2-1所示。

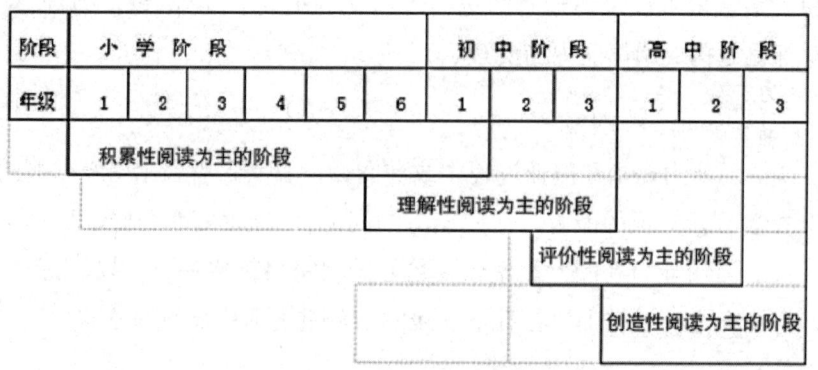

图2-1 学生阅读能力发展阶段

(一)积累性阅读为主的阶段

从小学一年级到初中一年级,这个阶段以积累性阅读为主,这是阅读训练的初级阶段。在这个阶段中,以指导学生识字、扩大识字量和词汇量为主要目的,同时兼顾语言积累、知识积累和生活常识的积累。主要是通过在教师指导下的范文阅读和自己广泛的课外阅读来进行有效的积累。这个阶段的主要方法是要求学生多朗读,让学生在朗读中熟悉书面语言,增强语感;要求学生多背诵一些诗歌、名言警句和文章的精彩片段,积累常用词语、常用句式,掌握一些组词组句的规律。通过熟读背诵,学生既进行了字、词、句、篇等语言表达形式方面的积累,又进行了文章所包含的思想内容、语言知识和自然社会知识方面的积累;要指导学生掌握、使用常用的读书方法,如使用工具书、查阅资料、摘抄词语、名句、写读书笔记等;要利用多种形式、多种途径、多种手段积累各种相关知识和生活常识,让学生体会学习语文与生活的紧密联系,只有当这些材料有了相当的积累之后,才能逐步形成阅读能力。在学习语文的同时,学会文明交际、礼貌用语。能根据交际需要选择恰当的表达方式。在这一阶段中,教师讲授课文时,对课文的理解不应苛求"全面深刻",重点应放在理解的基础上积累语文素材。

(二)理解性阅读为主的阶段

从小学六年级到初中毕业,是学生由积累性阅读为主逐渐过渡到理解性阅读为主的阶段。其中初中一年级是一个中介阶段。随着学生思维能力的进一步发展,他们在理解能力方面,从字、词、句、篇的理解逐步转入到全面、深入地理解文章的思想内容、形式和功能上。这种阅读水平的提高有一个由模仿到独立、由单项到全面、由浅近到深刻的分析综合的过程。

中学语文教学中的阅读能力的培养是在小学语文教学基础上的继续培养。所以,中学阶段是以理解篇章为主体的能力培养。在这一阶段中,思维方法的培养特别重要。要特别注意分析和综合、归纳和概括等抽象思维能力的训练,使学生正确把握文章的主题和意义。要进一步提高学生的相关技能,像查阅工具书就不能满足于获得字的形、音、义的直观认识,而是要具备辨别、选用能力。要养成学生的独立思考习惯,培养他们利用工具书和相关资料独立阅读、写作文章的能力。

理解性阅读阶段是阅读能力发展的最重要阶段,中学语文教师和教育研究者最重视这一阶段的研究工作,研究成果也颇丰富。

(三)评价性阅读为主的阶段

从初中到高中,随着学生的理解能力、思维的独立性和批判性进一步增强,对文章的阅读评价能力有了一定的发展和提高。评价,就是对文章的鉴赏,对中学生来说,就是要求学生对课文的内容或形式做出具体的评说。指出文章的得失利弊、作品的语言风格、现实意义、作品的社会功能等。

在这一阶段中,教师要继续提高学生的理解能力。评价性阅读是以理解为基础的,通过对文章的评价加深理解。同时,要指导学生运用正确的世界观和方法论去评价作品。

(四)创造性阅读为主的阶段

高中阶段,是以创造性阅读为主的阶段。创造性阅读是指在理解、评价文章的基础上,触发新的见解,这种见解超越了文章的本身意义,是一种全新的思想。阅读只有发展到这个阶段,才能圆满地达到阅读的目的。这个阶段一直持续到新的学习、工作岗位和社会生活中。

在创造性阅读中,阅读的注意中心不在文章本身,不是为了全面评价、欣赏文章;也不是把注意中心放在作者身上,不是研究作者的创造意图或思想观点,而是把注意中心放在要解决的问题上,时时把要解决的问题与阅读材料相联系由此及彼,推导出新的结论或新的思想。

在这一阶段中,教师要鼓励学生既要多读书,也要多深入实际、了解并接触社会生活。继续增进各种知识的储备,具备创造的基础知识条件和相应能力条件,要注意创造性思维能力的培养,创造性思维通常是对逻辑抽象思维规律的突破,具有多样性、奇异性、突发性等特征。这一阶段的教学,教师要鼓励学生对课文的理解进行多角度、多方位的比较,鼓励学生大胆联想和想象,允许学生"异想天开",要敢于突破传统观念、不受权威和传统所束缚。教师要鼓励学生进行研究性学习。正如《高中语文教学大纲》中指出的,要重视学生的实践活动,让学生在教学过程中主动学习、探究。要重视师生的语言交际和心灵沟通。教师要善于激发学生的学习兴趣,创造性地开展多种形式的教学活动,努力形成教学个性。

中学生阅读能力发展过程有一定的连续性,各阶段相互联系、相互交叉重叠,不能截然分开。

第二节 教学设计的指导思想

一、阅读教学设计的含义

阅读教学设计是指教师在授课之前,在深入钻研教材、了解学生的基础上,在教学目的的制约下,对教学内容、教学方式方法、教学步骤做出科学的、合理的安排,以保证在规定时间内达到教学目标的总体设想。

二、阅读教学设计的指导思想

(一)树立整体目标观

阅读教学是教师指导学生以解读课文为依托,培养学生的阅读能力。在训练阅读能力的过程中,对学生进行知识传授、人文素质教育、思维教育、情感熏陶。教师要树立这种整体目标观。[1]

在以往的实践中,有些教师存有片面的理解,有人阅读的目标仅是理解一篇文章;也有人认为要借阅读时机侧重于文章思想内容的阐释,以发挥文章的教化功能;还有人认为阅读是为写作服务的一种手段。

上述认识都偏重于某个单一的目标。追求单一目标的阅读教学,都不是完整意义上的阅读教学。

(二)树立正确的阅读效率观

传统语文教学中老师常说"开卷有益",意思是只要打开课本去读,

---

[1] 高杨.尊重个性化阅读与教学的整体把握[J].文学教育(下),2020(04):82-83.

就有益于增进知识,这话在彼时说有一定的道理,可是,当今世界信息量激增,传统的教学方法在今天有较大的局限性,快速阅读、快速记忆、快速计算、快速记录,不但被人们所重视,所研究,而且已有不少的专门学校从事这类人才的培养。语文教学的效率也被人们提上议事日程。快速阅读,许多国家已在进行研究并取得了丰硕成果。快速阅读,既可以扩大阅读量,增加知识存储量,也能培养学生思维的敏捷性。但是教师要明白——单纯的增进阅读量不是高效率,阅读高效率有两个基本要求:一是能在规定时间内获得较多的有效信息,二是收集到的信息有较高的实用价值。

(三)树立阅读迁移的教育观

心理学原理告诉我们,迁移有两种类型:一种是特殊迁移,指的是学生学习某一内容后对相似材料有特殊的适应性,如有的人一听某一支歌就能很快地记忆并哼唱。一种是一般性迁移,指有关原理、态度和学习方法的迁移,它是教育的重点。语文教学的课堂阅读目的最终是为学生的独立阅读服务的。教师的"教"是为了学生的"不需要教"的能力的形成。所以,要让学生在课堂上学到的知识、技能、方法、态度能运用到课外乃至终身的继续学习上,是教育的终极目的。

因此,教师要重视学习的迁移。教师在上课时,不但要传授知识,更要传授方法。不但要传授方法,更要针对不同的学生采用不同的引导方法。如有的学生喜欢上新课,他们喜欢新课文的情节,一旦了解课文的情节后便不再有兴趣。针对这种情况,教师要引导他们深入体味课文的意义,如提出一些问题让他思考。另外教师也要注意"同类相求,连类而及",讲读课文再带读与课文内容、形式比较接近或内容相近,或语言风格相近,或情节相关的文章,都可以让学生课外阅读。这些都是有效的迁移。

第三节　单篇教读课文的教学设计

一、教读课文在阅读教学中的地位和作用

普通中学语文课本将课文分为教读文和自读课文两大类。教读课文是指学生在教师的指导下精读的课文。每一单元的教读课文体现了相应单元的学习目的和要求，是教师指导学生积累知识、学习读书方法、掌握读书规律、形成阅读能力的重要材料。学生则凭借教读课文的学习，在获得语文知识的同时，掌握阅读方法和阅读规律，形成阅读能力。

二、教读课文设计要点

（一）确定教学目的，把握重点、难点、疑点

这里所说的教学目的，是指教读一篇课文或一个单元的课文所要达到的具体目的，它包括基础知识、基本能力和人文教养因素三个方面的教学目的。确定教学目的是教学设计的核心。没有这个核心，教学就成了一种松散的、随意的、盲目的行为。这种现象被老师戏称为"脚踩西瓜皮，滑到哪里算哪里"。

确定教学目的的主要依据是：语文学科的总目的（《大纲》是它的书面形式），教读课文内容和形式的特点，学生的知识、能力水平和教育素质条件。

对于教学目的三个方面的因素，不是也不能一个个分开去把握，而应作为一个整体，进行综合的理解和认识。并根据具体情况设计落实教学目的的具体措施。

什么是教学重点、教学难点、教学疑点？所谓重点，就是指实现教学目的所应掌握的最重要的、最基本的知识点。在课文中，体现重点的内容一般会在"预习提示"或练习设计中有所反映。但因学生情况有别，教师应根据具体情况确定教学重点。

至于难点和疑点，没有固定的界定标准，而要依据学生的实际情况来

判定。重点、难点、疑点有时会聚合在一起,有时会分散在不同的点上,"三点"之中,重点是相对固定的,难点和疑点却因学生的水平不同而移动。三者的聚合或分散也在所难免。因此教师在教学设计时既要认真钻研教材,又要详细了解学生,即教师们所说的"吃透两头"。其意义就在于准确地把握重点、难点和疑点。

如何处理重点、难点和疑点?总的来说是要"突出重点",不能面面俱到地把一篇课文从头到尾逐字逐句加以阐释。但是,重点通常又与"一般"联系在一起。在教学实践中,很难做到孤立地"突出重点",这样,"重点"就成了"无本之木",而必须与"一般"相联系。

"难点"与"疑点"的处理要看它们与重点的关系是否密切。与重点关系密切,就要详细讲解,否则就可以略讲或不讲(或课外讲解)。对于难点的处理,教师要注意了解学生为什么感觉难,以便对症下药,解决问题[①]。

(二)理清教学思路

思路,指的是人们思维活动的逻辑顺序,也是思考问题的逻辑线索。教学思路包括教师教的思路和学生学的思路。

无论是教的思路还是学的思路,都包含了内容和形式两个方面的思考程序。例如教的思路,教师要考虑怎样导入新课、怎样指导预习,进入教读阶段后,要考虑先教什么,后教什么。这些步骤中都包含了内容与形式两个方面。

学生学的思路在很大程度上是与教的思路相一致的。这是因为:第一,阅读文章总是有一定的规律的,这个规律就是"整体—局部—整体"。第二,学生的学是在教师的指导下进行的,学的思路一定会受教的思路影响,且年级越低越是如此。但是有时情况很特殊,教的思路与学的思路会产生冲突。例如,教学生读一篇小说,小说的情节曲折动人,有一定的吸引力,当教师叫学生翻开课本后,学生便津津有味看起来,但教师却想在开始时补充或介绍一些相关知识,以免中途打断学生的阅读次序。

---

① 胡岩莎.初中语文单元整合教学中存在的问题及改进策略[D].伊犁:伊犁师范大学,2021:12.

这样教的思路与学的思路便有了冲突,两种思路的不协调,就会影响教学效果。学生到了高年级,已具备了一定的知识积累和阅读技能,他们在解读新课文时,也有自己的阅读习惯,个别学生甚至会形成一种"阅读定势",在这种情况下,教师便要根据学生的具体情况认真考虑如何使教的思路适应学的思路。因此我们说,在教学中教师教的思路和学生学的思路是互为影响的。

1. 怎样理清课文的总体思路

理清课文的总体思路,实际上就是教会学生如何阅读课文,探寻作者的写作思路。作者写文章一般都列提纲,不过文章做好,提纲也就丢到纸篓里去了。其实,作者的提纲是摸清思路的珍贵资料。因为那提纲就是文章总体思路的体现。假如看到那提纲,又假如提纲上有所修改,就可以看出作者的思路,看出思路形成的过程。但是,看不到作者手书的提纲不要紧,我们可以依据课文复制出来,而且可以复制得比作者的更地道。

教学大纲在"理清作者思路"一句前说"整体把握课文内容,分析课文段、层次及其关系",说的正是理清总体思路的基本方法。第一步是,分析课文段、层次(这里的"段"也说"部分");第二步,分析各部分之间、各层次之间的联系。为理清思路而分析课文的段和层次,无论段、层次的划分,还是段意、层意的概括,也必须跟通常的做法有所变通,有的板书设计好,好就好在能体现课文的总体思路,一目了然。

在教一篇课文前,教师按照"整体—局部—整体"的读书规律,先从领会课文大意入手,解决字、词、句的认识,提出一些较简单的要求。再深入局部分析,在整体的统率下钻研局部的句段。提问的难度加大,从文章的字面意义推究作者的思想感情,从文章各部分之间的逻辑关系总结作者的写作中心。然后再回到文章的整体上,全面思考文章的主题、内容安排技巧和形式特征。最后安排复读、练习、巩固。教学思路大体如此,但也并非千篇一律。

2. 找准教学的突破口

在具体的阅读教学过程中,学生通读课文,一般要从篇首开始,读完全文。但教师的指导却不一定必须要这样做。有的教师通常是在学生理解全篇的基础上，寻找一个最佳的切入点，带动全篇课文的指导。这样做不但不影响学生的阅读思路，反而有助于学生对课文的理解。

寻找教学的突破口，并不是任意的，它通常要考虑三个要素：一是取决于思维的习惯和思维的逻辑顺序，二是考虑课文内容和形式的特点，三是要兼顾学生的兴趣爱好和心理特点。

三、讲读课文的几种设计模式

所谓教学模式，是指在一定教学思想的指导下，设计和组织教学，并在实践中建立起来的相对稳定而具体的教学活动的方式。人们习惯上也把它称为"方法"，但它是"大方法"，是相对于具体的操作方法（如讲述法、提问法）而言的。教学模式既是理论体系的具体化，又是教学经验的一系列概括。

（一）"三主四式导读"模式

"三主"即"以学生为主体，以教师为主导，以训练为主线"。这种教学思想在很多教师看来，早就是老生常谈了，但事实却绝非如此。这种教学思想目前仍是很多教学内容改革和教学方法改革的灵魂，具有很强的生命力。

以学生为主体，是指学生在教学过程中应该成为学习的主体，认识的主体，发展的主体。教的目的是学，学是教的发端、根据和归宿，是为学而教，而非为教而学。因此要把以教师传授知识为主的教学过程，改为学生在教师指导下主动获取知识的过程，也就是要从根本上改变学生在教学过程中消极、被动、无所作为的地位，从而使学生成为学习的主体，认识的主体，发展的主体。

以教师为主导，是指在确认学生的主体地位的同时，规定教师在教学教程中的作用和活动方式主要是导，以学生为主体绝不意味着教学过程中事事都要学生亲自"发现"，让他们在黑暗中摸索，徒费时间。教学效率在于追求花最少的时间去获得最大的收获，因此，以学生为主体，并不是放松或取消教师的主导作用，而是要加强教师的主导作用。教师的主导作用，可以概括为以下几个方面：教师是整个教学过程的组织者，他使学生的求知活动始终围绕主要目标进行,并收到最理想的效果。教师是学生求知过程中的启发者,引导学生不断向知识的度和广度探索。教师是学生学习的指导者,随时给学生以鼓励、督促和进行学习目的、学习方法的指导。教师是知识的传授者,在学生求之不得的时候,教师的讲授还是不可少的。不管从哪方面考虑问题,教师的着眼点都应放在学生身上。教师越是"导"之有方,"导"之得法,学生的主体作用越能充分发挥,从而自觉地促使学生由"需要教"向"不需要教"转化。

以训练为主线,这里所说的训练是指教学过程中学生主动获取知识、应用知识、培养能力、发展潜力的各项学习活动。其基本形式是以思维训练和语言训练为核心的听、说、读、写训练。这种训练应贯穿于语文教学的始终。只有把学生组织到"以训练为主线"的教学结构中去,才能完全实现两者的统一。题海战中的多练,学生是被动的,囿于机械地重复;它不是听说读写都重要,而是题海淹没一切;它虽能使学生获得一些知识,形成某种技能,但由于没有能力发展的具体目标和规划,因而不能有效地促进学生智能的发展;它通常是为了应付考试,而并不把语言训练与思维训练贯穿于教学过程的始终。因此,以训练为主线同单纯做习题的多练并非同一概念。

"四式"实际上是在"三主"思想指导下开展的四种不同方式的训练,其操作模式如下:自读式—教读式—练习式—复读式。

自读式:这是以培养学生的独立阅读能力为目的的一种训练形式。自读,不是让学生随心所欲,放任自流的自由阅读,而是一个有目的、有计划的训练过程。自读的进行大致有三种情况:一是先教后读,即教师先教给阅读方法,然后由学生自读;二是先读后教,即学生按照老师的要求先自读,然后在老师的指导下加深理解,从而领悟阅读的方法;三是边教边读或边读边教,即教师边做指导,学生边自读。

教读式:这是学生在教师指导下进行的阅读训练,教读必与自读同步进行。教读,教师主要是在以下几方面发挥"主导"作用:一是激发学生的学习兴趣;二是教给学生阅读方法;三是帮助学生克服阅读中遇到的困难。

练习式：是为强化、巩固所学知识、促使知识转化为能力而完成一定数量的口头或书面作业。常用的练习类型有：以记忆或积累知识为主的练习（如朗读、背诵、抄读）；以消化知识为主的练习（如改写、续写）；以应用知识为主的练习，这类练习可以是单项训练，如用词造句，也可以是综合练习，如借鉴课文写作；评价性练习，包括鉴赏和评论，既可以就课文内容或形式片言只语写心得，也可以对文章的立意、结构作评价。

复读式：这是一种复习性的阅读训练形式。把若干已学过的课文按一个中心组成"复读单元"指导学生读、想、议、练。复读时对课文归类有三种类型：一是以复习基础知识为目的的，二是以比较课文内容或形式异同为目的的，三是以求得规律性知识为目的的，课文归类与学习目的相呼应。

"三主四式导读"模式肯定了学生为主体、训练为主线的基本思想，解决了教与学、传授知识与发展能力之间的矛盾，有助于教师认清自己的地位和角色，有助于教师在制订教学方案时落实切实可行的能力训练措施。但是，对教师的能力要求较高，教师要具备较高的"导"的艺术和驾驭课堂的能力。

(二)提问教学模式

所谓提问教学模式，是以师生共同提出问题、讨论和解决问题为主线，引导学生钻研教材、读懂课文、接受言语训练的一种教学模式。将提问上升为一种课型设计的方法，以提问为主兼用其他方法来设计阅读教学，逐步形成了"提问教学模式"。作为一种教学模式和常规的具体措施提问相比，两者的不同在于以下几个方面。

出发点不同。作为模式的提问，是以提问为联系方式，启发学生边思考边读书，使言语训练与思维训练更紧密地结合起来；作为常规方法，一般是引起学生的有意注意，提醒学生注意某一个知识点。

问题的组合和指向不同。作为模式，强调整体效应，它必须根据课文的重点、难点、特点，设计出一组问题，问题之间前后相连，环环相扣，系列性很强；而常规提问则通常是针对课文的局部内容或形式发问，要求比较单一，不强调系列联系的紧密性。

问题的来源不尽相同。提问模式中,问题可由教师提出,也可由学生提出。而且教师要有意识地传授发问的方法,鼓励学生提出有价值的问题,以培养学生"善问"的能力;作为常规的方法,在大多数情况下,问题是由教师提出,学生回答的。

提问教学的具体模式在实施过程中是千差万别的,但大体上有这么三个步骤:质疑设问—讨论答问—小结评问。

质疑设问:要求学生在初读课文的基础上,教师启发学生提问,或设立问题情景,引导学生发疑。

讨论答问:在教师的组织下最大限度地发挥学生认知的可能性和学习的积极性,引导学生通过各种方法和途径,研究解决问题的方法,培养创造性学习态度。

小结评问:这一步有三方面的内容:一是评问题提出的质量,哪些问题提得好,能抓住课文的重点;二是评哪些问题解决得好,使学生得到启发;三是整理出哪些问题并未解决,然后由教师指导学生解决哪些疑难问题并小结整个过程。

运用提问教学模式,须注意以下问题:对学生提出的问题,教师要去芜存菁,分出主次;对一些涉及重点的内容,学生还没有提出相应的问题,教师要启发学生提问题或由教师补充提出。

解决问题的次序要遵循学生的学习思路,或抓住主要问题,切中肯綮,其余便迎刃而解。在讨论答问时,要发挥学生的积极性,让学生自己开动脑筋,自行解决问题,让学生尝试解决问题的喜悦,激发学生的兴趣。只要答准问题的实质,不必强求词句的一致。重在培养学生的思维能力,提高思维品质。

(三)情景教学模式

情景教学模式是教师根据课文所描绘的内容,利用言语或其他辅助手段,再现课文所描绘的情景氛围,使学生如见其人,如闻其声,如临其境,从而更深切地体验作者的思想感情,理解课文的思想内容和表现形式。情景教学对培养学生情感、启迪思维、发展联想和想象能力有着特殊的作用,是传统语文教学方法所不能比拟的。情景教学模式的一般过程是：设境—理解—深化。

设境：就是根据课文内容，创设情景，引导学生进入情境，形成表象，变静态的文字描述为动态的景物表象，让学生在真切的氛围中感知课文。情景创设的方法和手段有：言语描述、实物演示、音乐渲染、表演体验、影视播放、深入社会生活等。

理解：就是在深入情景之中，让学生以境悟文，把文章与情景融为一体，教师以景导文，让学生仔细体会课文与创设情景的相通之处，从而达到领悟课文的文字情景与体验创设情景相融合的理想境界。

深化：就是教师引导学生展开联想或想象，深入体验课文中所蕴含的作者感情，深化对文章主旨的认识与理解。在这一阶段，教师着重开拓学生的联想和想象能力，引导学生把文字描述与创设情景沟通起来，与现实生活沟通起来，这就需要联想、想象思维发挥作用。既要让学生通过创设的情景，领悟文字描述的准确性，又要让学生根据文字提供的内容去想象新的情景，这样，就能达到既理解、领悟"文意"，又体验、感受"情趣"，从而达到透彻理解课文的目的。

运用情景教学模式要注意以下几点：从教学对象看，情景教学一般用于初中低年级。从教学内容看，适用于记叙性文章和诗歌、剧本的教学，特别是用在诗歌、剧本的教学方面，效果更好，也适用于写作教学时激发写作情感阶段。

从教学目的看，情景教学重在激发感情，但语文基础知识的教学、哲理性内容的讲解、听说读写能力的全面培养，还必须依靠其他方法。

第四节　单篇自读课文的教学设计

一、单篇自读课文在阅读教学中的地位和作用

自读课文就是学生在老师的指导下，把在教读课文中所学到的知识和读书方法，运用到自读课文的过程中去，借以巩固所学知识、练习运用

方法,从而培养独立阅读文章的能力。

自读课文还有一个调节作用,不同地区、不同学校,可以根据学生的不同情况对自读课文进行增删抽换,给学校、教师的教学工作以更多的主动权和灵活性,从而加强教学的针对性。[①]

二、单篇自读课文的教学设计要点

正如语文课本编者所说明的那样,自读课文的"自读",并非一般意义上的完全自学形式的阅读,这是因为,从内容上看,它有特定的对象——规定自读的课文;从目的上看,它有特定的目的——巩固相应单元中所学的知识和能力;从时间上看,学生必须在教师规定的时间内完成阅读任务;从阅读过程上看,是在教师的组织和指导下的阅读活动。因此,这里的"自读",是一种有组织、有计划、有目的的阅读行为。语文教师对自读课文的处理,决不能放任自流,使自读课文丧失了它的独特作用,而是要加强自读课文的教学研究促使学生通过自读课文的阅读训练,将知识及时地转化为能力。自读课文的设计要注意以下几个方面的准备工作。

(一)确定训练目标和形式

训练目的的确立。从内容上考虑,是巩固和运用知识,主要根据单元的总体要求和自读课文的本身特点来决定;从能力上考虑,主要是以阅读为主,带动写、听、说的其中一个内容来训练。如以读带读(读同类文章)、以读带写(写作文或读书笔记)、以读带说(讨论)。

训练形式的确立:根据课本编者的安排,学生自读课文的指导,一般安排在课堂内,利用一节课的时间完成。因此,要考虑自读的效率,就必须要考虑恰当的形式,在实践中,一般是采用学生课外自习,教师课内点拨的形式。点拨的方法最重要,关键是指导读书方法。

(二)指导学生运用读书方法

对于一般的读书方法,教师在进行教读课文的教学设计时,就要考虑与自读课文相配套,这样,学生能及时运用,加深理解,促进转化。但是

---

① 胡忠于.教研与反思 高中教研指导与管理研究[M].重庆:重庆出版社,2014:31-33.

自读课文毕竟与教读课文在内容或形式上有所区别,所以教师要针对自读课文的特点设计教学步骤和方法。如提示回忆相关知识、启发学生运用某种方法完成练习,按照什么步骤读书等。不过,自读课文着重指导学生使用在教读课文时所学的方法,而不是由老师直接答疑问难。

(三)确定评价方法

教师对自读课文阅读结果的评价,实质上是对学生自学能力的检查。而自学能力的检查,又是通过对具体知识的掌握情况和能力运用的结果中分析出来的。因此,从评价内容方面,仍然要涉及字、词、句、篇;从评价方式方面,仍然要采取诸如写读书笔记、仿写文章、口头答题、综合测验等,但这与教读课文的练习目的不尽相同。教读课文的练习重在对新知识的理解和掌握,而自读课文的练习则重在对知识的巩固和运用;教读课文重在对读书方法的理解和记忆,自读课文重在模仿、运用读书方法,最终能独立地、综合地运用读书方法,形成稳定的阅读能力。因此,教师在设计检测方法方式时,一般应考虑应用性、综合性的练习为主,不能单纯设计那些记忆性、理解性的练习。

三、单篇自读课文的几种设计模式

(一)魏书生"六步自学"模式

全国特级劳动模范,辽宁省特级教师魏书生,潜心实验,以培养学生自学能力为中心,创造出"六步自学"模式。具体环节是:"定向—自学—讨论—答疑—自测—自结"。

定向:即确定教学的主要目标,重点和难点,控制信息的接收范围,排除学习重点外的干扰性的多余信息。

自学:学生依据教学目标、重点和难点自学课文,独立思考。基础差的学生完成部分自学内容,基础好的学生向深度和广度开拓,一般学生能自己解决百分之六七十的问题,不同水平的学生各有所得。

讨论:前后左右每四人一组,把在自学过程中遇到的不懂的问题提出来,互相讨论;在讨论中仍不懂的问题,留待下一步解决。

答疑:也是立足于学生自己去解决疑难问题,由每个学习小组承担回答一部分,各小组之间彼此交流、讨论,各组讨论仍未解决的或有分歧的问题,教师可稍加点拨或给予提示。

自测:根据定向中提出的重点和难点以及学习后的自我理解成果,由学生拟出一般可在10分钟内完成的自测题(也可由教师出),学生相互检测,相互评分,自己检测学习效果。

自结:下课前几分钟。每个学生在自己座位上口头总结一下这节课的收获,再从各类学生中选一两名学生单独总结,使各类学生接收信息的质和量得到及时的反馈。

这种模式的优点是充分发挥了我国传统语文教学中重视知、情、意、行相互作用的优点,唤起学生求知欲望,让学生建立自身的学习方向,并在了解自己的学习收获后得到欢乐和幸福,从而激发深入学习的意愿。在继承中有发展,正视"六步自学"法的优点。如果说这个模式还有不足的话,就是在六个步骤中,如何传授基础知识,进行听说读写能力的全面训练,还有待于教师辅以创造性的设计。

(二)"八字"教学模式

"读读、议议、练练、讲讲"八字教学模式,这个模式不是语文教学的独有模式。语文学科的具体做法是:读读—议议—练练—讲讲。

读读:是学生读课文,初步了解课文内容。基本做法是:对于新课文,要求学生上课时阅读。阅读时根据课文内容提出具体要求,使学生带着问题阅读,这样可以激发学生的求知欲,调动学生的学习主动性和积极性。阅读时教师巡回指导,及时了解学生的阅读情况。不要硬性规定学生在课前预习新课,若各科目都布置课前预习,就会加重学生的负担,学生课外也没有时间钻研自己喜欢的功课了,不利于学生的个性发展。

议议:是指课堂上学生之间的议论和交流。学生阅读课文后,个人的理解和领悟会有所不同,"议"就是让学生在课堂上各抒己见,相互交流,明辨是非,以求得正确的结论。同时养成主动读书、主动探索问题的良好习惯。教师对学生提出的议题要有所引导。如果学生提出的议题不是教材要求的或者就学生现有知识水平还不能够解决的,教师应及时做出交代,待课后做个别指导,避免课堂空议。

练练:是让学生将在课堂上学到的知识通过练习进行消化和巩固,通过练习发现问题回头再读再议,务必达到熟练和深化。他们不主张布置大量的课外作业,要求当堂完成一定数量的作业。在练习形式上偏重于写书评、杂记及少量的命题作文,并要求学生相互之间批改作业。

讲讲:讲是指教师的点拨、讲解、解惑,是贯穿在各个环节中的,但也有学生的讲。其中教师的"讲"是根据学生在读、议、练中产生的问题做有的放矢、画龙点睛式的点拨。学生的"讲"则重在交流意见和看法。

在这个教学模式中,"读"是基础,"议"是关键,"练"是运用,"讲"贯穿始终,它能开阔学生的思路,发展学生的思维能力,调动学生的学习主动性。同时,改变了传统课堂上沉闷的气氛,使学生学得生动活泼。需要指出的是:读、议、练、讲的次序并非不可改变的,有一定的灵活性。

第五节　单元教学设计

一、单元教学的特点

从制定教学目的要求看,着眼于一组文章,而不是一篇文章。从教学设计环节看,把几篇课文视为一个整体,通盘考虑教与学、讲与练、读与写、听与说的具体内容和方法。

从认识论的角度看,单元教学是从事物的联系中认识事物,从事物的若干侧面来认识事物的整体,或从对比辨析中认识事物的特征。

二、单元教学的意义

有利于引导学生学会用系统方法处理学习内容,既见树木,也见森林,便于知识的归纳、比较,从而掌握学习规律。

在一个单元中,编者根据一定的意图将数篇课文组合在一起。内容和形式相近或相关。但是,每篇课文的内容、形式、表达方式等都有各自的特点,所体现的语文知识及能力训练是不可能全面的,通常只体现知识的某一方面。单元教学把各篇课文作为一个整体去理解,教师可引导学生将某一知识点的几个方面放在一起进行比较、归纳,这样,就做到了"既见树木,也见森林",既认识个性,又能把握共性。便于总结、掌握学习规律,有助于学生整体语文能力的提高。①

有利于培养学生的自学能力。在一个单元中,听、说、读、写四项技能的训练组合在一起,有机配合,便于互相呼应。互相促进。在一个单元中,教读课文与自读课文基本上都属于同类文章(或有的内容相关、有的形式相关),这样,有利于学生将教读课文的经验、方法迁移到自读课文的阅读中去,以读带读、以读带写、以写促读,读中练听说,听说促读写,对培养学生的自学能力非常有利。同时,学生在综合训练过程中,通过课内外的联系,掌握规律,扩大知识面。

有利于培养学生的创新能力。单元教学把指导学生质疑解疑当作一种教学常规,常抓不懈,直至学生养成自行质疑解疑的读书习惯,扩大了学生的阅读量,学生拥有更多的学习主动权,更能开发创新型学生的智力因素和非智力因素。

另外,由于单元教学节省了学习的时间,可以腾出时间来开展语文的第二课堂活动。目标更明确,重点更突出,便于教学与检测。现行通用语文教材的基本结构是由单元组成的,每一单元提出了单元教学的整体教学目的。实行单元教学,教师可以单元整体目的为基础,根据单元中的各篇课文的特点,将目标予以分解,选择最能体现单元目的的内容予以精讲,其余内容可让学生自读训练或做略讲处理,这样,教学目标更明确,教学重点更突出。

三、单元教学设计的常见模式

(一)演绎式

这种模式以传授知识为先导,然后通过范文阅读、在听说读写和作文训练中巩固、运用知识,最后检测并予以总结。如图2-2所示。

---

① 纪秋香.独立阅读能力发展 路径与评估[M].北京:华文出版社,2017:51—55.

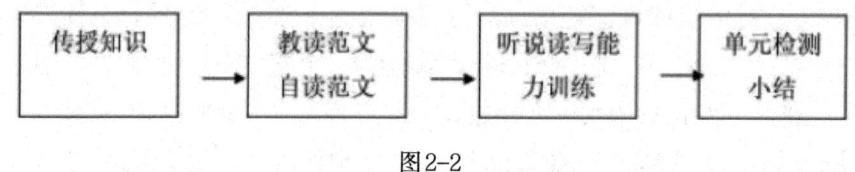

图2-2

(二)比较式

在单元教学的前段时间内,集中教读数篇范文,重在比较异同,然后让学生自读、比较,再进行归纳、整理、将所学知识分类,指导言语实践。

(三)四环节智能定型单元教学模式

这是学者成曼姗借鉴优秀教改经验并经过实验之后提出的单元教学模式。这种教学设计的指导思想是:把以传授知识为主变为开发智能为主,通过听说读写能力训练培养学生的观察力、注意力、记忆力、想象力等思维能力;调动学生的学习积极性和主动性,学会独立地运用科学的学习方法和思维方法去获取知识。

四、单元教学应注意的问题

(一)正确认识单元在本册教材中的地位和作用

语文教师要认真地钻研教材,每学期开始要仔细研究全册教材。在单元备课时,要正确认识本单元在全册教材中处于什么地位(属于重点单元、准备性单元、巩固性单元,还是调剂性单元)。了解本单元所有的知识点,承载了《教学大纲》哪一方面的目标。尤其要注意本单元的教学要求、目的与各篇课文的联系,把单元要求落实到课文实际中。还要了解学生在学习本单元课文前有哪些知识与能力积累,较准确地预见学生在学习本单元时有什么难点,保证设计的科学性。

在落实单元教学目标时,要正确处理知识传授与能力训练的关系,随着教学改革的深入,广大教师逐渐意识到光有知识还不能符合21世纪人才的要求,还必须培养学生的能力。因为知识并不等于能力,知识和能力并不是线性关系,学生掌握的知识多并不等于能力强。教师必须注重在教学中让学生获得知识的同时提高能力,尤其要重视学生的听、说、读、写能力的综合训练,因为它最能发展学生的思维的变通性和独创性。例如,听讲时提出不同看法,在讨论时说出新颖、独特的见解,阅读时对材料进行比较、联想和鉴别,作文时灵活运用各种方式表达自己的思想等。这些也都是培养创新型学生的主要方法。

(二)要注意突出重点,讲究效率

单元教学设计尤其要注意突出重点,不能每篇课文都要求"讲深讲透"。例如,指导阅读,教师可从一个单元里选择一至两篇课文作为自学的指路篇,指导学生自学本单元的自读课文,让学生在教师的指导下反复认读,渐渐领悟,在自读、讨论、争辩中获得知识,提高能力;在单元总结中,让学生自我复习、自我总结,在总结中发现规律,掌握共性,区分个性,由知识转化为能力。复习练习,要精选典型的练习题让学生当堂完成,既检查一个单元知识的掌握情况,也检测出学生知识的迁移程度。

单元教学的作用并不是每篇课文教学效果的简单相加,而是作为语文教学的一个子系统与整个语文教学大系统相关联的。系统内各种因素互相作用、互相促进、互为影响,其整体作用应比单一的操作要大得多。从理论上分析,单元教学是阅读教学的发展方向。语文教师不应该固守单篇教学一方阵地,而是要大胆探索,勇于实践,逐步掌握单元教学的规律,把语文教学能力提高到一个新的水平。

第三章 中学语文阅读教学策略

第一节 选择阅读教学策略与方法的基本构想

一、"教教材"和"用教材教"

学生对于教科书文本的学习至少有两个目的：一种是"读懂"，一种是"会读"。经典作品包含着丰富的思想意蕴和文化智慧，需要学会和继承，以增强学生思想文化的积淀，需要"教教材"，也就是需要学生"读懂"。教师首先要把握所教课文的思想内涵和形式特点，在不受任何资料影响的情况下，进行深入会话，进而把握教学要点，明确教学目标。然后在借鉴和吸收的基础上，形成有利于文本解读和符合具体学情的教学设计。这样才能实现有效地"教教材"。如《智取生辰纲》设置这样几个问题：一是选文开始部分笔墨是否过于冗长？二是结尾一段删掉是否可以？三是文本是如何表现人物之"智"的？开端用墨如泼、浓墨重笔，用了多个自然段写杨志一行押送生辰纲的行路情况，其目的在于表现杨志小心谨慎的性格及其内部矛盾，这是表现人物性格的需要，又是设置悬念以引发读者阅读兴趣的需要；明写杨志，暗写吴用，以杨志的处处防范、小心谨慎，反衬吴用之智。设计这三个问题，可以引领学生探幽览胜、含英咀华，感悟经典文学的魅力所在。

另有一些作品价值需定位于阅读经验和方法的提炼，并将其迁移运用到阅读中去，这就需要"用教材教"。"用教材教"有解读建模和阅读示例的功用特点，其目的在于突出"语文"教学价值。从文章写作的过程来看，无论是赋形思维的"重复"和"对比"，还是路径思维中的过程"分析"与"综合"，都使文章组成要素具备了"同中有异""异中有同"的特点，这就为阅读迁移提供了条件和基础。例如,《秋天的怀念》就是通过有关秋天故事的多次"重复"来表现母亲为儿子所付出的爱,抒发作者对母亲的热爱怀念和愧疚后悔的情感,因此可以确立"欣赏领悟—迁移运用"的教学构思,指导从"入情入境地诵读""有情有味地鉴赏""设身处地与人物对话"三个角度或"品味生活场面""欣赏行为细节""体验情感"三个方面学习欣赏"一个情景",然后依照这种角度和方式自主赏析"第二个情景""第三个情景"等内容。

作品所表现的生活题材和在写作方面的思维方式具有典范性和"类"的代表性,在教学价值取向方面,可致力于引导学生解读"这一篇"而着眼于解读"这一类",体现"这一篇"在解读"这一类"作品中的经验提取和方法教示功能。一种是自由式典型解读,不设置具体的迁移篇目。例如,鉴赏像《望岳》这类写景抒怀、状物寓理类的古诗词,最难做到的就是把学生领进诗词中去,因此如何让学生在鉴赏过程中"入韵""入境""入情""入理"就显得十分重要了。由此可设立"一读感诗韵—二读辨诗意—三读创诗境—四读悟诗理"的阅读构思。引导学生通过体验鉴赏过程和反刍提炼,领悟"写景状物"类古诗词解读途径、鉴赏方法,实现能力的自然迁移。

另一种是计划性典型解读,设置具体的迁移篇目。比如,根据单册教学计划或单元教学安排,先教学生学习一篇课文中某种语言运用的经验和原理,再由此引导迁移到另外几篇文章中学习这种经验和原理。教学《中国石拱桥》,第一步,让学生大体理解本课的说明内容;第二步,引导学生根据说明内容的特点梳理本课的说明顺序;第三步,让学生阅读《苏州园林》等课文,看其是否运用了由概括到具体的说明顺序,并解说其具体原因;第四步,与《故宫博物院》比较,有什么相同之处与不同之点。其中当然包括相应的写作迁移,对熟悉的学校公园或小镇进行先概括后具体和按照空间转换顺序的说明介绍,以使学生准确地掌握这种说明方式。[1]

---

[1] 金建生.中小学课程与教学问题研究[M].上海:上海交通大学出版社,2019:17.

二、根据文本特质选取教学策略与方法

文本特质,即文本所独有的亮点和特色。一是具有语文方面的价值,二是具有的典范性和个性,是同类作品中出色的和具有代表性的。三是具有可迁移性,即可用于迁移理解同一类文章、同一种语言现象。文本的核心价值是文本所呈现出来的在语言文字、思想意蕴、审美教育等方面的教学价值,文本特质决定文本的核心价值。设计和选取阅读教学策略,要依据文本的核心价值。充分利用文本特质对于选择和运用相应的教学策略,具有十分重要的意义,否则,就会出现文本解读策略方法相同,教学设计出现千篇一律,课堂教学呈现雷同呆板模式等现象。明确了文本特质,教学策略也会应运而生。

(一)形象性文本

以塑造形象为主要手段的作品大多都属于这一类,如写景状物、写人叙事的散文、小说、诗歌等。如《孔乙己》文本的特质在于出色的叙事艺术和人物表现的手法。以二十年前后的"我"第一人称的视角,将故事限定在咸亨酒店这一特殊场景,通过诸多截面反映人物的命运轨迹,并隐括人物一生的命运;通过以形传神的白描和烘托来塑造人物,增强人物命运的悲剧色彩。文中多处写到了众人的"笑",使作品融入了喜剧的"快乐"气氛,而这"快乐"对人物悲剧命运进行了强力烘托,加深了悲剧的程度。这篇小说没有贯穿始终、紧密相连的故事情节,不能通过情节过程破解人物性格。所以这类形象性文本的教学,有必要在形象的特征及其形成的因果关系上下功夫。比如,首先从不同的截面中找出描写孔乙己"面色"的部分,分析不同的面色与其生活遭遇的联系、与其形象性格的关系。其次,找出周围人们"面部"表情(笑)的变化,探究"笑"与"被笑"的前因后果及其隐藏的深意。再次,由"被笑"探究孔乙己的矛盾性格和悲剧命运的多种原因。所以抓住细节与人物性格心理之间的关系作为核心教学价值,就是凸显了《孔乙己》的文本特质。

(二)情节型文本

主要指表现故事情节过程、生活事件或矛盾冲突来反映人物思想性

格或表现现实生活的作品。如写人叙事的散文、小说、戏剧等。这类文本在情节事件上通常各有特色,如《范进中举》《我的叔叔于勒》中情节的逆转,《智取生辰纲》《最后一片叶子》中的悬念,《最后一课》中的矛盾冲突,《故乡》中的插叙和情节描写中的雕刻,《变色龙》《丑小鸭》中情节的摇摆或起伏等,在教学中就有必要依据这些情节上的特质选取策略方法。可用比较分析探究《我的叔叔于勒》情节逆转的过程:由对败家的于勒的憎恶,到对发了财的于勒的称赞和盼望,再到对沦落潦倒的于勒的怨怒和瘟疫般躲避,情节的这三次逆转,将人物的言行举止、情感心理全部带动起来了,每一次逆转都将家人对于勒的态度与心理细致入微地表现出来了,在这个过程中再通过研读和品味,人物性格及其典型意义就昭然若揭了。可以用编填表格的方式筛选信息梳理作品的叙述方式。例如,为《故乡》编制情节内容表格,使学生弄清楚插叙与顺叙、眼前与回忆的内容。之后引导学生体会运用插叙对于交代事情的前因后果,增强事件的完整性,塑造人物形象以及造成情节的跌宕起伏等方面的作用。

(三)情感型文本

文学作品的欣赏,需要在入情入境的吟诵中涵泳咀嚼、心领神会,从整体上深入把握文本的思想灵魂。古典诗文、现代新诗、小说、散文、戏剧,其语言文字蕴含的情意均应借助诵读去体会和把握,那些情感强烈浓郁的作品,则应采用吟诵的方式去体验和感悟。学生对文本读到什么程度,就说明其理解感悟到了什么程度,反过来理解到了什么程度,才能读到什么程度。诵读可以引导学生走进文本的深处,触摸到作品跳动的脉搏和情感的温度;走到文本深处,触摸到作品灵魂,诵读才能更加到位。如何让学生走进文本深处,诵读更为到位精彩,需要遵循学生情感体验的一般规律,运用教学智慧。

以吟诵教学方式运用为例,首先,要创造恰当的情感氛围,把学生的情感激发调动起来。例如,教学《说和做》,可以从"七子之歌"入手,在让学生了解闻一多先生所处的时代背景、诗歌创作和学术研究成就、英勇献身等有关内容的基础上,开展师生合作朗读,教师读单号段,学生读双号段,通过诵读把学生的情感激发出来,读出慷慨,读出赞颂,读出孜孜以求，读出民族大义。然后可通过"感知全篇""分步探究""观照自我"三个过程，在读中品，在品中悟，在思想情感上与作者形成共鸣。体悟思想情感应形成一定的梯度，能使学生通过不同形式的诵读和理解，步步深入地体悟作品中蕴含的情感，使情感的体验一层一层进入学生的心灵，体现出逐步深化的过程，最终达到一定的程度和强度。例如，教学《水调歌头·明月几时有》，可以分三步体悟词人的情感、胸襟。第一步，解小序，体会思念亲人的情感。小序点明了特定的时间节日：中秋月夜、中秋节，点出了创作背景；聚集饮酒，大醉，点出了一个明显的目的——怀念他的弟弟。重点欣赏下阕，将诵读与品味，文本语言与生活背景有机结合起来，体会作者对亲人的思念怀乡之情。第二步，再解小序，领悟感慨的内涵和豁达情怀。体会对月问天、钦羡神往、恐寒止步、人间起舞所表现的心路历程；对朝堂的留恋与向往、进退两难、无可奈何、乐观豁达。第三步，整合归纳，体会作品的情感主调和主旨，领悟作为"中秋第一词"所寄寓的词人的真挚情感、坚韧品质和豁达胸襟。每一个过程将品味与诵读紧密结合起来，逐步进入到作品的深处。

（四）思辨性文本

作品存在表里、前后、内外、因果等多种关系，阅读教学中引导学生采用思辨和探究、联想和抽象的方式，去认识这些关系和内容的本质。这需要构建教学"支架"帮助学生挖掘深层意蕴、辨析各种关系去破解文本的秘密。教学《紫藤萝瀑布》一则需引导学生由浅入深理解文本：作者写紫藤萝瀑布的繁茂与萧疏、兴旺与衰败，其深层用意是什么？作者观赏紫藤萝瀑布情感上经历了怎样的变化？为什么会有这样的变化？二则要梳理有关内容的关系，如紫藤萝瀑布的遭际与"手足情""生死迷"之间、与生命的规律之间有着怎样的关系？

三、运用语文的方法

语文教学的根本目的是教学生学习"语文"，因此要引导学生运用语文的方法学习语文，用语文的方法解读文本。语文课程所包含内容十分丰富，涉及社会生活的各个方面、各个领域，就一篇文章或一部作品来说,可能会涉及社会科学或自然科学的若干内容,学生在学习的过程中,一是需要学习其中的"语文"内容,二是要运用"语文的方法"去学习、去解读。什么是语文的方法呢?

第一,它是符合语文文本体式特征的方法。这种体式特征也就是本质属性或功用价值。大的方面说,文学作品与写实作品的属性和功用特征差别就很大,文学作品内容是由作者联想想象而虚构出来的,它所反映的是作家主客观相融合的世界。具体到某一种体式,其属性特征也都十分鲜明。比如,神话是远古时代人们的集体创作,对自然现象、社会现象通过幻想做出的具有艺术意味的解释和描述。它具有幻想性甚至带有荒诞性,是早期人类对自然和社会的认识形式;故事性强,有浓厚的浪漫主义色彩;主人公性格鲜明,通常具有非凡才能。黄厚江先生举过一个很有意味的例子,说有位老师教《愚公移山》一课,引导学生读出自己的理解,要求学生站在智叟的立场上和愚公对话,或站在愚公的立场上和智叟对话。有些学生提出了问题让愚公回答:"你怎么能知道你的子子孙孙都是男性呢?""'靠山吃山',山搬走了,你也该被饿死了""移山是苦力活儿,你干就干吧,可你的子孙未必想去干这事,他们可能要去当兵,也可能去读书,还有可能当朝廷大臣呢""山移走了,生态就会遭到破坏,你就不怕遭到大自然残酷的报复吗?"教师对学生的这些问题和想法大加赞赏。但是教师教的、学生学的并非一篇神话,也没有当作神话来解读,表面看似培养了创新思维能力,实际却离题万里,脱离了语文的本质属性去创新,就是"驴唇不对马嘴"。这样解读神话,也就没有神话了。用语文的方法教语文,就是用记叙文的方法教记叙文,用议论文的方法教议论文,用寓言的方法教寓言,用神话的方法教神话。

第二,语文的方法还应该是语言的理解与运用的方法。有教师执教《故乡》,让每个小组推选一名同学做杨二嫂"圆规"的姿态,然后比赛看哪个小组姿态表演得更像。有教师执教《花儿为什么这样红》将其教学构想为"科学探索"活动,分为"横看成岭侧成峰""半亩方塘一鉴开"两个过程。其中"横看成岭侧成峰"由学生通过勾画文章结构示意图,领会作者从多个角度揭示花红奥秘的思路。而"半亩方塘一鉴开"则是从某一个角度揭示"花红"的秘密。最后,让学生从一个角度,以花的身份,用第一人称介绍花朵色彩斑斓的原因。在这两则案例中,我们认为第二则用的是语文的方法,第一则用的是非语文的方法。

　　语文的方法含义很丰富,有的看上去是语文的方法,但却未必合乎语文的属性特点。例如,有教师执教杜甫《望岳》,让学生将其改写成现代诗,并且要求能押韵。一方面,这就是把古诗改写成现代诗,这种做法不太符合古诗鉴赏的一般要求和规律。古代诗词的凝练性、含蓄美、音韵美、意境美,一经现代汉语的翻译就会丧失。如果让学生展开联想想象描述作品所创造的意境还是很有必要的,符合解读古诗词的需要。另一方面,在改写中要求押韵。这种要求是比较高的,尤其是对于中学生,要改写成现代诗并且押韵,即便现代诗人恐怕也很难做好。

　　第三,用语文的方法思考和解答问题。有教师执教《那树》提出一个问题:蚂蚁和树是什么关系?有的答寄生关系,有的答互利共生关系,并且具体举出了"金合欢蚁"与"金合欢树"是如何互利共生的事实。教师听了学生的回答十分惊喜,给予了充分肯定。但这是从生物学角度去思考和解答问题,并未从文学作品的角度去思考问题。有的教师执教《济南的冬天》,让学生提出自己的疑问。有的学生说,"几十年的时间某个区域的气候变化不会那么大吧。济南地势北临黄河,其余三面环山,决定了夏天燥热憋闷,冬天奇寒无比,我们感受到的济南的冬天可没有什么'响晴'和'温情'可言。"由此便认定老舍先生写作不实事求是,而老师对该学生的"高见"大加赞扬。学生是从地理学和自身感受角度去理解作品、评价作者的。这个学生没有读懂作品,散文是表现作者个性化情感体验的,不是现实生活的实录;更没有读懂作者。本来这个学生的看法很有价值,如果他所说的都是事实,那么正好可以借此观照和反衬老舍先生对济南独特而深厚的情感。还有的教师为让学生思考孔乙己悲剧的原因,设计了"破案"活动,让学生"追查"到底是谁害死了孔乙己,虽然不能说这完全不是语文的方法,但是似乎总有些"过头",有些华而不实。

第二节 阅读教学的基本策略

阅读教学的价值取向包括培养阅读情感、感悟阅读方法与能力、丰富积累、解读与鉴赏文本、涵养思维品质、传承优秀文化、提升审美品位等，这些也都是阅读教学的基本定位。实现阅读教学的课程价值有多种策略，基本的策略应该包括。

一、文本理解

阅读一个文本起码的要求是读懂文本意义，这就需要进行文本理解。把文本理解作为基本教学策略，一是要求教师对文本有自己的理解。教师解读文本首先要抛弃一切参考材料，原汁原味地读出自己的理解，这是有效指导学生阅读的基础。有了这个基础，再去参考他人的解读以丰富提升自己的理解。二是，教师需要引导学生原汁原味地阅读文本，产生自己的理解。以之为前提，教师以自己的阅读体验和阅读思考激发、引导和促进学生的阅读体验和阅读思考，师生之间开展交流碰撞，进而使学生获得阅读思路、经验、途径和方法等。"文本理解"的含义包括：文本意义、作者意义、社会历史意义、读者意义等。文本意义即文本语言本身表现的意义，是纯文本客观意义，背景和写作意图不参与其中；作者意义就是作者原始意图，即作者的主观意图、创作初衷；文本在流传的过程中，在不同的历史时期和不同的社会环境中体现的意义即社会和历史意义；读者意义就是读者获得的具有个性化的意义，是超越作者的甚至可能是比作者意义更好的意义。

苏轼的《水调歌头·明月几时有》中"但愿人长久，千里共婵娟"，作者本意是表达对兄弟的思念之情和对经受离别之苦的人的美好祝愿，后用来表达对亲人朋友甚至情侣的思念之情和美好祝愿。可见社会历史意义的内涵比作者意义的内涵更丰富深厚了。元稹《离思五首》的"曾经沧海难为水，除却巫山不是云"，原本表达对爱情的坚贞和对亡妻的怀念之情，后多用来比喻曾经经历过很大的场面，眼界开阔，见多识广，对比较平常的事物不放在眼里。白居易《酬乐天扬州初逢席上见赠》中"沉舟侧畔千帆过,病树前头万木春",本意是借助比喻感叹自己的身世,自己遭到贬谪,而那些官场新贵春风得意。后人多用其哲理意义:没落的事物就让它没落吧,新生的事物必然要发展起来,社会在前进,前景无限美好。

认识文本理解的多重意义,不仅对我们解读文本有指导意义,而且会使阅读教学产生充裕的资源和宽阔的空间,同时对培养学生解读文本的能力和从不同角度认识事物的能力,有重要价值。这就对教师提出了很高的要求,一方面应从不同角度解读文本,正确把握作品解读的各个视角,要了解不同时期、不同身份的人对文本的解读,进而透彻地理解教材,并力求对文本有自己独到的理解发现;另一方面要正确判断学生各种理解的是非、正误、深浅,以便引导学生由浅入深、由错误到正确、由偏颇到全面、由幼稚到成熟地理解文本。教师既不能只认同或坚持某一种自认为合理的理解,否定学生的其他正确或合乎实际的理解,又不能全面肯定学生的所有解读,特别是那些不正确、不得当、不深入、不全面的解读,总之要让学生能"更好地理解"并"理解得更好"。

文本的多元化、多视角理解是教师教学的基础,紧接着是需要对文本进行解构,即对体式进行破解,在此前提下对阅读教学进行内容选择和内容重构,并对教学内容进行整合、加工、改造,构建教学载体、形成教学活动过程。在教学内容确定之后对文本处理应体现三个层次:思想内涵,艺术表现,语言审美。三个层次相互包容,相互作用,不可孤立解读,也不可顾此失彼。[①]

二、问题探究

这里从教师设置问题和学生质疑两个角度谈"问题探究"的策略问题。

[①]赖桂平.小学语文绘本写话模式教学行动研究[D].厦门:集美大学,2018:21-23.

(一)教师设置问题

1. 存在的问题

通过问题的提出和解决推进阅读教学的进程,解读文本,实现教学目标,提升和发展阅读能力,在阅读中学会阅读,这是阅读教学基本策略之一。设置和指导解决问题,不但可以指导学生解读文本,而且可以有效解构文本。合理适切的问题设置,有利于引导学生深入思考,有效解读文本揭示内容的本质特征,使学生的思维更加开放舒展。然而就常态课堂来说,不少教师设置的问题不但没有起到积极的作用,反而偏离了教学的方向,忽视和丢弃了文本的核心教学资源,降低了阅读教学质量,弱化了阅读思维能力的培养。具体来说有以下几个方面的问题。

浅阅读教学肤浅有多种表现,最普遍的是两种。第一种是局限于文本表面的理解,教师设置的问题是所有学生"一望而知"的东西,而"未能望到"或"望而不知"的内容却涉及不到。这样的课看上去很流畅、顺利、热闹,没有多少磕磕绊绊,提出的问题学生都能很"全面"很"正确"地解答出来。设置的问题难度和高度在多数学生认知水平线以下,这种课缺少了价值和含金量。比如,执教《散步》,教师提出的问题是:一家人在什么季节到野外散步?散步发生了怎样的分歧?后来是如何解决的?纯属多余。第二种是把提问仅仅定位于甚或拘泥于获得关于文本理解或某个问题的"正确"答案,过于重视问题解答的标准与合理。一种现象:执教《海燕》这般提问,"在苍茫的大海上,狂风——?""在乌云和大海之间,海燕——?"以课文语句的连接作为问答内容,教师可能是通过这种方式去让学生领会作品的内容,也可能是教师认为只要有问题引导,就不能算是单向传输。另一种现象:执教《老王》,首先提问,你怎样理解文中"那是一个幸运的人对一个不幸者的愧作"这句话的含义?学生做了认真的思考回答,但紧接着教师用多媒体把"标准答案"展示出来。这样做严重打击了学生的自信心和自尊心,更重要的是反映了教学理念上的问题,在教师的观念中,追求答案的正确性、标准化是提问的主要目的和价值取向,阅读能力培养却被抛到脑后。这是思想认识上的"浅"。

偏,就是偏离文本设疑,问题讨论脱离了文本,甚至误读、背离文本。

有教师执教《云南的歌会》，让学生阅读、概括云南歌会的三种形式,用了15分钟时间。之后提出一个问题:观赏下面的歌唱演出,看与课文所写的歌唱有什么不同?播放电影《刘三姐》视频,歌手邓丽君的演出片段,展示央视春晚演员演唱流行歌曲。这个过程用去了20多分钟。最后用3分钟让学生谈谈自己的看法后下课。这节课学生享受到了歌唱艺术之美,忘却了文本自身艺术之美的欣赏品味,教师把重点放在区别云南的歌会与电影、歌手的演唱的不同,在教学方向上偏离了文本的核心教学价值。《云南的歌会》的文本特质在于典型化的选材构想,出色的语言表现艺术,呈现作者所称颂的文化现象及其反映的云南人自然、乐观的生命状态。问题的设置偏离文本特质所表现的核心教学价值,以致旁逸斜出,离题万里。

错,分为两个方面:一是文本解读错误,导致设疑偏离正确轨道。二是设疑时语言表达错误导致设疑失败。例如,有教师执教《猫》,提出一个这样的问题:从养三只猫的经历谈谈整篇文章表达了怎样的意旨?按照这个问题的指向,学生回答"做事反对主观臆断,要明辨是非""有缺陷的个体通常遭到误解,不能凭借个人的好恶判断事物的性质",教师予以充分肯定。这并非全文的意旨,概括全文的意旨需要结合养三只猫的经历、遭遇入手去综合概括作品的意旨,那就是生命是脆弱的,弱小者的生命尤其脆弱,我们应该心存仁爱与悲悯,勇敢地承担责任,珍视爱护弱小的生命,或者人性的善与恶、美与丑是这个世界上悲喜剧发生的根源。有教师执教《孔乙己》提出了一个问题,体会课文对"掌柜""店伙计""何大人""丁举人""短衣帮"等人物的刻画和有关场面的描写,你认为造成孔乙己悲剧命运的原因是什么?这个问题的答案应该主要是"一般社会对于苦人的凉薄",即腐朽的封建文化造就的普通民众的麻木和上流社会的残忍。但是要探究孔乙己悲剧命运的原因要从主客观两个方面去考虑,这里只是客观原因,主观原因应该是封建文化背景下造就的孔乙己的"矛盾"性格。可见这个问题的设计并不全面。

散,所谓"散"就是肢解课文,在问题设置上,没有贯穿内容或过程的主线或凝聚教学内容的核心,把羊放出去却没有办法再找回来。这说明教师教学目标意识比较淡薄，教学目标在教师心中还比较模糊，似乎教什么都行，随意性很强。具体有两种情况：一是面面俱到，问题成堆。教师并没有对教学内容进行合理选择和重构，眉毛胡子一起抓；也没有考虑学情，学生哪些能够或已经理解把握，哪些理解不了或关注不到，教师并不清楚，这样设计问题寻求解答十分盲目，问题越多越无效。二是漫无目的，脱离教学目标。没有"吃透"教材，没有认识到作品的教学资源所在，更没有认识到文本具有的特质，因而找不到文本解读的突破点，也找不到能够提纲挈领、以贯之的"主问题"，不能做到"牵一发而动全身"，只是设置一些无关痛痒的零散的问题。比如，教小说就按照"整体感知""局部或分步探究"归纳总结、拓展延伸设计大的问题，"局部或分步探究"则按照情节、人物、环境分别设置若干问题，结果是问题成堆，重点淹没，一篇课文下来学生被问得晕头转向糊里糊涂不知道学了些什么，而学生真正存在疑难或者未能发现的精彩之处却没有问题导引。有教师执教《从百草园到三味书屋》时大小问题达到四十个之多，教学《沁园春·雪》时有二十多个，教学巴金的短文《日》竟然也超过了十个问题。这些数字反映了教师教学理念上存在的问题，那就是以提问代替学生的自主探究，以缺乏开放性、没有学生自主思维空间的问题传输教师预设的理解。

　　设置问题超出学生的生活视野、认知能力和思维水平，没有落在"最近发展区"之内，看上去问题很有创意或深意，但学生不能"配合"，出现"冷场""沉闷"的课堂局面。其中，有的问题远远高出学生"最近发展区"，学生"跳而不得"；有的问题提出的时机不当，某个问题应在深入理解文本后提出，但却在初读时提出，学生自然是一头雾水。有教师执教李白《行路难》，让学生理解欣赏之后，要求写一首小诗（古诗、现代诗均可）表达自己对课文的理解和感悟。这个想法既能展示对诗歌的领悟，又能锻炼表达能力，却不适合中学大部分学生实际。别说八年级学生，即使语文教师能写出像样诗歌的人也不多见，无论是现代诗还是古体诗。又如教学《桃花源记》，如果是九年级学生可以把下面的三个问题放在初读中解决，而如果是七年级学生就需要放在深入理解文本之后提出和解决。"其中往来种作,男女衣着,悉如外人""遂与外人间隔""不足为外人道也"三个"外人"所指是否一致?如果不一致,那分别指什么?第一个"外人"应为"秦以前的人(古人)",后两处的"外人"应是桃花源外面的人。"落英缤纷"中的"落英"到底是"落花"还是初开的花?答案为"初开的花"而不是"脱落的花"。"此人一一为具言所闻,皆叹惋"中"惋"作何理解,"叹惋"的内容是什么?答案为"惊叹"而不是"惋惜"。这些问题不仅仅是字面语言的解释,更是涉及对文意的推断和理解,需要结合对文本内容做深入理解才能解决。

2.问题设置的思维视角

(1)增强目标意识、文本意识、学生意识

关于目标意识。"功课里边,有些地方并不难懂,只是这里有点值得思考的东西……在这种地方,提出一个问题来问一下,首先可以把难点、关键点突出,引导学生去思考。"提问为帮助学生更好地学习文本语言、理解文本内涵而服务,要有明确的目标指向,或为学习文本确定方向,或为摸清学情,或为指导学生领悟学习方法,或为理解语言表现效果,或为发散学生思维,或为归纳提炼总结,或为反刍梳理等,只有明确目的,提问才能有的放矢。

例如,理解《海燕》,难点是其中形象的象征内涵及其与所表达思想意志的关系,如果在此设问,就需要引导学生搜集写作背景材料,建立这些背景材料和文本内容包括象征意义的关系。否则学生无法正确解决相关问题,可能会把"海燕"的象征内涵理解成普遍意义上的在逆境中与恶劣环境英勇搏斗的勇士。又如教学《老王》要理解作者的情感内涵,就需要设置问题让学生体会"我"与"老王"情感关系的错位和差异。

(2)问题设置要有明确针对性

一是针对共同认可的教学资源。这个教学资源可能就是学生共同的关注点,针对这个关注点开展教学可以更好地聚焦学生的目光、激发学生探索欲望。学习《秋天的怀念》应该更关注作品的内外线索,如作者情感的变化发展过程、事件的发展变化和"秋天""怀念"等字眼的内涵。学习《变色龙》可能会关注小说塑造人物的手法以及人物的典型意义。依次设置问题,有利于适应学生本真的阅读诉求,有利于提高文本探究的质量和效益。二是针对疑难点。将疑难点化解为问题情境,可以解决文本的重点和难点。其中可以呈现学生错误的理解,引导学生分析判断,将问题化解。例如,《孔乙己》主人公在咸亨酒店的遭遇和悲剧命运究竟有什么典型性?是不是在科举时代所有没有"进学"的读书人都跟孔乙己一样的品性和命运?《从百草园到三味书屋》"我"对"百草园"和"三味书屋"的生活感受是否完全相反?写"美女蛇"的故事,写我遭到先生的冷遇究竟有什么用意?《曹刿论战》曹刿果真作为一介平民,究竟会不会有资格和机会觐见国君,质询政事国策并得到耐心解答?鲁庄公贵为一国之君,在大军压境之际不会不召集文臣武将制定作战部署,共商御敌之策,可他竟然能平心静气地接受一介平民的一再"质问",而在战场上对曹刿"唯命是从",战后又"不耻下问"。其人是愚昧糊涂、胸无城府、眼光短浅、才能粗鄙的"肉食者",还是一位胸怀大度、从善如流的"明君"?三是针对发散点。教师应当善于利用教材中大量的空白、开放性的空间以及内容的聚焦点,设置自由发挥的情境。

(3)要有文本解读意识

文本解读基本的要求是守正出新,问题设置的价值取向是文本解读,因此问题的指向首先要关注作者的原初意图。作品所表现的春光春色、秋叶秋实、风霜雨雪、喜怒哀乐、爱恨悲欢都是作者内心世界、思想情感的反射,这些通过语言文字表现和反映出来,阅读教学就需要引导学生去发现、探究、感悟并在教师的引导下,因文悟道,以道解文。而要做到这些,就需要通过教学细节落实文本原初意图的解读。文本解读过程中存在的最大问题:是师生缺少自己的理解,一味照抄照搬教学参考书和他人现成的经验案例,因此通常出现曲解文本的问题。文本理解设置问题应考虑以下几个方面。

第一,着眼于文本整体的感知理解。例如,《范进中举》设置这样的问题:浏览课文,假如请你以范进乡邻知情人身份,把"范进中举"这个"奇闻逸事"告诉谈天的乡亲们,你会从哪些角度告诉乡亲们哪些消息?这就需要把这个故事中最抢眼、最独特、最令人感兴趣甚或最耐人寻味的地方展示出来。比如,那个穿得破烂不堪、无能无奈、科考中屡败屡战的范进中举后竟然发了疯;眼看着乐极生悲,叫杀猪的老丈人一个耳光给扇过来了;送喜报的到范家了,范进因为家里揭不开锅了,正在集上卖鸡换米;左邻右舍送什么的都有,东西堆满了破草屋,张乡绅还送银子和房子给他呢。这样的问题设置需要学生有效筛选信息,并创造性地呈现作品主要内容,为下一步解读文本奠定了良好基础。又如《故乡》小说写"我"回到阔别已久的故乡,情感经历了一系列的变化过程。请速读课文,说说"我"有着怎样的情感经历?简单说出理由。通过内容和"我"的情感的关系梳理出情感变化的过程:希望—失望—绝望—期望,这需要引导学生通过对作品中景物、人物以及人物变化的描写去把握。把握了情感变化过程,自然也就领悟到了小说悲凉的主色调,从而为深入体会作品的思想内容奠定基础。

第二,着眼于文本特质和核心内容解读。关于文本特质和核心内容问题设计应当具有启发性、针对性和丰富的生成性,有利于把握文本的本质特征。教学《最后一课》可设置两个问题:一是小弗朗士"上学""上课"过程中,心情有怎样的变化?对韩麦尔先生在"最后一课"上的衣着神情、言语行为的描写,表达了人物怎样的情感思想?前一问题"从小弗朗士入",引导学生梳理情节线索,感受最后一课的起伏变化,后一问题"从韩麦尔先生出",通过解剖人物的穿着神情和语言内涵,领会文本人物情感思想,感悟作品所反映的强烈爱国主题。两者相得益彰,实现了对文本核心教学价值的利用。

第三,着眼于文本"平凡"之处。由于受到生活视野、知识宽广度以及阅读能力水平的限制,学生关于文本的解读,通常局限于表面或剑走偏锋,尤其是文本中那些看似不起眼却十分重要的部分通常被学生忽略。这就需要通过问题引导启发思考和探究。如教学《爱莲说》,学生可能更关注作者所表现的"莲"之形象、"莲"之君子品质等,会忽视对"莲"之爱的理解。作者拿"菊"之爱、"牡丹"之爱与"莲"之爱作对比和烘托,从而表达作者的写作意图——即对追名逐利世风的鄙弃和批判。这是需要教师设疑进行引导的。

第四,着眼于文本之间的相互联系。教学《孔乙己》可设计成咸亨酒店内外的场景,不同的人所处阶层、地位不同,但对孔乙己其人其事的态度却是惊人的相同,这反映了什么?解决这个问题可以立足于课文本身,领会不同的人,或嘲笑,或哄笑,或摧残孔乙己的肢体,表现出病态社会人们的冷漠、麻木和残忍;也可以引导学生与《藤野先生》中中国人为"中国人被日本人枪毙"而欢呼雀跃的情景进行类比,领悟"看客"心理扭曲所表现的愚昧、麻木不仁的共同特点,表现鲁迅先生"揭出病痛,引起疗救的注意"的启蒙主义思想。

又如教学《孔乙己》设置并解决"小说以第一人称叙述故事在构思作品和表达主题方面有什么作用"的问题,可以与《我的叔叔于勒》中的叙述角度进行比较,归纳出一些共有的特点或规律:作品中的"我"为作品中的人物之一参与或目睹故事的发生发展过程,是作品内容的组成部分;都是线索人物,以"我"的所见所闻所感贯穿作品始终,有结构作品的作用;包含着明显的思想情感倾向,对于表现作品主题有着举足轻重的价值。两篇小说的不同也很明显,《孔乙己》是以二十年前后"我"的视角展示孔乙己的故事的,这里面既有"店伙计"的心态,也有成年后看待孔乙己的眼光。但总的来说"我"作为一个旁观者,虽然不同于掌柜的势利、何大人和丁举人的残忍、短衣帮的麻木、愚昧,但始终也是对孔乙己冷眼旁观,这就创造了文本冷峻、悲凉的情感基调。"我"与周围人共同构成了孔乙己"地狱般"的生存环境。《我的叔叔于勒》以"我"的行为表现对人与人关系的信心和希望。

(4)关于学生意识

第一,提问设计要全面深入地把握学情。学生的学习渠道和认知结构在不断扩大和发展变化,这是教学的基础,也是问题设置的前提。课堂教学必须要研究学生心理,把握学生的学科视野,认知结构和认知水平,这样设置疑问才会适合学生的需求。同时要有的放矢,分层施教。问题的设置要激发学生的思维活力和促进思维的发展。教师要在把握学生认知角度和思维方式的基础上,注意创新视角,寻找学生的兴趣点和思维激发点,要设置一定的难度并铺设相应台阶,让学生逐步化解难题,深入解读文本。另外,问题设置避免一种形式、一个面孔。比如,教学《阿长与〈山海经〉》设置的问题是:作者对阿长抱有怎样的情感?为什么会有变化转折?这种写法是什么以及有什么好处?这样设问有力地触动了学生的思维,触动了学生智慧的开关。

第二,设疑在学生有疑之处。"不愤不启,不悱不发",应通过问题设置指导学生分析和解决所"愤"所"悱"。黄厚江先生教学《黔之驴》,在分析驴和虎的形象之后,提出一个这样的问题:课文中写虎的内容比写驴多,将题目改为"黔之虎"如何?这样设问引发了学生深入思考,促进学生进行深度阅读课文,体会作品的深刻寓意和写作意图。学习《孔乙己》学生发现了孔乙己身上的诸多矛盾,并对他为什么会有这些矛盾以及孔乙己为什么会有悲剧命运疑惑不解,对在孔乙己悲惨命运形成过程中他周围的人各起到了怎样的作用也有疑团,从这些视角去设置问题,可以引导学生建立与文本的密切联系,有助于有效利用文本核心产生教学价值。

第三,于无疑处设疑。那些容易被学生忽略但通常又是作者匠心独运的内容,这就需要"于无疑处生疑",引导学生去探究。例如,教学梁衡《壶口瀑布》,枯水季节的瀑布最能体现其特征,写得非常详细,那为何还要写雨季的瀑布呢?既然水是描写的聚焦点,作者为何又去写石头?情与景、物与理是如何结合在一起的?这些问题大多是学生忽略的内容,这样设疑可有效利用文本教学价值,有利于感悟文本解读的经验。

(二)形成辐射关系,追求解读的全面性

围绕文本的核心内容这一原点,形成文本解读的若干放射性问题,这些问题之间形成并举并列的关系,分别从不同视角建立起核心内容与其他内容要素之间的关系。解决这些并列并举的问题,文本的意义也就在学生思想中建立起来了。这里的关键问题,一是正确确立核心内容。这个核心内容可能是这一文本的"特质",也可能是文本"话题"或文本中心内容;二是找到核心内容与各辐射问题之间的有机联系。例如,教学《故乡》,第一个层面设置三个问题:一是回到故乡"我"的心情有怎样的变化?二是故乡环境面貌有着怎样的变化?三是故乡的人物有着怎样的变化？第二个层面设置四个问题：一是少年与中年闰土的外貌相比发生了怎样的变化？二是二十年前后杨二嫂的外貌有怎样的变化？三是作者怎样表现闰土的言谈及其"失语"的，这反映了人物怎样的精神状态和生活处境？四是作者怎样表现杨二嫂的言谈及其"癫语"，这反映了人物怎样的性格特征和社会现实？其中第一个层面围绕"故乡的变化及'我'的感受"这一核心，第二个层面以"故乡人物的变化"为原点。这些问题之间如同车轮中的"辐"与"辐"之间的状态一样呈现并举并立之态，从不同的内容、不同的人物、不同的角度对文本进行解读：前者通过"我"眼中故乡的多种变化从整体上感知文本，三个"变化"突出了文本主体内容；后者从不同视角表现不同人物的言谈举止、思想性格和现实处境，着眼于对文本"特质"和核心教学内容的具体解读。这样，将整体和局部结合起来，达到了多方位、多侧面解读文本的目的，有效拓宽了学生的思维视野。

（三）呈现层递关系，增强解读的深刻性

层递关系是以文本体式、"特质"以及学生阅读诉求为基础，设置的问题之间呈现出外与内、因与果、深与浅等多种形式的层递关系，通过"台阶式"的逐步攀升和"掘进式"的不断深入，力求对文本进行透彻、深刻的解读。前后问题之间表现出明显的难易、深浅、高低的差别和梯次，前一问题的解决是后一问题解决的基础和前提，后一问题是前一问题进一步发展的必然结果。而在这个过程中学生思维的连贯性、深刻性也得到有效培养和发展，并从中感悟到解读文本的科学方法。

（四）设置收放关系，加强解读的科学性

收放关系是指问题之间构成分散与聚合演绎与归纳、撒网与收网的关系，其目的在于对文本解读实现由具象到抽象、由个性到共性、由解构到整合，由感性到理性的跨越与升华，在趋同求异、追根溯源的过程中形成对文本的科学理解和整体把握，在"沉乎其中"与"出乎其外"的经历中体验文本解读的思路与方法。

教学《范进中举》设计这样的问题：一是范进中举前后周围人们有着

怎样的变化？二是在各色人物的各种变化中隐藏的共同不变的东西是什么？三是表现人物变化运用的主要艺术手法及其作用是什么？第一个问题是"放"，是"撒网"，引导学生进入到文本细节，从各个局部和不同视角进行个性化体验和感悟。后两个问题则是"收"，是"拉网"，着眼于整体上综合和隐性意义的探究。其中第二个问题关于"变化"中的"不变"，立足于在个性、表面、局部理解基础上的共性提炼、深层探究和整体融合，也是异中求同和追根溯源。第三个问题从对人物"变化"的探索过渡到对讽刺艺术的感悟，既是作品欣赏的自然延伸，也是对第一个问题的理性归纳，而对讽刺艺术及其作用的反刍、整合，为把握作品的思想艺术价值奠定了基础。

　　构建问题间的逻辑关系是重构教学内容的应有内涵，也是开辟阅读教学途径、提高阅读教学效益的必然诉求。实际上，构建问题间的逻辑关系，既是建立整个文本教学资源之间的有机联系，通过有条理、有层次的解读，发挥整体资源对学生阅读能力发展的积极影响，当然也是寻找解剖文本核心教学内容和文本"凸点"的多种入口和多种层次，从而追求深入透彻的解读。因此，对于教师来说，重要的是要"吃透"文本，充分认识文本资源的不同属性和教学价值，把握核心教学内容或文本"凸点"内部的构成要素，进而解析这些资源或要素之间的关系，进而才能建立正确的逻辑关系和解读层次。同时，创建问题间的逻辑关系也是适应学生阅读心理规律和增强阅读能力的有效举措。设置问题间的多重关系，为学生思维的运行开辟了多种途径，使其从阅读的过程中获得丰富而宝贵的阅读经验，并逐步"在阅读中学会阅读"。问题间的多种逻辑关系，又指向对学生思维整体性、精确性、开阔性、深刻性、新颖性的有力培养，因而问题解决的过程，也就自然实现了学生多种思维能力的提升和优秀思维品质的养成。

　　(五)追问的含义、意义、类型

　　追问，就是在学生理解的基础上追根究底地继续发问。就阅读教学来说，就是围绕教学目标设置相关问题情境，以追求在学生对文本形成一定程度理解的前提下呈现更细致、更宽广、更准确、更新颖、更深入的问题，以实现对文本由浅入深、由此及彼、由表面到深层的理解。尤其是要不失时机地抓住学生思维的灵感进行追问，以开拓学生思路，拓宽学生视野，刨根问底，以使其对文本理解融会贯通，直至出新出彩。教师要做富有智慧的"追问者"，就需要吃透文本，对教材核心教学价值了然于心；对学生深入把握，能在学生没有疑问的地方激疑，能让学生对没有疑问的地方产生疑问。追问从不同的角度可分为以下多种类型。

1. 类比追问

例如，教学《故乡》。有学生提出作者描写中年闰土语言有许多省略号，其作用是什么？教师指导学生思考作者描写少年闰土也使用了许多省略号，它们的作用又是什么呢？教师的问题学生容易看出：描写少年闰土语言使用多个省略号，表现话说得很多，滔滔不绝，省略了很多内容，说明少年闰土善于言谈，思维敏捷，心中装满了奇异有趣的事，思想自由，无拘无束，充满生命活力。由此再通过比较和体会中年闰土说话中的省略号的作用正好相反，中年闰土语言中的省略号，表示话语中断，反映他说话吞吞吐吐、断断续续、欲言又止，这是由人物悲苦的生活处境、卑微的地位和麻木的思想性格所致。可见，追问是把相似或相近的两个问题放在一起，将一个问题作为另一个问题的铺垫或桥梁，从而帮助学生依靠自己的能力解决问题。这个追问产生在学生发生疑问的基础上，教师的问起到了辅助性的疏导作用，能让学生茅塞顿开、豁然开朗。

2. 对比追问

如教学《范进中举》。有学生提出一个问题，范进中举前老丈人是那么鄙视范进，为什么中举后对范进恭敬有加？这个问题学生可以结合人物性格回答，那么教师可借此追问，范进中举前穷得都揭不开锅了，邻居们和张乡绅漠不关心，中举后竟然慷慨相助，这又说明了什么？这些内容与作品核心事件和表现作品主题有什么关系呢？这样的追问使学生对文本内涵的理解进一步加深了，并从中领悟到在夸张和渲染之外的看似平常的描写中，也包含了作者的心机。

发挥追问对调控学生阅读思维的作用，追问是推动学生阅读思维进程、培养思维品质的有效方式。要想能够抓住学生闪现的灵感或思维的误区,因势利导,有的放矢,使学生思维能够得到开拓伸展,深入到文本内部,出现探究的亮点,必须要有教师智慧的追问。

第一,指引思维走向。追问是在学生展示自己思维之后的进一步引导,学生阅读文本通常会曲解作者的意图,也可能会误解文本内容,还可能会钻牛角尖,在这种情况下,教师追问,就要引导学生转变错误的思维方式,纠正不当的理解,调整阅读思维方向,进而对文本理解更准确、更深入。有教师执教《我的母亲》,提出了感知课文内容的问题:课文主要表现了什么内容?一个学生脱口而出:母亲对我的爱。很显然学生是以偏概全抑或按照惯性思维作答,老师发现学生思维剑走偏锋,于是顺着他的回答进一步追问:你说得有道理,课文5、6、7三段是写了母亲对儿子的关爱和严格要求,那么其余内容都是写"母爱"的吗?学生通过阅读思考得出结论,文章还写了母亲处理家庭的难事、矛盾和如何对待他人的侮辱,捍卫人格尊严等内容,因此这篇课文不是以"母爱"为主题的,而是写出了一位关爱儿子的母亲、宽容大度的母亲、自尊自强的母亲,这样就将学生的思维引向了正确的轨道。

第二,促进思维深化。由于受多重因素的影响和限制,学生在解读文本的过程中,通常出现蜻蜓点水、浮光掠影的现象,缺少对文本的深入思考,在这种情况下就应充分发挥教师的作用,通过追问来推动学生思维的深化,使学生向文本深处漫溯。如果学生理解到的只是问题的原因,那就通过追问使学生去探究其结果;如果认识到了其中的结果,即可通过追问让学生去推究其中的原因;如果学生看到了一些表面的现象,那就通过追问让学生审视现象下面隐藏的本质;如果学生局限于事情的个别特征,那就借助追问让学生归纳出一般的特征。总而言之,要引导学生透过语言文字的表面,去挖掘其背后隐藏的意蕴。例如,教学《秋天的怀念》,作者对母亲、母亲对儿子以及作者对生活的情感感受,都是隐藏在语言文字背后的,特别是其中所呈现的生活细节,蕴含十分丰富,应该通过追问引导学生去深入品味和感悟。在此基础上让学生参阅以下材料:"年年月月我都到这园子里来,年年月月我都要想,母亲盼望我找到的那条路到底是什么。母亲生前没给我留下过什么隽永的哲言,或要我恪守的教诲,只是在她去世之后,她艰难的命运,坚韧的意志和毫不张扬的爱,随光阴流转,在我的印象中愈加鲜明深刻"(史铁生《我与地坛》);"母亲虽然已经早早离我而去,但我总觉得母亲就在身边,几乎没有与母亲离别的感觉,可能母亲的一切都已镌刻在我的骨髓里,融化在我的血肉之中、灵魂深处。我其实是同母亲一起行走在这失去她之后的这些岁月之中,因此回溯母亲可能已经成为一种凭借,其中更多的是熔铸了对自己以及像我一样与厄运博弈者的人生的回顾、审视和探求之中了"(史铁生《病隙碎笔》)。追问:你认为多年以后作者写这篇散文就是为了"怀念母亲""感念母亲对自己的关爱"吗?学生通过思考就会明白:这秋天的怀念,更是对过去苦难岁月的怀念,怀念自己由脆弱走向坚强的心路历程,表达了一个人应该怎样面对人生的苦难以及追求生命的价值意义和真谛。

第三,拓展思维局限。如果学生阅读中思维受到了限制甚至钻进了牛角,不能挣脱自己思维的局限,就需要教师通过追问加以引导,从而开阔学生的视野和思维。

第四,促使思维趋于缜密。在阅读教学中激发学生思维的活力,促进学生思维的深化,开阔思维的视野都是十分必要的,但是如果没有缜密的思维,那么这种活跃深入的思维通常也就失去了价值。思维的严密严谨和准确是文本精读细读的基本要求,追问应该在这方面下些功夫,需要将感性思维和理性的思维有机结合起来,构建文本的意义,去培养造就学生良好的思维品质。

(六)学生提出问题

1.学生提出问题的必要性

"学生喜欢读书,却不喜欢上语文课",这种说法虽然不能将所有老师和所有语文课囊括其中,但我们不能不说是反映出了一个时期以来语文课特别是阅读课普遍存在的问题,倘若语文教师还有一些担当的勇气和实事求是的精神,就应该承认其合理性,甚或应该认识到问题的严重性。阅读教学作为语文教学的核心任务,有着神圣而沉重的责任担当,其价值取向是高远而深刻的、丰富而多元的。

第一，兴趣爱好价值取向。教师要通过阅读教学保持和发展学生阅读的兴趣进而升华为志趣，使读书成为学生的生活常态，从而为学生一生的发展奠基。学生本来喜欢阅读，却因为教师的语文课消解了兴趣，那这就是伤筋动骨的事情了。

第二，丰富积累价值取向。我们可以这样说，阅读是学生语文素养发展的源泉，学生在阅读过程中获得生活资源的积累，古今中外名人大家的生活经验被积存在学生的"生活仓库"中，成为宝贵的财富；获得语言的积累，不同作家、各种文本体式的独特而精彩的语言被吸收而内化为学生自己的语言体系，加强学生的语言。

第三，感悟阅读方法经验取向，即涵养阅读能力取向。阅读教学的根本目的应该不在于学生对课文进行客观深入的解读和解构，而在于在阅读中经历过程沉淀经验，在感悟典范语言表现艺术匠心的基础上，增长运用语言的智慧和提高阅读的能力，即所谓"用教材教"的含义。

第四，涵养思维品质取向。思维能力是诸项语文能力的核心和主线，阅读教学使学生在从语言符号获取意义的过程中，通过认知、理解、评价和创新，发展思维的严密性、深刻性和批判性。

第五，精神建构与人格培育取向。阅读教学是化育精神和砥砺人格之必然途径，通过涵养文本思想艺术意蕴浸染灵魂，陶冶性情，升华生命，形成奋发向上的人生态度和高远美好的价值追求。

无论哪种价值的实现甚或总体在较高水平上取得理想的效益，其必要前提是学生从心里"喜欢语文课"深度参与投入并有较强的获得感，阅读在学生身上真实而深刻地发生。而要获取这样的前提，阅读教学必然是不遗余力地突出了学生的学习主体地位，必然是最大限度尊重、满足了学生的学习诉求、需要。而"学生不喜欢语文课"则说明教师与学生、教与学抵牾扞格，没有融合为一，阅读肯定没有在学生身上真正发生，学生根本没有沉入到文本中而只是"隔岸观火"，这样的参与肯定是浅层次的，学生的需要得不到满足，诉求得不到解决，对文本的解读自然也是隔靴搔痒、肤浅粗陋、至于语文素养的发展更无从谈起。

事实也正是如此，几乎所有老师口头上都会喊出"提出一个问题通常比解决一个问题更重要"的口号,也认为"学贵有疑,小疑则小进,大疑则大进"。然而,就笔者所见从日常语文课再到各个级别的比赛课、公开课甚或示范课,于阅读教学中充分考虑并满足学生学习需求和心理诉求者绝无仅有,凤毛麟角,至多在学生初读课文后,让学生将不认识、不理解的生字词标注下来,同桌或者小组内互相质疑并解决,个别的课指示学生"阅读的过程中将自己的疑问困惑记下来,然后在小组内请求帮助解决",但是这个"在小组内""解决"的过程至多三五分钟时间,完成这个短暂的"程序"之后,大量的时间教师按照自己对文本的理解设置一个个问题,让学生理解"教师的理解",学生情感和思维被"绑架""配合"老师完成预先的教学设计,而学生的需要与诉求则被抛至九霄云外。

2.学生疑问的分类

那么阅读过程中学生的需要和诉求是什么呢?这似乎是再简单不过的问题,但现在非常需要我们低下头、沉下心去认真思考探求,以还原学生解读文本的一般过程和普遍规律。首先,学生阅读是一个同化与顺应的过程,"同化"是指学生对文本生活内容、思想意义和语言表现等与已有认知结构发生相似联系,以至对其认同、整合、内化的过程;"顺应"则是文本生活内容、思想意义和语言表现等与已有认知结构形成矛盾对立,或学生对文本新的生活现象、思想艺术表现等出现陌生感和疑惑,然后化解矛盾、消除陌生感和疑惑,从而形成新的认知结构的过程。学生阅读也是一个阅读知识意义建构的过程。

一方面,阅读令学生不断产生新的收获和分享的意愿。它作为一种生命的旅程,使学生得以神游风景名胜,观赏世界的五彩缤纷,经历人生不同的命运遭际;学生获得了自己切身的感受,比如从这篇课文中感受到亲情的浓郁、人格的高尚、战争的惨烈、杰出人物气度的非同寻常,抑或是产生震撼人心、发人深省、令人心醉的感受,比如感受到文本清晰的思路、独具的匠心、精彩的语言。学生在收获的同时与他人分享的意愿相伴而生,而这种分享的意义在于个性的互补和智慧的互启。另一方面,阅读令学生生成多种多样的疑问困惑及释疑解惑的诉求。按照疑问生成的过程和疑问产生的来源,姑且将其分为以下几类。

第一，感知性疑问，即学生阅读感知新课文过程中产生障碍和困惑，有读不懂看不明白的地方。这些疑问有的来自文本生活内容方面，这些内容可能是学生从未接触的领域，因而理解起来有困难，比如作为一个皇帝怎么可能会穿着根本不存在的"新装"去参加游行大典？斑羚结对飞渡悬崖的过程究竟是怎样的？一个双腿瘫痪的人面对苦难究竟是怎样的心理状态？有的来自情感意旨方面，《皇帝的新装》批判的矛头指向昏庸腐朽的统治者还是愚蠢的从众心理？《斑羚飞渡》写作意图究竟指向环保还是跪拜？史铁生讲述自己双腿瘫痪后的经历是为了怀念母亲吗？有的来自文本结构思路、语言表现方面，比如安徒生用儿童口吻去讲述皇帝的新装故事有什么突出特点？写斑羚飞渡为什么多次对彩虹进行描写？"看花"在《秋天的怀念》思想艺术表现方面具有怎样的作用？当然有的来自对文本字词句的理解方面的，比如生字词和难懂的语句，特别是古诗文中的字词句。这些都是学生在获取新的知识经验的过程遇到的障碍，初读文本后留下的整体性强但相对肤浅粗陋的困惑疑问。

第二，理解性疑问。即在理解文本意义的过程中在信息交流上学生与作者、文本有一定的困难，产生了矛盾对立从而生成疑问。这种"认同"上的矛盾和障碍主要表现为两种现象：一种是文本信息与学生生活经验、已有认知之间的矛盾对立。学生对所获取的文本信息在学生头脑中形成矛盾，产生疑义，在认同上出现障碍。比如，《济南的冬天》济南的一名学生在课上就提出过这样的问题：济南三面环山，可是北面是黄河无山遮拦，冬天北风呼啸，凛冽刺骨，可老舍先生为什么说济南的冬天那么"温晴"呢？既然若瑟夫"亲情未泯"，那他为何不与于勒叔叔相认乃至带其回家呢？写作选材要典型，描写叙述要突出重点，可是《猫》为什么对三次养猫的经历都做了详尽叙述呢？这些因"矛盾"而产生的疑问，使学生与文本之间形成了有力的碰撞，为文本内涵的深入解读储备了势能。另一种是学生发现了文本自身的矛盾而生成疑问。如《云南的歌会》意在表现云南歌会的三种场合的三种演唱方式，可"山路漫歌"只有寥寥几行文字描述赶马女孩子的歌唱，而大量的笔墨描写山路边的各种风景，这样喧宾夺主岂不与题意矛盾吗？《小石潭记》中"石潭"与"潭源"

"潭水周围"环境两者之间,其特点、色调会有如此明显的差别吗?《伟大的悲剧》为什么"悲剧"是"伟大"的,作者为什么没有为成功者却为失败者作传?

第三,欣赏性疑问。学生在文本"欣赏"的过程中,对文本的思想蕴涵、艺术表现的特色,或文本的精彩亮点、宝贵价值有了一定程度的认识,形成了自己的某些看法和观点,但是对自己的这些"看法""观点"的正确恰当与否,还不敢完全肯定,存有疑虑,或在不同的认识中,一时难以取舍。比如,从作者意义来说,《皇帝的新装》是鞭挞以皇帝为代表的统治阶级的骄奢淫逸、腐朽昏庸,还是抨击"从众""自私""虚伪"的人性?认为《孔乙己》有两条线索对不对:一条是明线,以"我"的见闻与感受贯穿文中事件,以第一人称视角,定格在咸亨酒店这一特殊场景,通过诸多截面反映人物的命运轨迹,呈现为组接式结构,选取最能表现人物思想性格的片段,避免了流水账式的叙述,匠心独运;另一条是暗线,以人们对孔乙己的态度为理性线索,将人物、事件、细节紧凑严密地结合在一起。不同的人所处阶层、地位不同,但对孔乙己其人其事的态度却是惊人的相同——鄙视和冷漠。

三、语言活动

语言活动是阅读教学的第三个基本策略。语文是体验性和实践性很强的课程。语言的产生、发展和习得都离不开主体的言语体验和言语实践。语言产生于人类的劳动实践和交流需要,语言的发展随着实践的发展而日趋丰富和精密。语言习得的过程是人的内部活动如体验、思维、情感等与外部活动如听、说、读、写的统一。如果没有大量语言材料、语文范例的积累和反复多次的言语体验、实践活动,要提高理解和运用语言的能力是不可能的。活动不仅能促进学生情意水平的发展,而且能使学生更深切地体验语言习得的过程,激发并巩固学习语言的兴趣,加深对语言本质的理解。语言活动以体验感悟、合作探究、审美鉴赏、应用实践等活动性学习为中心。阅读教学应该成为一种有载体、有立体感的学习活动;语言活动是实现阅读教学课程价值的一种基本的也是有效的策略。

阅读教学语言活动的基本要求,解读文本是语言活动的根本目的,通过语言活动使学生对文本意义获得正确深入的理解。活动设计不是为了使课堂活跃热闹,而是构建文本解读的载体和平台。宁鸿彬先生教学《分马》设计了一个活动:假如郭全海分到的不是青骒马,而是栗色小儿马,而老孙头分到的是青骒马,他们又会怎么说呢？学生经过思考讨论,最终认为,郭全海会说:"这匹马是'玉石眼',屯子里的头号货色,虽然性子有点烈,但调教调教,还是蛮能干活的,你牵上吧！"老孙头会说:"这匹马肚子里有崽子,弄不好今年冬天就是一死俩,你可得好好掂量掂量啊！"这个语言活动创造了崭新的探究情境,为学生创造性思维的展现提供了平台,人物的思想性格在新的情境中得到了再一次展示,这是十分富有智慧的设计。他教学《皇帝的新装》在阅读课文基础上启发学生用一个动词概括文章情节的共同特点。于是在学生说出的许多动词如蠢、骗、伪、假、傻、装、新,心中筛选其中最有概括力、最恰当的一个,学生最终统一了意见,是"骗"字最好。然后引导学生分析文中谁被骗了以及究竟谁是骗子,有没有诚实的人。再下一步分析人们被骗和没有被骗的原因。这种语言活动让学生不断地深入到文本语言中去,很好地解读了文本意义,各种阅读能力得到有效培养。

第三节　阅读教学方法的价值意义

阅读教学方法在阅读教学中的价值和作用是不言而喻的,如果没有教师的教学智慧引领,那么学生的阅读活动很可能就会是"盲人摸象"或"暗夜里行船",结果可能是"泥牛入海""竹篮打水"。"艺术的最高境界是真实,是自然,是无技巧。"名家的教学没有什么方法,殊不知艺术如果达到了至高境界,实则汇集了丰富的技巧,只不过这些技巧已经剥"浮华"去"雕饰",将技巧自然化、平凡化了;名家的课堂教学看上去没有运用什么华丽的教学方法,他们已经将方法融化在质朴的外在形式中,如果推敲每一个教学过程和教学元素,你会觉得他们的课堂内容和形式是那样和谐,进而发现处处是精致而令人惊叹的方法技巧。没有新颖、适切、有效的教学方法,就不可能让学生有丰富的收获。教学方法的价值体现在以下几个方面。

一、满足文本解读的需求

不同的写作价值取向,决定了文本体式的不同。而文本体式不同,解读与解构的着力点以及思路也就会有很大差别。学生的自主阅读大多局限于文本呈现的具体内容的表面化理解,一方面缺乏深层领会,就事论事,就人论人,就物论物,就景论景,就内容论内容,很少顾及文本的写作价值取向,进而从此出发认识文本在承载价值取向上所表现出来的独特之处。另一方面,不同体式各有自身的特征,学生该如何认识并进行解构,这些都需要教师的悉心引导。

就学生文本意义的建构来说,需要适时进行指导。首先是作者意义。我们知道文本的作者原初意图与文本的客观意义、读者个性化意义、教学功能意义并不相同或不完全相同。

正确还原作者的原初意义并非唾手可得,有些课文只要理解了它也就达到了阅读的目的。很多情况下学生自主阅读即便有教师的指导点拨,也未必能领会得到。例如,很多学生学习了课文《我的叔叔于勒》之后,仍然认为小说就是反映并揭露了资本主义社会人与人之间包括亲人之间赤裸裸的金钱关系,批判了人性的世故和丑陋。如果要正确把握作者思想的倾向性,应该指导学生通过文中次要人物若瑟夫的表现和被教材编写者删去的开头和结尾,去揣摩去把握。再比如,《皇帝的新装》,学生能够领会到作家是在抨击人们的"真纯"品质的丧失,抑或批判"从众""从俗"的人性弱点,但是安徒生本意却是抨击统治阶级的荒淫腐朽。对于许多"美文"的解读欣赏,学生只是觉得文章写得很美,富有诗情画意,很有艺术魅力,但却无法"进入"文本情境,只是在"风景"的远处观赏。教师指导学生"寻美句""品美词"时千篇一律,通常忽略了指导学生审视作品的"个性""特质"。

每位教师都有尊重学生个性化体验独特的理解的意愿,但是由于缺少思路的点拨和方法的指导,这些都成为子虚乌有的空话,到头来具有多元意义的文本也通常变得意义单一，文本的丰富性被消解，学生展示个性思维能力的时机白白丧失。比如，《散步》一文，学生可以理解为表现了"亲情""和谐"或"尊老爱幼"的主题，也可把主题理解为"对生命的思考"。而这样的多元化理解都是合理解释，重要的是如何才能够让学生打开思维，放开思路，这就需要发挥和展现教师指导的智慧和艺术。

为了纠正和规避学生对文本的肤浅、偏颇甚至错误的解读，需要教师有针对地指导。学生阅读文本通常出现肤浅粗陋、执拗偏颇甚至错误荒谬的问题，尽管这些问题不全是思维方法问题，但是与缺少方法的感悟而未能养成良好阅读品质密切相关。比如，阅读《记承天寺夜游》，因为缺少必要的助读资料和古诗文解读经验，不能借助有关背景"知人论世"，因而只能理解到表现了苏轼快乐闲逸的心情这个地步。[1]

二、满足学生智慧激发的需求

阅读教学过程是文本、教材编写者、教师、学生等多种智慧碰撞的过程，只有这种碰撞才会创造阅读教学的理想境界。智慧如同干柴，只有用火把点燃，才能燃起冲天烈焰。教师的引导，令学生潜藏的聪明才智被激发出来，充分发挥其思维创造性，文本解读方面才会有丰富的生成。

三、满足学生持续发展的需求

中学语文阅读教学的根本目的不在于读懂甚至读透文本，获得关于文本理解的正确标准答案，而在于使学生学会阅读，在阅读中学会写作。"在阅读中学会阅读"就是学生能够运用阅读尝试和阅读反思，领悟和提炼阅读经验和方法，并将其运用到相应的阅读活动中去，从而不断提高阅读效能，形成阅读能力持续发展的潜能。教师提出一些阅读理念或阅读目标，做一些宏观或中观的引导，提示阅读思路，创设阅读载体，必要时做些示范，引发学生的阅读智慧，留下更多空间给学生，让他们积累经验，领悟和创造方法。

中学生的阅读能力处在一个成长发育期，阅读教学对于阅读的指导应该有整体规划，须按部就班，循序渐进。在初始年级应遵循方法教示

---

[1] 李金成.中学语文阅读教学曲问法研究[D].济南：山东师范大学，2021：33-36.

与自主感悟相结合原则,从文本意义的解读和文本语言表达的解构出发,让学生逐步掌握文本阅读的思路和本领。一方面按一般阅读心理规律逐步形成基本的阅读习惯和阅读能力,包括整体感知、信息筛选与处理、理解分析、概括归纳、欣赏评价、拓展探究等核心阅读能力。另一方面按不同文本的特征养成体式阅读意识和基本能力。既要解读文本思想内涵,也需解构文本的价值功能、意脉结构、语言表达。这两个方面在阅读教学中不同的学习阶段各有侧重,但却是相互融合、缺一不可的。这个阶段无论是基本阅读能力的培养还是不同体式文本阅读能力的发展,都需要教师的宏观指导、微观示范与学生的自主感悟相结合。至八九年级,以学生自主阅读实践探索和自主感悟方法经验为主,教师可以确定阅读文本、阅读目标、阅读基本构想、基本原则和阅读效果预期,而将阅读过程的规划与方法的使用放给学生,朝着"自能读书,不待老师讲;自能作文,不待老师改"的方向迈进。在这个阶段非常需要培养学生阅读反思的习惯,要指导学生有针对性地建立适合自身特点的"反思"机制,如阶级反思、方式反思、效率反思等。"学而不思则罔,思而不学则殆",对自己的阅读行为、效能审视,可以发现其优劣得失,总结经验,剖析失误,进而及时作出调整,使阅读活动高质量进行。

　　就整个中学教育来说,教学方法有一些是共性的,有一些是个性的。共性的既适用于其他学科的教学,也适用于语文学科,那么这些共性方法就不属于语文阅读教学所独有。教学方法的个性就是指某一学科所独有的,不适用于其他学科。当然不同的学科运用同一种教学方法,其表现的个性也会千差万别、各有千秋。在此对阅读教学方法略作陈述。

第四章　中学语文个性化阅读教学

第一节　个性化阅读教学的基本原理

一、个性化阅读的概念

阅读是一种从印的或写的语言符号中取得意义的心理过程。阅读也是一种基本的智力技能，它是由一系列的行为和过程构成的总和。认知心理学家雷斯尼克则认为："阅读是一种构造过程，在这个过程中，读者的推断能力与他原来的知识起关键性作用。"也就是说，阅读不是一个被动、机械地吸收文章信息的过程，而是积极主动地获取各类信息的过程。不管是"心理过程"还是"构造过程"，不管是"获取信息"还是"理解""评价"，都取决于读者的前认知，是极具个性化的行为。

那么，什么是个性化呢？个性是一种非常复杂的社会心理现象，由于研究的角度不同，关于个性的概念的定义也不相同。据统计，到目前为止关于个性的定义有百余种。《辞海》1989年版做以下定义："个性在心理学上亦称人格。指个人稳定的心理品质。包括两方面：个性倾向性和个性心理特征。"前者包括人的需要、动机、兴趣和信念等，决定着人对现实的态度、取向和选择；个性心理特征包括人的能力、气质和性格，决定着人的行为方式上的个人特征。这两方面的有机结合，使个性成为一个整体结构。"个性"这一名词是从外国语中翻译过来的。我国心理学、教育学界最早把英文 Personality 译为"人格"；接着我国心理学界把它译成"个性"。美国则把人的个性称为个性化，个性化也就成了个性的普遍含义。通俗地讲，个性化就是只有我一个，我的特殊，我的行为，我的手段，我的目标。

真正有效的阅读,必须依靠阅读者全部的心智和情感意向活动,才能通过对书面符号的感知和理解,把握其所反映的客观事物及其意义,达到阅读的目的。这种具有很强的个性化的活动,决定了阅读只能是学生自己的事,任何人都无法越俎代庖。在此基础上我们认为个性化阅读就是阅读主体根据自己已有的认知框架,自主地对书面符号进行感知、理解、探究,最终获得带有强烈主观色彩的感悟和体验的心理过程。[①]

二、个性化阅读的目标

近年来,在教学过程中实现学生的个性化,要求将学生的个性发展作为教育的基本目标。学生个性发展的尺度成为衡量教育、学校乃至整个教育系统的尺度标。钟启泉认为个性教育的目标最大的特征就是儿童"自我概念"的形成。日本教育家梶田将之分为六个范畴:"自己的现状与认识之界定;对自己的情感与评价;他人眼中的自己的形象;自己以往的形象;自己的潜能与未来形象;自己的责任与理想。"可以说,自我概念是针对现今教育学生人格压抑,只会悲观看世界的现状提出的。教育心理学研究指出,学生的学习过程不仅是一个积累知识的过程,而且也是一个发现问题、分析问题、解决问题的过程。这些研究都强调了在学习过程中学生自我发展、学会学习的重要性。在此基础上,个性化阅读的最终目标也就是在阅读过程中实现学生对自我的认识,并能通过学习为学生的终身发展打下基础,促进个性的发展和人格的完善。培养学生的独立精神、自由精神,使学生学得主动,在阅读过程中获得知识,感受到快乐,有兴趣去进行阅读,养成主动求知的习惯,提高个人的素养。阅读是无处不在的,学生的发展离不开阅读,在语文课上能够阅读,在日常生活中,信件、报纸、杂志、网络等都需要去进行个人的解读,这是总体上在大语文观下,从学生终身发展这一角度对个性化阅读所提出的目标。

具体来讲,个性化阅读在具体的阅读中要把握两个主要目标:一是学生对文本要有个性化的理解;二是学生个性化阅读能力的提高。其中,对文本要有个性化阅读这一角度的提出是对过去认为阅读是为了弄清

---

① 李梦影.初中语文教材自读课文的选编与教学研究[D].上海:上海师范大学,2020:23.

作品主旨的一种反驳。过去，有许多教师为了课堂教学的顺利进行，在教学时把教学目标首先告诉学生，这样的做法其实剥夺了学生对文本的自我感悟的权利。学生在未读文本之前，就已经有了教师所给的框框，在阅读过程中，必然会沿着教师的思路走下来。在九年义务教育新课标中，阅读目标被重新定义，学生的自我感悟和体验已被提到了重要的地位。具体的目标中"欣赏文学作品，能设身处地地体验和理解作品；能联系作品的文化背景感情倾向做出自己的评价；能说出自己对作品中感人的情境和形象的体验；品味作品中富于表现力的语言"，"鼓励学生有独到的体验和理解"。这些都充分说明了目标中对学生个性化阅读的重视。新制定的高中语文课程标准对阅读目标也提出相应的要求："注重个性化的阅读，充分调动自己的生活经验和知识积累，在主动积极的思维和情感活动中，获得独特的感受和体验。""能用普通话流畅地朗读，恰当地表达出文本的思想感情和自己的阅读感受。"

对个性化阅读能力的要求反映了对学生阅读要求的"战略转移"。语文单独设科后，曾一度被当成语言工具训练课和政治课，可以说学生的个性是很少考虑的。强调学生阅读能力的提高，是从学生的发展考虑的。知识是重要的，如何理解和把握知识，如何对知识进行新的建构却是更重要的。学生在课堂中对语文的学习，就是在掌握知识的基础上。语文课程标准中所提到的"善于发现问题、提出问题，对文本能做出自己的分析判断，努力从不同的角度和层面进行阐发、评价和质疑"等就是对阅读能力的一种要求。个性化阅读的能力是在长期的阅读中逐渐培养起来的，学生在平时的阅读中就要通过不断的阅读实践来完成对作品的解读，形成个性化的阅读思维和能力。

三、个性化阅读的原则

（一）主体性

学生是活生生的、有着不同个性的个体，他们在阅读中，有着不同的喜好。实现学生个性化的阅读，首先就要实现学生的阅读主体性。那么，什么是学生的主体性呢？王富仁认为学生的主体性包括两个方面：

"其一是全部的语文教学活动,从教学的指定,到语文教材的编定;从语文教学参考书的编写,到语文教师的课堂教学,都必须落实到学生的'学'上,都是为了尽快提高学生的人文素质和语文素质的。""其二是在整个语文教学活动中,学生都是一个积极主动的参与者,而不是一个被动的服从者。"对于第一点,王富仁认为说起来容易,但做起来是相当困难的。因为,语文成绩的评估者都属成人社会,而非学生本身。这样的评估不是从学生的成长和期待出发,也就忽视了他们的主体性。学生的学习不是一个被动地吸收知识、记忆、反复训练的过程。

个性化阅读强调自主就是在阅读活动中要以学生自己的研读为主,相信学生具有巨大的潜能,相信他们都能够成功。一个真正的有意义的阅读活动也正是学生积极思考,自己来把握和分析文章,对文本进行再创作,根据不同的体验得出不同的意义的过程。

(二)创造性

发展学生个性的主要方面就是培养他们的创造力,创造性已经成为我们这个时代所必需的品质。在学习中注重学生的创造性,原因是多方面的,首先学生是具有创造性的个人,不是只会接受知识的"容器",学生具有创造的要求,他们的想象是丰富的,他们在对文本的阅读中,不仅创造性地阅读文本,同时也创造着自己,人的自我不是被发现出来的,而是被发明出来的。重要的是,阅读过程就是一个创造性的活动。朱立元指出阅读是:"从原有的期待视界出发,在与作品召唤的结构的接触、碰撞中,通过语符—意向思维的作用,调动读者感性经验积累和想象力,对作品空白与不确定性进行'具体化'与重建,达到意向、意境、意义的初步感性综合;并在此基础上,介入主体反思,设定具体的'问答'逻辑,通过辩证的'对话'深入作品的内层,理性地把握并阐释作品的底蕴,最终达到读者视界与作品视界的沟通与交融。""文学作品的生命不是孤立地存在于作品之中,而是体现于生产(作家创作)—文本(作品)—接受(读者阅读)这样三个环节的动态过程之中。"在这个作家、文本、读者的三者关系中,读者并不是被动的部分,并不仅仅作为一种反应,任何作品的意义都不是客观不变的,读者在阅读的过程中参与到文学作品中,对作品进行创作,进而使其不断地丰富和充实,呈现出新的意义。

(三)实践性

语文课程标准中指出:"语文是实践性很强的课程,应着重培养学生的语文实践能力,而培养这种能力的主要途径也就是语文实践。"长期以来,对语文知识的片面追求导致对知识的繁琐的分析和机械的训练,使知识发生异化。而这些语法知识、修辞知识、文学知识并不是语文所要掌握的重点。一个外国人,他是怎么也弄不明白"我差一点儿跌倒"和"我差一点儿没跌倒"这两句话为什么会有着同样的意思的,而我们日常生活中常用的"打扫卫生"也是根本从语法上说不通的。我们应该从言语技能培养的角度,或者说从语用学的角度重新审视语文课程的基础知识。对于实践性和人文性都很强的语文课程来说,实践和体验无疑是更重要的。一个作品,知道它是很感人的,知道这样的写作手法很好,是远远不够的。重要的是从内心感受到感人,认识到好在哪里。要个性化的阅读,就要强调学生通过"阅读"这一行为。通过主客体双方的相互作用来实现对文本的理解。学生在阅读过程中将自己的潜能、天赋、创造力等赋予文本,达到个人的理解;同时,通过阅读,又丰富发展着自己的个性。李白的《静夜思》,读者都很熟悉,一般都会以五言诗相对应的节律来阅读:低头/思/故乡。但是,有的读者却以另一种方式来阅读:低头思/故乡,其中不仅读出了对家乡的思念,更读出了一种无人述说的无奈之情。学生不但理解了作者所赋予作品的情感,同时也能够对作者和作品有新的认识。个性化阅读所要培养的是实际运用语文的能力、鉴赏语文的能力和研究语文的能力。语文教育是母语教育,生活中无处不在,强调实践性就是要求学生更多地接触语文材料。学生的阅读过程就是一个语言材料积累的过程,积累得越多,阅读实践经验就越丰富,对文本的理解和运用也就越有帮助。

第二节 个性化阅读教学概述

一、个性化阅读教学本质上是对话的过程

《语文课程标准(实验稿)》指出:"阅读教学是学生、教师、教科书编者、文本之间的多重对话,是思想碰撞和心灵交流的动态过程。"这一表述,就是以对话理论为主要基础的,将阅读教学看作是教师引导学生,与学生一起和文本相互对话的一个过程,体现了现代阅读观念。在这个对话过程中包含两方面的内容。

(一)读者(师生)与文本的对话

阅读中最基本的关系是作者与读者的关系。作者创作出作品以满足读者的阅读需要,也就是在人与人之间确立了对话和交流的关系。换言之,作者创作作品是需要有人阅读,有人与之对话和交流;读者阅读作品,也是为了从中有所发现,有所满足,有所思考,其实也是对话和交流的心理需要。在个性化阅读教学过程中,体现为作为读者的师生,阅读文本,理解、阐释文本所提供的信息。为了更好地表述这个读者与文本的对话交流过程,我们暂且分为文本角度的对话和读者角度的对话。

任何文本都是作者处于某历史背景下,站在某个立足点,以他所见到的一切向读者诉说,表现他的思想观念,道德情操和审美趣味。文本的语言意象都具有模糊性、多义性,而修辞的运用又具有转指他意的特征,这都给文本造成了不确定性,它会使理解产生偏离,这种偏离无论在内容解读,形象重塑和意义理解上都会给读者留下丰富的想象。也就是说,同一文本与读者对话的实质内容和意义会有不同。作者在创作文本时,出于艺术形式的考虑,也总会有意无意地留出一块未实写出来或明确写出来的部分,这就是艺术上所说的"留白"。文本用这种"留白"向读者不断发出"召唤",邀请读者积极参与文本意义的共建。所以,当读者开始阅读文本时,文本也正以自己独有的内容和形式开始与读者的交流。

读者是作为一种有限性和历史性的存在，总是带着已有的知识和生活经验进入作品，与作品发生交流。一方面在文本内容的指引下重构文本意义，另一方面又以自己的思想、情感和想象对文本进行创造性的阐述，最后形成关于文本的极富个性化的认识。学生在阅读列子的《愚公移山》后，对"愚公移山"这件事都有自己不同于他人的看法。有的同学认为作品赞扬了愚公的精神；有的同学认为愚公太笨，没有想到搬家；有的同学说愚公不太民主，"其妻献疑"，智叟问难，未必没有可取之处；还有的同学结合自己的现代意识，认为愚公别移山，也别搬家，而应搞开发、发展旅游。可见，不同读者在阅读同一文本时，都在不断与文本对话交流，"愚公笨不笨？""愚公民主吗？""他为什么要移山呢？"然后根据文本的内容、形式，领悟到自己的文本意义。

当然，这里读者与文本的对话，不是一般意义上的对话，而是双方同处一个情境下面对面地你问我答，文本不能针对每个读者做自我调整，读者也不能从文本中证实自己的感受与理解正确与否。文本与读者之间不存在通常对话中所具有的特定意向和外部规定情境，其对话语境须靠读者从文本的暗示中获得启发而建立。这一过程的具体表现形式是一种内形式的自问自答。如读者会问"该作品有关历史方面的陈述是否与自己了解的历史知识相一致？""历史人物的形象与自己建立在历史基础上的想象存在多大差距？""语言表述与自己已有的欣赏水平的吻合程度如何？"等一系列问题。然后读者以他的原有知识和生活经验一次次扫视作品，从中探取、获得问题的答案，从而完成对作品的理解。而此时，作品作为对话的另一方也在不断向读者发问，只是他的发问并不像读者向作品发问那么简单、直观，而暗藏于它的陈述当中，它不会直接向读者发问，也不要求读者直面回答，它要读者做的是从答案中（即作品陈述）发现隐在提问，其表现一般为"为什么是这个样子？"的形式。因此，阅读不再是一个传统理论所认为的知识传递的简单过程，而是"一个对话与交流事件的过程。"

（二）读者与读者的对话（师生、生生）

完成了读者与文本的对话交流，还并未最终完成个性化阅读教学。

因为阅读教学离不开师生、生生对话。只有通过教学主体（师生、生生）之间的对话、交往，才能完成学生对阅读文本具有个性化和创生性的占有。作为一名成熟的阅读者，一名课程标准、教学内容和要求的具体执行者，教师理所当然地要当学生阅读的指导者，要正确地引导学生阅读文本，因此要将自己与文本对话的内容在教学过程中表现出来。而学生因受年龄、阅历、知识积累等方面的因素影响，他们的生活经验有较大的局限性，认知水平和审美体验也较为有限，在阅读文本时，学生从自己的知识和生活经验出发，会对文本产生层次不同、深浅各异的理解。所以，学生也要把自己在阅读文本时发生的对话在课堂上表达出来，这样才能得到老师的指导。

学生在阅读文本时进行的内省式的问答逻辑，在课堂上所呈现的直观形式就是我们通常所说的质疑。在阅读中，凡涉及文中的概念辨识、意象生成、内容理解、情感感受和意义重构诸多方面，学生都会有自己的意见和不解。质疑是教学对话的重要组成部分，是教师引导学生向较高层次理解文本意义的路标。如何把握好质疑既是使学生正确进行阅读对话的关键，也是使教学对话取得成效的重要保证。

可见，读者与文本对话的过程就是个性化阅读的过程，师生对话是师生分别与文本对话后发生的课堂学习过程，是师生将自己在阅读文本中发生的问题逻辑公之于众，共同交流的过程，内容上是阅读对话的延续。只有完成了师生、生生对话，才完成了个性化阅读教学的全过程。[①]

二、个性化阅读教学中的相关因素

任何教学活动都是由教师、学生和教材这三个方面因素共同作用的结果。个性化阅读教学当然也不例外，为了更有效地进行个性化阅读教学，我们很有必要对这些基本因素做一些分析，了解这些因素在个性化阅读教学中的特点。在具体的语文阅读教学中，这些因素是相互影响，相辅相成的，是一个充满矛盾地运动着的综合体。为了便于进行分析，我们暂且将其分作三个方面分别加以论述。

---

① 梁凤凤.语文探究性阅读教学主问题设计研究[D].济南：山东师范大学,2015:24-26.

（一）教师因素

在个性化阅读教学中，语文教师的特点是有限制的个性自由。表现在教师的读和教两方面：作为一名读者，语文教师在个性化阅读时要受到课程标准限制的；作为一名教师，在遵循课程标准，保证达到课程标准基本要求的前提下，在教材内容、教学方法选择取舍等方面可有所侧重，有所突破，有所创新，充分发挥自己的个性特长。

这里我们可以借用法国哲学家德里达"重复性阅读"和"批判性阅读"的概念。他说："重复性阅读寻求的是译解，梦想寻找到真理或源泉，批判性阅读不再关注真理，不再寻找源泉，它只肯定阅读的游戏。"如果仅仅作为一名读者，语文教师完全可以根据自己的人生经历、生活经验和知识积累对文本做出个性化的好恶评价，价值判断，甚至可以进行批判性阅读，对文本横挑鼻子竖挑眼，去找出其漏洞或不足。但作为语文教师，它不是一名普通阅读者，所以它的阅读更多地要追求文本意义的确定性，单一性，反对歧义、多义，要承认文本的大众所公认的、普遍的意义，即使有不同的见解，表达也应该在学生理解掌握普遍意义之后。这是因为教学必须顾及课程标准，应尽量使文本的理解限定在一定范围之内，并按规定的教学目标，考虑落实具体的教学内容的要求。所以教师在阅读文本时一方面是自由的、个性化的，另一方面又是不完全自由的，从内容阐释到意义理解都要将教学要求贯彻落实到课堂教学中去，选择适当的方法引导学生进行阅读反馈，以期符合课程标准。

教师在达到课程标准基本要求的前提下，在教材内容、教学方法选择取舍等方面可有自己的个性化色彩。在教材内容方面：教材在进入教学过程运转之前只是各种经验体系的静态集合，只有教师对它进行了加工，成为具体的教学内容时，它才能对学生产生影响。而同一教材经不同教师的加工所形成的教学内容是不同的，存在着知识数量和质量上的差异，带有教师的个性化特征。比如，有的教师文学功底深厚，对作家作品如数家珍，颇有自己的研读心得，那么，他就可能更多更好地推荐书目，介绍背景故事，创设学习的氛围，引起学习的兴趣，以指导学生更准确地理解作品，更好地进行个性化阅读。以《背影》为例，那个穿铁道、爬月台的背影已成为父爱至亲的代表,但教师若能介绍"买橘子是扬州特有的习俗。扬州人把'走运'说成'走局'。'局'与'橘'同音,所以亲朋好友送礼,橘子必不可少。送橘子就是希望亲友走运"。这样是不是能更好地引导学生体验到父亲送儿子北上远行时,艰难地穿铁道、爬月台的良苦用心呢?

在教学方法方面:每个教师都有自己的优势和特长。擅长朗诵的教师可以凭借自己出色的朗诵带给学生美的享受;擅长多媒体制作的教师,可制作声形并茂的课件来激发学生的学习兴趣。每个教师所面对的学生都是不一样的,如何根据学生的特点、需要、兴趣、能力,采取怎样的教学方法来影响学生的学习行为、学习方式和学习兴趣,每个教师都会根据自己的理论水平、情感态度,兴趣爱好来有个性地选择安排。

(二)学生因素

在英文中,"教学"一词"insruction"源于拉丁语"instruere",原意指"引导学习者自己积累和整理知识"。在古希腊语中,"教学"即"自己教育自己"的意思。实践证明,教师"教"给学生的任何知识,对学生的发展都只起微弱的影响或根本不产生有效的影响;唯一能对行为产生意味深长的影响的学习,是由学生自己发现并内化的东西,而这种内化为个人所有并同化到经验中的自我发现的知识和真理,不能直接传授给他人。苏联著名心理学家鲁宾斯坦也曾说:"人在自己智慧活动的进程中,交往和学习过程中,掌握着人类在其社会历史发展过程中所形成的知识、真理、行动的原则和方式,按其内部的、心理的而不是结果上的描述而言,其本身就是对一定知识的分析、综合和概括。知识如果不包含有自己本身的分析、综合和概括的思想工作,那就是表面的知识。"也就是说,在学习过程中,学生是一个积极的探究者。教学的成效归根结底还是要通过受教育者积极地把外在的信息内化到自身的心智结构中,并进一步塑造成稳定的身心品质才能实现。因此,个性化阅读教学,对话和交流应指向每一个学生的个体阅读。

实践证明,中学生经过义务教育阶段的学习,已具备一定的语文素养,语文学习中的个性倾向渐渐明显,每个人均有其不同于其他人的思想、情感、需要、能力倾向性以及兴趣爱好等。他们有自己的孤独、痛苦和思考，但通常被认为是"为赋新词强说愁"。

实际上，学生在某方面，其灵敏性、真挚性、感悟性、纯朴性以及对世界的好奇和热爱等，甚至是成人所不能超越的。他们会对文本中自己特别喜爱的部分做出反应，确认自己认为特别重要的问题，做出富有想象的反应甚至突发奇想，将自己的阅读感受与作者的意图进行比较，为文本的内容和表达做设计等。

法国哲学家萨特说："阅读是一种被引导的创造。"学生因为自身身心发展的特点以及阅历知识的有限，他们阅读的原有知识和生活经验一般不会太丰富，对文本的理解会处于不同的层次甚至会出现误读。而一般来说，教师作为课堂阅读活动的组织者，学生阅读的促进者、对话者，文本与学生的中介，他的思想深度、文化水平、人生经验、审美水平要高于学生。因此，在个性化阅读教学中，学生的阅读需要教师的指导。当然，这种指导不是意志的强加，卢梭说，教师的责任不是"教给孩子们以行为准绳"，而是帮助他们去"发现这些准绳"。我们认为体现在个性化阅读教学中就是要尽量创设学生学习活动的情境，包括组织学习活动、分析学习者的心态、创设课堂文化、组织可供学生选择的知识框架、营造心理氛围等去引导学生自我重构文本意义，鼓励学生批判质疑，发表不同意见，最终实现学生的自我生成，自我回归，自我反思，自我认同。

有一个学生在阅读萨特的《存在与虚无》后写下了这样的话：阅读"存在"，就是要去体验"存在"，也就是说在阅读存在主义的作品的同时，必须根据自己的经历和感受，创造一个属于自己的"存在"的空间，文学作品的字里行间，从巧妙的艺术安排中领略思想的光芒，引发了自己对社会的进一步认识，对自我存在价值的疑惑。这是难得的创造性阅读体验，这将成为他继续阅读的动力。可见，在个性化阅读中学生应该是自主的、独立的，不是消极接收、索取意义，而是在文本阅读过程中积极主动地发现、建构意义，甚至创造意义。教师要"尊重学生在学习过程中的独特体验"，"要珍视学生独特的感受、体验与理解"。

(三)教材因素

教材质量的高低,师生对教材的处理,也是影响学生阅读能力的重要因素。传统的阅读教学观多年来将教材与课程目标等同起来,教材即代表着课程目标,它由专家、学者和优秀教师编写,得到权威部门认定,是教师实施教学的主要依据,教师必须接受教材的观念、思想、结构安排,服从编者的意图和思路,进而来组织教学。将教材看作教学过程的中介,教师与学生在整个教学过程中不断地"破译"着作为范本的这个中介,来理解编者的意图和思想,接受教材所规定的知识和能力,从而完成课程目标。这种理解当然具有一定的合理性与正确性,但不免偏颇。因为这些观点过多地强调了教材的规定性原则,而且这原则实际上也已经在起作用于教师的教和学生的学,但由于这"教材权威"过于刚性,因而某种程度上抑制了教师与学生的主体精神与创造意识,从而极大地影响了语文教学的效度与信度,抑制了师生的主动性、积极性和兴趣。在个性化阅读教学中,我们认为教材应注意以下三个方面的问题。

1. 一纲多本

作为课程目标的体现者,教材必然以它的规定性作用于教师和学生,并在一定程度上导引并规范着教师的教与学生的学。然而,当今社会的飞速发展与素质教育的不断深化,必然不断对课程目标提出新的要求,从而促进课程改革,语文教学将不仅是知识传递的过程,更是能力培养与生命张扬的过程。课程的改革必然要求教材与之相适应,当前语文教材建设的多向探索趋势正是这种改革要求的体现。

个性化阅读教学中,教材的使用应该具有可选择性。语文课程标准是统一的,教材是课程目标的体现者,但它不等同于课程目标,因此,在课程标准指导下的教材应该是灵活多样的,比如国家课程、地方课程、学校课程、教师个人课程。让教师和学生能根据培养目标的不同和自身的特点进行选择。

2. 多层次性

在个性化阅读教学中,因为每个学生的知识结构、才能、兴趣、爱好不同,决定了每个人的阅读对象、习惯和方法的不同。能满足学生的不同需要才能使学生的个性化阅读得到更健康的发展。因此,现在的教材从内容上看是较为广泛的。但从语言的角度看,阅读教学内容究竟应该选择哪些?是以传统名篇佳作为主,还是以时文为主?历来争论不休。对于这个问题,我们可以根据阅读教学的目的,从语言学中汲取有用的养分。学生的阅读能力层次不一,所以教材内容在语言上应具有多层次性。在此引入以下几个概念:目标语言、伙伴语言、中介语言。"目标语言"指作为学习蓝本的语言素材,是学生努力要达到的目标。既然是一种学习,那么,这种语言素材必定要高于学习者的语言水准。作为对照,学习者当时的语言水准就称为"伙伴语言",意思是学习者与水平相近的伙伴交际时所经常运用的语言。二者之间存在着差距,学习者向"目标语言"攀登时还必然有个过渡阶段,这个阶段的语言水平称为"中介语言"。从"伙伴语言"出发,经历"中介语言"阶段,向"目标语言"靠拢,这是学习语言的客观过程和规律。

如果我们跳出纯语言学的范畴,而把上述理论作为我们阅读教材内容选择的根据,就会得到有益的启示。"目标语言"必定要高于"伙伴语言",而且要有相当的提高量。二者之间如果没有足够的反差,便难以对学习心理产生刺激。经验证明,即使是阅读能力较低的学生,他也通常喜欢文质兼美的课文,而不喜欢那种味同嚼蜡的文字。经验还告诉我们,阅读教材的内容真正对学生的阅读能力发生作用,通常并不在当时,而通常要在教学后的一段时间。尤其是作为范本的语言素材,其对学生阅读能力形成的作用,更需要一个相当长的时间才能显示出来,而且语言水平层次越高,"潜伏期"也就越长,我们应该对这种"存储"作用给予充分重视。

"中介语言"既然是一种客观存在,它就应该在教材内容中占有一定的位置。"中介语言"实际上就是我们通常所说的"例文",实践已经把它引入了我们的阅读教材,但始终没有在我们的阅读教材中取得名正言顺的"正统"地位,这是旧的观念在作祟。从学生习作中精选出来的例文好像是一个活泼、健壮、可爱的孩子。它们来源于学生熟悉的生活,接近于学生的期待视野,唯其如此,才使学生感到亲切,并且使他们的思维大大活跃起来。

"伙伴语言"的自然状态通常综合性较强，20世纪的20年代，著名的语文教育家王森然先生在《中学国文教学概要》一书中就明确指出，编制国文教材，应当采用填表法测验青年学生的现有语言水平，"像这样的测验之以后，假如所选之教材，于学生了解文义之理解力与领悟领会文味之情感均能适合，自属可用之教材"。借助于科学方法，我们有可能对这种语言状态做定量分析、典型化，使之成为阅读教材的一个组成部分。有助于学生阅读能力的提高。

"伙伴语言""中介语言"和"目标语言"的引入，不仅仅是名称的改变，更意味着观念的更新。名称可以随着世界潮流而变化，但观念却可能会滞后。观念更新了，视野就会拓展，就会产生新的思路。

3. 教材处理

作为课程目标的体现者，为更好地实现课程目标和体现语文学科本身的特点，语文教材应该也必须是个开放的系统。因为当教材作为一种超越教学过程的"权威"而横亘在教师和学生中间时，这两者的主体地位必然受到削弱。阅读教学过程通常就变成师生共同破译教材思路、编者意图的过程，而无法真正实现阅读的个性化。因此，教材除由专家、学者等基于他们对课程目标的理解所确定的内容外，应提供教师与学生参与的空间。教师与学生可基于自身对课程目标的理解，对其进行取舍，如某个单元或某篇课文调整为学生课外自学，另选择合适的材料作为相应的补充。

教师不仅是课程理念的解释者和落实课程目标的责任者，更是课程实施的直接操作者，他们对教学实践具有大量的丰富的感性认识，他们清楚"学生需要学些什么"和"学生能够学些什么"，通过主动地选用乃至编写教材可形成自己对课程目标的理解，确立自身的教学目的和过程，改"教教科书"为"用教科书教"，使阅读教学更具个性特点。而学生知识、能力、精神建构中的主体意识也使之有参与教材建设的强烈要求，在与教材的互动中，能更好地理解学科特点，把握课程目标，激发学生的阅读兴趣，形成自己的独特感受。

每个人都是具有多种能力组合的个体,是具有多元智力的个体。人与生俱来就有着不同,有着差异,他们有着不同的心理倾向,有自己的智力强项和自我的学习风格;而语文教材内涵的丰富性特征,使它能够运用不同的材料启发相近的智慧,或者用同一材料启发不同的智慧,个性化阅读教学的最佳状态正是在教师、学生和教材这种连续不断的互动与探索过程中形成个性化学习成果,从而最大限度地实现语文课程目标。

第三节 个性化阅读教学的模式

一、树立学生个性化阅读的信心

要培养个性化阅读能力,首先就要帮助学生树立自己阅读的信心。长久以来,在阅读教学的课堂上,教师是阅读的权威,对于文本如何理解,如何鉴赏评价,学生没有或者有也不敢说出自己的想法,只能一味"记住"教师提供的结论或推理过程。在没有引发认知冲突,点燃智慧火花,激发学习热情的情况下,学生的学习是被动的,正如巴班斯基所说:"如果没有学生的积极地、自觉地学习,任何教也不会产生预期的教学效果。"因此,在个性化阅读教学中,我们首先要做的就是帮助学生树立自己进行阅读的信心。

(一)建立和谐的师生关系

在个性化阅读教学中,要有效提高学生的阅读能力,帮助学生树立自己阅读的信心,就要建立和谐的师生关系。因为阅读是带有鲜明个性色彩的,一个学生对内容的理解,对情感的感受,对文本的评价,很可能和其他人(包括老师)都不相同。所以,教师要改变自己的角色定位,主动把自己从师道尊严的位置上换位到朋友、帮助者、指导者的层面上。只有当教师和学生的交往不至于使学生感到紧张,而是出现平等和谐的关系时,教师对学生的影响才能真正有用。通过与学生的平等交往,教师就能了解学生的阅读需求和阅读心理,教师的阅读指导才会更具有针对性;只有建立起民主平等的师生关系,学生才能乐意主动参与教学,敢于在课堂上发表意见,才敢于质疑、敢于向权威挑战,课堂的讨论才能真正起作用;只有在民主和谐的师生关系中,学生才会有安全感和愉悦感,才敢于表现自己,充分展示自己的个性,自由深入地思考问题,创造性发挥自己的潜能。总之,只有形成民主平等、积极合作的师生关系,学生才能树立起自己阅读的信心,个性化阅读才能顺利进行。

(二)创造民主氛围

在教学中如果没有好的课堂氛围,学生处于一种压抑的紧张状态中是难以发现问题和提出问题的。教师要为学生的阅读实践创设良好环境,提供有利条件,充分关注学生阅读态度的主动性,阅读需求的多样性,阅读心理的独特性,尊重学生个人的见解,应鼓励学生批判质疑,发表不同意见。教师的点拨是必要的,但不能以自己的分析讲解代替学生的独立阅读。教师应善于控制自己的情绪,与学生建立一种平等、民主、亲切、和谐的关系,使学生身心处于最佳活跃状态,愉快而舒畅地投入课堂。相反,教师本身情绪失控,通常会导致师生关系冷漠和教学气氛紧张。

因此,个性化阅读教学要求教师把学生视作与自己在人格上平等的、有生命的人,尊重与关怀学生的个性、情感、创造,用积极、乐观的眼光欣赏和预见学生的天性,为学生的学习营造一个欢乐、自由、融洽的支持性环境,为学生的个性解读提供开放而安全的民主氛围。

二、个性化阅读教学的实施策略

要进行个性化阅读教学,就有必要让学生掌握一些阅读策略,研究和实践证明,正确的策略能有效地促进学生个性化的解读。有专家针对阅读策略教学提出了一系列策略,这对发展学生的个性化也同样是适用的。在实施过程中,如何运用这些策略,成为个性化阅读的关键环节。[①]

(一)区分重要信息和非重要信息的策略

什么是重要的信息,什么不是重要的信息,这在个性化阅读中相当重

---

① 卢梦月.中学语文阅读教学"复沓法"运用研究[D].济南:山东师范大学,2021:28.

要。人教版高中《语文》第二册第一单元就重点强调:"文章是信息的载体。阅读文章,通常以筛选、提取有价值的信息为目的。学生这一策略的获得,导致对文本有效的理解。"读者对阅读内容重要性把握得不同,使他们确定不同的阅读目标,确定不同的方向,对文本的理解也就不同。好的读者是运用三种方法完成对文章主要内容的确认的:一是运用他们丰富的知识来理解和评价文章的内容;二是运用他们关于作者的看法、意图、目的等知识帮助确定和组织信息;三是运用他们关于文章结构的知识帮助确定和组织信息。

(二)概括信息的策略

概括信息策略是指学生在阅读过程中,能准确地把握内容的梗概,正确地认识作品的主旨。概括信息的策略是对确定重要信息策略的进一步提高,是更广泛和综合的认知活动。概括信息包括对句子进行概括,对段意进行概括,对部分进行概括,对整篇文章进行概括,对一本书甚至一套书进行概括。语文课程标准也提出,正确地对文章进行概括是对文章解读的前提。培养学生的概括能力,必须在对句子、段落等概括的基础上进行。

1. 抓住文章题目

题目对一篇文章来说起着举足轻重的作用,我们通常在阅读报纸、杂志时首先就是看文章的标题,选取自己感兴趣、有用的文章来阅读。从题目入手,可以得到很多信息,便捷地把握文章的主旨。在学习茅盾的《风景谈》这篇文章时,读者首先可以确定出这是写风景的文章。那么是什么样的风景呢?通过阅读后,读者很快就将茅盾所歌颂的风景归结为六幅画面。

2. 重视文章首尾

通常作者会开门见山地在文章的开头点明中心,做一个总的阐述,或者是在结尾做出总结。我国古代就有"首句要如鲸鲵拨浪,一击之间,便知其有千里之势。于落句要如万钧强弩,贯金透石,一发引羽,无复有动摇之意"等关于首尾句的精彩论述。可见,把握好文章的首尾对正确地把握作品的主旨是非常重要的。韩愈在《为学》的开头用了两个设问:

"天下事有难易乎？""人之为学有难易乎？"通过万事皆有难有易这一客观现象，自然而然地引入做学问这件事也存在有难有易的事理，从而揭出文章的主旨：学之，则难者亦易矣；不学，则易者亦难矣。

《悼念玛丽·居里》中的结尾："居里夫人的品德力量和热忱，哪怕只要一小部分存在于欧洲的知识分子中间，欧洲就会面临一个光明的未来。"一方面赞扬了居里夫人的崇高品德，另一方面呼吁欧洲的知识分子重树良知，为欧洲的建设做贡献。相同的，《为了忘却的记念》，开头即点明了主旨："我早已想写一点文字，为了纪念几个青年的作家。"而《捕蛇者说》的结尾："呜呼！孰知赋敛之毒有甚是蛇者乎，故为之说，以俟夫观人风者得焉。"

3. 紧扣转折句

某些转折句可以说是文章的转折点，不仅起到承上启下的作用，也是作者重要信息的埋藏点。《孔乙己》中有这样一句话："孔乙己是这样使人快活，可是没有他，别人也便这么过。"这里到底是说孔乙己对鲁镇上的人来讲是重要的呢，还是不重要呢？这句看似矛盾的话却是文章的中心所在。先说孔乙己的存在只是给别人带来笑料的价值，小结课文的第一部分；后说孔乙己悲剧的社会根源，统领课文的第二部分。叶圣陶说，教这篇课文"如果把这句话轻易滑过，就会毫无所得"。有时候转折性的语句是暗含在他处的，如果不能把握，很容易产生错误的局限的理解。在《项链》中，作者评价玛蒂尔德时说"她也是一个美丽动人的姑娘"，读者在阅读的时候，如果能把握好这一句的话，那么不再会单一地从小资产阶级角度出发去看待玛蒂尔德这一人物形象，而是从更高的层面来给予人物不同的理解："有着资产阶级的虚荣心，由虚荣心导致错位到由诚实导致复位的美好可爱的她……"。

4. 在段落的基础上概括

对整篇文章主旨的理解通常建立在对段落的理解之上。学生在阅读的时候，可以先从句子入手，到段落，再到整篇文章。鲁迅的《拿来主义》，在前几段中，文中写的是送"古董去巴黎展览"；掘煤为全世界所用；对洋货感到恐惧。学生对鲁迅的作品本来就感到阅读上的困难，如果能分段归纳总结,《拿来主义》这些描写是鲁迅从三个反面讲了中国为什么要实行拿来主义:只是送去,有往而无来;只是送去,必沦为乞丐;听凭"送来"大受其祸害。在弄清楚各段主旨后,学生也就会和鲁迅先生一起大喊:"我们要运用脑髓,放出眼光,自己来拿!"有时同一篇文章,在不同的结构划分和读解的基础上,可以读出不同的意义。以《春》为例,我们可以从盼春、绘春、赞春来读,读出作者对春的喜爱;也可从春回大地、春光明媚、春早人勤、春意催人中读出人的作用;还可从整体的解读中看到作者的一个梦,一种人生理想。可以看出,第一种是我们常有的思路,第二种突破了常规,转换了角度,而第三种需要联系朱自清的思想及散文创作来思考,具有一定的难度。这些段落的解读都是可取的,有助于打开学生的思路,深入理解课文。

(三)推理信息的策略

读者在具体的语言环境中,运用自己的原有知识和文章提供的信息创造出了新的语义信息,这就是在阅读中的推理信息策略。推理信息策略使学生的个性化阅读更进一步,创造出新的语义信息,是阅读理解中的核心环节,对学生个性化地解读课文起到决定性的作用。在具体的阅读中可以根据以下几个方面对作品进行推理。

1. 阐释推理

阐释推理,是将文章没有说清楚的地方通过推理阐释清楚,进而对文章的理解更加透彻。例如,《群英会蒋干中计》中有这样一句话:"言必行,计必从。"究竟是谁言谁行?谁计谁从呢?有的人认为"凡孙权说的,周瑜一定去做;凡孙权定的策略,周瑜必然服从。因为他们是君臣关系"。有的人认为这句话体现了东吴上下团结的阵势,孙权说的话,周瑜必然照办;周瑜定的计,部下一定服从。也有人认为这里并不存在什么谁说谁听的问题,只是周瑜说的话,表现出的一种决心。还有人认为这句话应紧扣上文"外托君臣之义""内结骨肉之恩",理解为"凡是孙权说过的话,我周瑜一定全力去做;凡是我周瑜献的计策,孙权一定全部采纳"。这看似简单的几个字中从不同的方面去考虑,推理出的信息是不一样的,当然,对文本所了解的知识越丰富,读者就能推理出越丰富的结果。再如鲁四老爷听说祥林嫂被婆家抢走以后,愤愤地说:"可恶!然而……"接下来,鲁四老爷却显示出怎样的真实想法呢!《红楼梦》里林黛玉临终前的一句"宝玉,宝玉,你好……",此刻黛玉究竟想说什么呢?好狠?好坏?好好活?是对宝玉的怨恨,还是祝福呢,省略号中,作者没有给文本以明确的结果,却留下了这一空白让读者来填补。每个人因为对红楼梦理解的深浅不同,也许还因为个人的喜好的不同,就可从这句"你好"中推断出不同的结果。

2. 反思推理

反思性学习是一种有效的学习方式。与习惯思维相对的是反思性思维,杜威曾提出反思性思维的五个阶段:暗示、问题、假设、推理、用行动检验假设。反思推理是通过对内容的反思,进行推理的一种阅读策略,鼓励学生从另一个角度来思考问题。巴金的《家》中,鸣凤得知自己要被送去给冯乐山当姨太太,只好跳湖自杀了。读者在此可以反思:鸣凤可不可以不死呢?文中可以看到,觉慧无意中听到婉儿和鸣凤谈话之后,他很激动地问鸣凤:"如果人家真的把你送去的话,你怎么办?"觉慧说的不是:"我们"怎么办!不是"我"怎么办!而仅是"你"怎么办。"觉慧关心的是他的精神和肉体两方面对女性的所有权。所以鸣凤在这个小说里面她必然要死,她死了能够成全觉慧去新生,去憎恨父权制度多么不好。"从中我们看出这是一种男权的、男性中心意识的体现,这是在对父权制度批判层次上的更深一步认识。在学习《项链》这一课时,可以对"玛蒂尔德如果不丢项链,那她的生活会是什么样"展开讨论,《孔雀东南飞》中从刘兰芝、焦仲卿是否还有更好地选择这一角度进行思索,学生通过推测互动交流,对文章的内容进行补充。

3. 想象推理

文学作品中存在的空白和不确定性使读者要通过想象来对文本推理。《秋天的怀念》史铁生对母亲的热爱,《故都的秋》的"洁""静""悲凉",水生嫂们对丈夫的依赖,这些虽然未亲眼见过,亲耳听到,却能清晰地感受到。这些都是读者在字里行间所表达的,读者通过想象方能捕捉到文中隐含的意义。想象推理也多用于对诗歌的理解中,诗歌是极度抽象化的一种艺术表现形式，许多的内容都是包含在几行诗歌之中的，语句之间的跳跃需要读者联想。

（四）批判质疑的策略

孔子曰："学起于思，思源于疑。"而在实际的阅读过程中，疑问一般是由教师提出的，教师根据教学目标，设定问题，环环相扣。学生却很少提出个人的观点。个性化阅读是一种拥有批判意识的阅读观。批判质疑策略要求学生具有怀疑精神，对作品有自己的观点，通过提出疑问，通过阅读思考，对所持观点进行验证，从而成为积极的理解和独立思维的学习者，提高对文章的理解和记忆水平。学生要想在阅读活动中有所创新，有独到的体验，必须首先学会批判地接受、学习课文。一个学生只有敢于批判，会批判，才能显示出他的个性。个性阅读活动中的批判性表现在两个方面：一是敢于批判课文的内容和观点，并陈之以理；二是敢于批判教师的观点和错误，敢于向教师质疑，与教师展开关于阅读体验的交流和讨论。

在阅读中强调质疑和释疑策略是促进阅读的有效途径。对阅读起到导向作用，促进积极的信息加工。在阅读过程中能够对所学知识产生疑问，就会成为积极的阅读者和独立思维的学习者。

三、个性化阅读教学的具体实施步骤

（一）课前自主预习

充分的课前预习是保证课堂阅读教学顺利进行的重要一步，也是个性化阅读教学得以深入和拓展的基础。重视学生的预习指导工作，根据语文课程标准精神结合选修教材特点和课堂阅读教学实际设置"预习表"和"反思表"。

（二）课堂教学基本形式

学无定式，教无定法。个性化阅读，是阅读机制的灵动闪现，是个性化体验的自由释放。教师在个性化阅读中起导向、点拨、铺垫、组织等作用，在具体的课堂操作过程中，可以采用"通览全文—初步感知—互动感悟—局部突破—训练语言"的策略步骤。其基本形式如下。

通览全文,初步感知:以学生的习惯、情趣和对课文的熟悉程度选择朗读、默读、全文阅读或是重点阅读,边读边想边记,获取初步印象,即题材、内容、思想情感、艺术手法。

互动感悟:把阅读所得以及产生的联想和想象在课前或课后向大家宣示,生生、师生之间相互补充、相互提高,形成对文章内容、结构等的比较全面深刻的认识;同时要能通过复读印证别人的见解,完善自己的认识,或提出更新更深的感悟。

局部突破:教师总结学生的感受后,针对学生的异议或重难点,对解决问题的关键和突破口进行引导分析,可以抓住时机,灵活采用多种方法。这既是阅读技巧的指导,也是阅读能力的练兵。

训练语言:教师可以在学生谈感受当中随时抓住机会或集中在局部引导学生欣赏文中的词句、精美的细节,进行联想和想象,并用文中的技巧当堂作文或说话,以提高欣赏和创造美的能力。

四、个性化阅读教学的评价

评价在阅读中起到"导向和质量监控的重要作用"。新一轮的教学改革明确提出了要建立不断发展的课程评价体系。课程改革纲要中从三个方面对发展性课程评价理念进行分析:评价与教学过程是同等重要的。评价提供的是强有力的信息、洞察力和指导,旨在促进发展。评价应体现"以人为本"的思想,建构个体的发展。针对个性化阅读的特点,我们应具体抓住以下三个方面来评价。

(一)是否是学生自身的感受体验

过分地追求科学性、统一性,就会造成评价的片面性,所以在评价中尊重个体差异,注重对个体发展独特性的认可,给予积极评价,发挥学生多方面潜能,帮助学生悦纳自己、拥有自信。尊重学生的不同感受体验的评价要做到以下两点。

1. 尊重阅读内容上的多元

"在评价中要综合考查学生阅读过程中的感受、体验、理解和价值取向,考查学生阅读态度、兴趣、方法、习惯以及阅读材料的选择。"语文课程标准提出要从知识与能力、过程与方法、情感态度与价值观几个方面进行评价,以全面考查学生的语文素养。个性化阅读的评价尊重学生的发展,对他们的综合素质进行考查。分析《从百草园到三味书屋》一文,在对前后两段关系的分析中,新的评价标准不仅肯定了过去所认为的"对比关系",同时也肯定了两者之间的衬托关系及统一关系。《故乡》中杨二嫂的形象的把握,认为她是自私、贪小;或是嘲讽其好逸恶劳的恶习;或是作者寄托着一种同情;或从中看出是辛亥革命前后农村的衰败萧条……这样的解读都是我们所认可和鼓励的,这是对学生认知多元的肯定,体现了个性化阅读的宗旨。

2. 尊重学生的自我评价

学生的自我评价是指学生对学习过程中的学习态度、计划、方法、习惯、技能等进行自我评价。这种评价观改变了以往评价只由教师参与的倾向,进一步确立学生主体的地位。重视学生的自我评价就要强调学生"元认知"的能力。元认知就是学习者对自己认知过程的认知,即学习者对自己认知活动的自我觉醒和自我调控能力。在学习活动进行期间,学生应该把自己正在进行的认知活动作为对象,并能够及时地、不断地对这个过程进行监察反省和调节。在实践中,因为学生知识经验的局限性,教育者可以进行一些引导:一是要让学生学会焦虑的自我调节。二是引导学生培养自己学习的兴趣。三是教会学生善于激励自己的学习动机,变"要我学习"为"我要学习"。学生的自我评价还可引申为是学生之间的互相评价。例如,在阅读过程中,教师让某个学生朗读文章,其他同学可以就此评价,这位同学哪儿读得好,哪儿读得不好,并说明理由。通过相互评价,不同的思想在碰撞中相互影响,不断的反思与融合。

(二)要言之有理,言之有据

个性化阅读强调对所提出的观点要言之有理,言之有据。小说《药》中许多人对夏瑜为代表的革命者的认识是"没有发动群众""脱离群众"。

1. 关注解读过程

个性化阅读体现的是在发展实践中去建构可能的世界,学生不只是对所设计好的题目来进行解答,而是亲自投入到阅读的研究中,并关注自己认知的动态发展,意识到自己也被列入监督自身发展的行列之中。为什么会有这种观点,怎么样让这种观点立住脚,其中解读过程是个性化阅读评价所要关注的。既然认为《药》中革命者并没有脱离群众,就必须提出自己的观点:"群众的愚昧"带来革命者的孤独无助。接下来思考唤起民众的良药到底是什么,或许更接近鲁迅创作《药》的本意。更进一步,联系《呐喊·自序》,还可深层次读出鲁迅自己的悲哀。阅读理解的动态特征决定了阅读评价的过程性特点。对阅读过程的评价是个性化阅读评价所关注的,其中包括问题是怎样展开的,读者的思路正不正确,运用的方法好不好等。

2. 要言之有理

对个性的关注和重视,容易走向个性的泛化,甚至是违背了应有的人生观、价值观。这一点强调在评价中尤其要把握好尺度,既做到有新意,又要言之有理。我们不能把"晓风残月"读作"金戈铁马",也不能把"林冲"读成"杨志"。对一种观点,支持要有支持的理由,反对要有反对的道理。这些原因的提出,是在对文本尊重的基础上拓展开来的。说阿Q也有反封建精神,从哪里看出,他的这种反封建是怎么样的,都要分析清楚。"我的叔叔"于勒值不值得同情,愚公移山的行为是否正确,联系课文、联系现实生活,只要能说出可以让人信服的道理都可以认作是可取的。

(三)是否有创意

个性化阅读评价,关注的不仅是学业成绩,更是学生的创新能力和实践能力的发展。评价阅读主体创造性,要抓住以下方面。

要有一定的深度。个性化阅读要有一定的深度,语文课程标准中对学生的阅读鉴赏提出了一系列要求。一篇文章如果从鉴赏的角度看,就是较高的要求了。阅读不能仅停留在表面上。这一点评价上有一定的难度,我们说深度,究竟是一个什么的范围,学生不同的经历使他们能对文本有多深的理解,都还是未明确的。但要肯定的是,学生毕竟不同于文学大家,生活工作等各方面的经验都是少的。所以,对此点的评价不必过于苛刻,只要能透过已有的结论,再提出合理的观点的,都是提倡的。

第五章 中学语文探究性阅读教学

第一节 探究性阅读教学概述

一、探究性教学思想的起源和发展

探究性教学,作为一种与知识授受教学相对应的教学方式,其思想渊源可追溯到我国古代以孔子为代表的教育思想。孔子曾以启发式教学的思想探求学生主动的、自主的学习方式,"博学而笃志,切问而近思",在博学的基础上产生问题,在问题的引导下开展探究,自主思考。"博学之,审问之,慎思之,明辨之,笃行之"的学习方式也在当时提出了以培养自觉性为中心的因材施教的观点,特别指出"学而不思则罔,思而不学则殆",揭示了勤于思考在学习中的重要性。同时孔子还提出要使学生认真思考,教师就要善于启发诱导,做到"不愤不启,不悱不发"。这些理论概括得很简明、精辟,强调了学生个人能动的学习、思考、实践,蕴含了探究性学习思想。18世纪,法国哲学家卢梭提出了儿童中心论,倡导教育要适应儿童的自然本性,主张学生学习要主动体验,凡是能从经验中学习的事物,都不要使他们从书本中去学。他认为,人在认识客观事物的过程中,感觉是被动的,判断才是由自己做主的。从上述的两种教育主张中可以看出,当时孔子和卢梭各自从不同角度已经含有探究教育思想的闪光点。前者突出了学生学习必须善于思考,后者强调了亲身体验更有助于思考。

长期以来,人们对探究性学习进行了不懈地探索,然而,对探究性教学的系统研究则始于20世纪初。19世纪末20世纪初美国"进步教育运动"的首席代言人、实用主义哲学家教育家杜威提出并实践"做中学"。

他认为教学的任务不在于教给学生科学的结论,更重要的是要促进并激发学生的思维,使他们掌握发现真理、解决问题的科学方法。引导学生发现真理的方法包含两个因素:一个是智慧,一个就是探究。探究与传统学校"静听"的方法相对立,它是一种主动、积极的活动,它的价值在于可以使学生在思维活动中获得"有意义的经验",将经验得到的模糊、疑难、矛盾的情境转化为清晰、确定、和谐的情境。杜威主张开展探究教学,以培养和提高学生解决实际问题的能力。根据对科学思维过程的分析,杜威提出了众所周知的相应五步教学——"困难、问题、假设、验证、结论",并试验让学生积极地动手"做"中学,而不是被动地"读"中学。随后,克伯屈在杜威教育观点的基础上进一步创立了"设计教学法",在美国乃至世界都引起了极大的反响,先后被许多国家所采用,对传统的"接受式教育"提出了严厉的挑战,为如何培养学生解决问题能力和探究能力指出了很有价值的途径。

与探究性教学思想的形成有关联的理论还有问题教学法。它因注重问题研究、联系实际、调动学生的学习主动性,而于20世纪初在欧美风靡一时,并传入苏联和中国,但后来由于未能给学生以科学知识,在20世纪30年代遭到批评而衰落。然而,现代各国对培养具有创造性和进取精神的人才的迫切要求,又使人们重新考虑问题教学的合理性,布鲁纳倡导的发现法就代表了这种趋势。20世纪50年代,著名的认知心理学家布鲁纳从结构主义教育思想出发,主张让学生举一反三和亲身参与,从而进行"以发现为重点的学习"。他在《发现的行为》一书中指出:"发现不限于那种寻求人类尚未知晓之事物的行为,正确地说,发现包括用自己的头脑亲自获得知识的一切形式。"

在20世纪50年代末、60年代初的以理科教育改革为中心的世界性课程改革运动中,振兴科学技术、培养科学技术工作者,成了各国共同关注的课题。美国生物学家、课程专家、芝加哥大学教授施瓦布在1961年哈佛大学举行的纪念演讲会上的《作为探究的科学教学》报告,明确表示赞成科学教学根本不同的方法——"探究性学习"。同时,施瓦布认为教育的基本途径——教学,也应看作是一种探究过程。至此,"探究性学习"被明确提出,探究性学习的理念也日益深入人心。从此,在整个世界范围掀起了一股"探究性教学"的热潮。美国国家科学教育标准更是明确提出科学学习以科学探究为核心,强调给学生提供感受科学探究过程和方法的机会,强调科学探究能力的培养。"探究性教学"以学生的主体探究贯穿始终,是长期教育探索成果的继承和升华,为整个教育的发展指明了方向。

近五十多年来,有关探究性教学在国外特别在欧美得到蓬勃发展,但主要是在自然科学教育领域。"如果非要用某个词语来描述近30年来美国科学教育工作者所努力追求的目标,这个词一定是探究",一些美国学者如是说。

在我国,有关探究性学习的教育思想酝酿已久,但对探究性学习的自觉认识始于20世纪后期。《中共中央、国务院关于深化教育改革全面推进素质教育的决定》中明确提出要转变教育观念,改革人才培养模式,提倡启发式教学和讨论教学,激发学生主动学习,独立思考,勇于创新。其内涵与探究性学习的内涵已十分接近。接着,《全日制义务教育语文课程标准(实验稿)》中明确提出"利用图书馆、网络等信息渠道尝试进行探究性阅读";《普通高中语文课程标准(实验)》中再次提出要注重个性化的阅读,充分调动自己的生活经验和知识积累,在主动积极的思维和情感活动中,获得独特的感受和体验。学习探究性阅读和创造性阅读,发展想象能力、思辨能力和批判能力。[1]

二、探究性教学的内涵

(一)探究

按照词典的解释,探究是指"探索研究"和"探寻追究"。有学者认为探究大体上可以分为两大类:一是把探究描述为科学家所做的工作,即科学探究;二是把它看作教或学的过程。所说的"探究"属于后者,即把探究的理念和方法引入阅读教学的过程中,使学生用类似或模拟科学研

---

[1] 陆建生,高原,陈展.微格教学理论及实践[M].北京:科学技术文献出版社,2018:19-21.

究的方式进行阅读。目的是希望学生能通过探究学习过程掌握一些探究的方法,并运用这些方法进行探究性阅读来理解文本,进而对文本能有自己独特的感受和理解,从而使学生学会阅读,发展能力。

(二)探究性教学

目前国内学者对探究性教学的内涵所做的研究有很多,但看法多有不一。如李森和于泽元认为:"探究性教学是指在教师指导下,学生以类似科学探究的方式获取知识、应用知识、发展能力的学习活动。"徐学福则认为:"探究性教学是指在教师指导下,为获得科学素养以类似科学探索的方式所开展的学习活动。"而靳玉乐认为:"探究性教学在实质上是一种模拟性的科学研究活动。"柴西琴认为:"探究性教学实质上是将科学领域的探究引入课堂,使学生通过类似科学家的探究过程理解科学概念和科学探究的本质,并培养科学探究能力的一种特殊的教学方法。"

探究性教学是指在教师指导下,学生以类似科学探究的方式进行阅读,从而获取知识、应用知识、发展能力的过程。我们认为这个表述包含以下几点含义。

"在教师指导下",表明了学习活动中的师生关系。探究学习是有别于个人在自学过程中自发的、个体的探究活动。教师与学生之间不存在传输与接收的关系。在探究过程中教师要提供充分的帮助和指导,而不仅仅是"传授"或"教导",使学生在探究中能明确方向,以确保学生经过探究后成功地获得知识。教师的主要职责是创设一种有利于探究学习的情境和氛围。

"以类似科学探究的方式",表明了学习的基本形式。科学探究的本质是人类对未知世界的探究,在这种探究活动中人们通过假设、想象、实证、逻辑等方法来认识世界,追求真理。探究性教学中,我们让学生所做的探究与科学家所做的探究是不同的,因为学生的知识面和经验还不足以让他们像科学家那样,去做相当专业的研究,因此,只能模拟科学家的探究方法和探究过程,提出问题并解决问题。我们可以通过专题讨论、课题研究、方案设计、模拟体验、实验操作、社会调查等各种形式,经历一系列探究活动,包括观察、提出问题、实验比较、推理、概括、表达、运用;

通过浏览书籍和其他信息资源发现什么是已经知道的结论，制订调查研究计划，根据实验证据对已有的结论做出评价；用工具收集、分析、解释数据；提出解答、解释和逻辑的思考等，探究与社会生活密切相关的各种现象和问题。中学生的"探究"从探究过程说，大多并不具备严格意义上科学研究的严谨性和规范性；从探究结果看，一般是已有成果和结论的"再发现"或者整合。因此，探究性学习的实质是学习者对科学探究的思维方式和探究方法的学习运用，通过这样一种基本形式和手段，培养创新意识和实践能力。

"获取知识、应用知识、发展能力"，表明了学习的目的和意义。这包括学习如何收集、处理和提取信息；如何运用有关的知识来解决实际问题；如何在探究过程中与人交流和合作；如何表述或展示探究的结果等，既包括间接知识，也包括直接知识，进而发展学生的能力。探究的重要意义在于提高了学生主动获取知识的能力，变"学会"为"会学"，学生灵活地运用知识去解决阅读中的问题，更突显了"探究"教学的实践性意义，更加注重学生的主体地位。

因此，探究性教学的本质特征是：不直接把构成教学目标的有关概念和认知策略直接告诉学生，取而代之的是教师创造一种和谐的探究学习氛围，让学生通过探索发现有利于开展这种探索的学科内容要素和认知策略。具体包含以下两层意思：一是以学生主体性和积极性的发挥为条件，有一个以"学"为中心有利于学生进行探究学习的环境，这种环境要使学生真正有独立探究的机会和愿望，而不是被教师直接引向问题的答案；二是教师提供充分的帮助和指导，使学生在探究中能明确方向，以确保学生经过探究后成功地发现科学概念或原理。总而言之，探究性教学是在教师有效、恰当的指导下，以学生积极主动地参与和独立自主地学习和讨论为前提，以现行教材为基本探究内容，以学生周围世界和生活实际为参照对象，培养学生探究问题、解决问题的能力以及积极、严谨的科学态度的一种教学模式。

三、探究性阅读教学的特征

探究性教学的内涵来看，在阅读教学中运用探究性教学的方法是一种体现阅读本质的全新的教学理念和方式。较之其他阅读教学理论,它具有显在的特征,即自主性、创造性、过程性和意义性。

(一)自主性

传统阅读教学重在知识的接受、吸收、积累,强调学生知识结构的建立而非完美人格、整体精神的建构,使得阅读变体验为认知、变探究为输入,学生总是处于阅读的被动状态,显然违背了阅读的本质,长此以往,易造成主体精神因缺乏锻炼而渐趋弱化。与之相反,探究性教学着眼于培养学生的个性和创造精神,立足于学生自主性的发挥,使阅读成为学生自主探究、自主体验的活动。自主性,意味着学生成为阅读的主人,用自己的生命、情感去拥抱文本,用自己的经验、思想去解读作品,对其意义进行创造性的理解和探索,不以现成的结论套住思维、扼杀灵性的智慧。它打破了以往学生消极被动接受的常规,重建起一种阅读主体与文本之间的关系,把学生真正置于主体地位,阅读从主体方面寻找动力,让学生凭着自己的阅读敏感去体会,自主地带着自己的思想去探索。整个过程坚持以学生的发展为本位的新理念,充分体现人的自由自觉的本质特性。

具体来说,探究性阅读教学的自主性特征有三个层面的体现:其一是学生参与阅读教学的主动性。阅读在本质上不是一种被动的接受,也不是对作品内容的简单复述和重现,而是积极主动地参与和建构。探究性教学充分体现了阅读的本质,注意创设一定的情境,或问题激发或情感点燃,在教学内容和学生求知心理间有意制造一种"不协调",形成一种张力结构,让学生通过阅读感受到悬念、困惑和挑战,从而最大程度地激发起其探究的兴趣和潜在的学习动机,并把文本意义的建构权完全交给学生,尊重和鼓励学生的阅读体验和理解,这保持了学生参与阅读教学的高涨的热情和强烈的探究欲,是一种主体始终"在场"和积极参与的教学过程。

学生参与阅读教学的独立性,是自主性特征第二个层面的含义。探究性教学中,学生的自主阅读、个性感悟、独立思考正是这种自由自觉的活动,书写出了人的主体性特质,可以说独立性是自主学习的核心品质,也是阅读教学培养学生的个性品质、创新精神的依托所在。按照接受理论，学生的阅读是对文本这一"图式化框架"进行填充、确定的具体化过程，要受其原有视界的影响，正如一位外国教育家指出的："儿童每天来到学校，并不是以纯粹的学生——致力于学习的人的面貌出现的。不，他们是以形形色色的个性展现在我们面前的。每一个儿童来到学校的时候，除了怀有获得知识的愿望外，还带来了他自己的情感和感受的世界。"面对同一文本，学生自然会产生各自不同的阅读期待视野和成效，其对作品的选择注意、评判标准以及体验感悟都是异于别人的独特的"这一个"。可见，阅读是极富个性化的行为，像传统教学以共性取代个性、以统一掩盖差异的做法只能导致创新思维和个性品质的磨蚀，探究性教学强调用学生动情的文本感受取代冷漠的知性分析，用学生多样的探究心得取代既定的教案框限，整个过程因学生主体性的独立而充分地发挥，流动着生命的激情和灵性的智慧。

　　自主性还体现为学生对阅读的元认知监控。所谓元认知，指的是一个人对于他自己的思维或学习活动的认识和控制。美国心理学家桑代克较早提出阅读是一种元认知活动，他说："理解一段文章近似于解一道数学题。它是由一系列的活动组成的：选择情境当中的恰当的元素；按照这些元素的分量影响和作用，把它们置于恰当的关系之中。大脑在接受每个单词的信息时，都要在恰当的程序、意图以及要求之下进行选择、抑制、削弱、强调、结合、组织等活动。"探究性学习是感性的，洋溢着灵性、生气、情韵，需要学生的生命化入和情感体验；又是理性的，充满哲理、智慧和形而上的思辨色彩，要求学生的理智深悟和方法监控。因此，学生在进行探究学习时会自觉地将自己的阅读过程作为意识对象，明确阅读的目的、识别重要信息、监控探究活动并决定理解是否发生、自我提问并监测目标是否达成、发现理解失败并采取补救等，并根据自己的能力水平、知识掌握程度和认知风格等有针对性地采取相应的阅读策略和方法，不断进行积极的反馈和调节，从而更有效地达成对文本意义的建构，提高自己的阅读能力。可见，探究性教学既重体验又重认知，既重过程又重方法，是体现新课程改革精神的新的学习方式，为阅读教学提供了新的视野和思路。

(二)创造性

阅读是一个充满创造的动态建构过程。文本意义的无限开放性和学生期待视野的差异性,决定了学生对文本的阅读是依据自身,选择文本中最能体现他对象化的自由创造的对象进行的再创造行为,对文本的理解和意义建构不可避免地打上他个人的烙印,因而是独特的非他性的行为。法国著名经济学家保尔·利科尔认为:"阅读就像读乐谱,它标志着文本的语义可能性的实现、制定。最后这个特征是最重要的,因为它是其他两个特征——克服文化间距、文本解释和自我解释融合的条件。"认识到了阅读的创造本质。歌德就直接指出阅读是一种建构性的行为,他说:"我们都不应把画家的笔墨或诗人的语言看得太死、太窄狭。一件艺术作品是由自由大胆的精神创造出来的,我们也就应尽可能地用自由大胆的精神去审视和欣赏。"

探究性教学体现了对阅读本质的深切把握,给予学生充分而自由的阅读空间,使学生把自己的整颗灵魂安置到文本世界中,用全部的生命激情去点燃文本、同化文本,在与文本的开放性张力结构相互融浸,相互作用中,达成文本意义的建构,生成无限延伸的意义世界。在这种教学情境下学习《归园田居》时,你会发现学生对陶渊明的弃官归田有许多新颖而独到的理解:有的从理想的角度看,认为这是诗人的人生理想;有的从个性的角度,认为这是他个性的张扬;有的从思想角度,认为是诗人的逃避,是对社会不负责任地表现学生在这种开放性、个性化的建构中体验到的是创造的快乐和发现的成就感,主体的精神始终是积极的、参与的,其教学的质量和效率自然是传统阅读教学难以相比的。

探究性教学关注学生对文本意义的创造性建构,但目的并不终结于此,它更根本的目的在于使学生通过对文本的创造性占有达成对自身的改造和转换。这既是探究性教学的本质追求,也是它超出于传统阅读教学的价值和意义所在。探究性教学对人的整体精神的建构,包含着唤醒与生成两个层面的意思。探究性教学的功能正体现为通过理解他者达到自我理解,使学生通过体验、探究,理解和内化人类的文化营养、传统精华,在主体间的对话中获得人生经验、充实生命内容、提升灵魂境界,达到生命与人性的全面唤醒。如教学朱自清的《背影》,学生在生命化入地探究阅读中能唤醒自己心中浓浓的亲情体验;教学史铁生的《我与地坛》,学生在沉潜思考中唤醒的是深沉的生命尊严感等。从这个意义上来说,探究性教学是一种唤醒教育,即唤醒学生的人性、灵魂及其生命成长的觉悟。

唤醒是将潜在的引发出来,探究性教学的功能还在于促进人整体精神的建构,这是一个生成和提升的过程。现代解释学认为,理解不是将自己投射到文本中,而是将自己暴露给文本。自我因为占有解释所揭示的叙述世界而得到扩大。一句话,正是文本的内容,给予了读者以主体性的维度在阅读中,我"非现实化"了我自己。为阅读活动赋予新的含义,提供给人们观察问题的新的眼光。文本承载的历史、文化、传统在一定层面上成就了它改造与引领人类精神的特殊价值。探究性教学使学生超越了单纯的知识接受,主体精神与潜隐在语言符号中的文化、历史和传统等客观精神产生意义交流,达成对客观精神的同化,让主体精神为这感到兴奋、愉悦,获得精神培育的动力,但探究性教学更重要的是使文本在新的历史情境下,在学生主体生活世界和精神领域中全面完成意义的创造。这是一个创新的过程,是每一代人在新的历史境遇中理解传统、理解他者世界,并建构自身存在意义的过程,同时于这一建构中达成对个体生命方式,自我人生意义的深刻认识。学生通过探究性学习,在审美化的语言世界中体现出无往而不在束缚之中的人生精神的解放,在想象中参与改造了这个散文化的世界,并保持了自己独立的精神和完满自由的个性成长,这也恰好体现了探究行为的主体性和能动性。

(三)关注过程性

叶圣陶先生在《略谈学习国文》中写道:"阅读是吸收的事情,从阅读,咱们可以领受人家的经验,接触人家的心情。"这是切中要害之言,表明阅读是一种特殊的认知过程,"吸收"概括了阅读的功能;吸收的内容则是"人家的经验"和"人家的心情";吸收的方式则是"探究"和"感悟"。因此,这种"探究"和"感悟"绝不是"授""受"之间这么简单的事情,这不仅是一个过程,而且是一种"设身处地"跟作者沟通对话的过程,因此省去这个过程,或者简化这个过程,都会破坏这种"探究"和"感悟"。

正因为这样,阅读课要求学生在中学阶段阅读几百篇文章,在"多读"中去得到多方面的收获,不仅如此,还要通过考试对学生的阅读能力做出测试,促使他们注意阅读过程的展开。在这方面,考试时不再以学过的课文,而以未读过的文章作为阅读试题的载体,便正好说明考试对阅读规律的尊重,更说明展开阅读过程去自得结论的重要性,验证了在"已知"与"未知"之间能起桥梁作用的只能是在过程中反复养成习惯的阅读思维和方法,而不能是现成的结论。因此,"过程"的展开是阅读教学成功的关键。

探究性教学关注阅读的过程性,把其看作是阅读主体对阅读对象的干预过程,强调让学生亲身体验和理解知识形成和发展的过程,强调让学生通过探究和发现过程达到预期的阅读教学目标,侧重于"立体文本阅读思路",即以作品的某一局部为起点,超越文章气脉,拓宽思维,从作品外部找参照物,从而寻求到新的文本意义。探究性教学认为学生的阅读能力在阅读过程中会逐渐发展起来,也许学生们最终得出的结论没有多少价值,是稚嫩的、不成熟的,甚至不完全正确,但这都不重要,重要的是学生在这个过程中增强了探究意识、问题意识,学会了如何学习、如何去解决问题。探究性教学关注过程性的特点体现在教学中,是不以对所阅读的文本的理解为主要目的,而是培养学生把握信息、筛选信息的能力;对信息重新组合以及发现信息的能力;对信息的重新认识和再评价的能力;以及培养学生的问题意识和探索精神的能力。使学生对语文的学习做到:变情感的疏离为怀古的亲近,变情感的喜欢为理性的参与,变浅近的理解为深入的研究,变雷同式的分析为独立的思考,变大众化的统一为富有创造性的发展。

(四)有意义的探究

探究性教学过程中,学生不仅自行探究和发展,同时这种探究和发展也应该是有意义的学习,即有意义的探究学习。这是探究性教学容易忽视的一点,所以应特别加以强调。事实上,并不是所有的探究形式的学习都是有意义的学习。只有满足有意义学习条件的探究学习才是有意义的。我们强调并主张进行有意义的探究学习，同时把有意义看作是探究性教学必备的基本特征。具体来说，有意义的探究教学表现在以下几个方面。

第一，探究的问题具有潜在意义。探究性教学常以解决问题的形式进行，这就要求学生原有的知识和经验对于解决眼前的问题必须是充分的。先前的知识和经验是学生在头脑里形成问题意识的基础。学生具有意义学习的心向。在探究性教学中，有意义学习心向表现为学生具有强烈的问题意识和探究欲望，问题意识既是思维的起点，也是思维的动力。学生一旦形成了强烈的问题意识，他就会集中全部精力，使自己的思维活跃起来，这是学生有效地解决问题的心理力量。

第二，解决问题的过程是有意义的。首先必须加以强调的是，并非一切解决问题的过程都是有意义的。学生可以盲目地猜测或毫无目的地尝试错误法获得对问题的解决，也可借助某种模式来机械地套用。如在许多情况下，学生对解决问题过程中所涉及的要领和法则定理没有理解，只要记住问题的类型就可以完成这一过程。我们认为要使解决问题的过程性成为有意义的，学生必须真正理解结构（条件与问题、现象与实质的关系）以及课题所涉及的有关经验。只有这样，学生才有可能在意义的思维线上进行创造性探究。

第三，内化过程是有意义的。一般认为，所谓"内化"就是新旧学习材料的内容有机结合。内化意味着学生新习得的知识与原有认知结构的有关知识建立起非人为和实质性的联系。在探究性教学中，有意义是指学生经过自己探索而自行发现的新知识有机地纳入到学生原有认知结构中去，获得了心理意义，真正内化为学生自己的知识、自己的"血肉"、自己的心理品质，而原有认知结构经过吸收新知识，本身也得到改造和更新。正是从这个意义上，布鲁纳也把发现学习看成是认知结构的转换和重新组织。

第二节　探究性阅读教学的实施

一、探究性阅读教学的目标

中学语文课程继续坚持《全日制义务教育语文课程标准(实验)》提出的基本理念,根据中学语文的任务和学生的需求,从"知识和能力""过程和方法""情感态度和价值观"三个方面出发设计课程目标。在具体的教学过程中,三个维度是需要有机地整合在一起实现共同发展提高的。

(一)知识技能维度

阅读教学的首要任务就是提高学生的阅读能力,将探究性教学的方法运用到阅读教学中同样以提高学生的阅读能力为主要目标。

1. 学会全面阅读、精读、略读、速读

精读和略读是两种不同的阅读方式。清代教育家唐彪曰"凡读文贪多者,必不能深造;能深造者,必不贪多",就是强调精读必须在文章的精微之处,细加审玩,熟读精思,学而时习之,才能吸取精髓,使之成为自身所需要的养料,收到以一当十的效果。这种阅读法较适合于优美的散文、短小精悍的议论片段以及诗歌。精读需要反复阅读,反复阅读时,不仅要求按照顺序,仔细地看清每一个字词,每一句话,还要求对文章的语句、篇章和主旨做深入思考。这样在反复阅读中积累语汇,逐步掌握用词造句的一些特点和规律,在潜移默化中,培养语感,形成阅读的经验和习惯,自然能终身受用。

略读就是大略地读,也就是博览群书,浏览涉猎。它与精读很不相同,它不是从头至尾一字不漏地阅读,而是着眼于通观大意,或专门寻找自己所需要的材料。只有这样读,才能做到多读,知识才博。略读不是心不在焉、无目的地读,而是要聚精会神,在通读全篇的基础上,根据不同文体的阅读要求,采用不同的方法有重点地读。通常是记叙文要能读出所记叙的人和事,然后再去注意辞藻的华美;散文要注意领会线索;说明文应了解说明的对象和顺序;议论文要抓住结构和逻辑。当然,略读主要用于长篇小说、长篇通讯以及复习以前看过的材料。具体的做法是:用眼睛扫过每行字,注意每行的关键词。尽管每个人所选的关键词不尽相同,但每个人领会的原文意思都会非常相似。对精读和略读之间的关系,叶圣陶先生曾做过精辟的阐述:"对教学而言,精读是主体,略读是补充;对于效果而言,精读是准备,略读才是应用。"

因此,学生应在学习的过程中正确处理好这两者的关系:一方面要围绕着主题的提出和解决进行阅读,提高阅读的深度,学会阅读的方法;另一方面则要在精读训练的基础上,采取多种方式、从多渠道进行阅读,扩大自身阅读的广度,培养独立探究的能力。

阅读速度是思维灵敏性品质的重要标志。阅读能力是包括了阅读速度的,阅读速度快是一个人终身受用的功夫。语文教师应该有意识地帮助学生提高学生阅读速度。现在学生读得少,有一个原因就是读得慢。我们通常是在少量里面求精髓,而不是在大量里面求提高。阅读速度不快,怎样会有足量的课外阅读呢?

2.学会搜集、使用资料

从认知心理学、信息加工理论的角度看,学生开展学习的过程,实质上就是信息处理的过程。予以记忆、理解为目标的一般学习方式相比,探究的阅读过程围绕着一个需要探究解决的问题展开,以解决问题和表达、交流为结束。在这个过程中,需要培养学生多方面的能力。在一个开放环境中,学生自主、主动收集、加工和处理信息的能力是培养的关键。

第一,收集信息。用探究的方法阅读把阅读材料看成一个信息集,通过识码、解码、编码达到对它的有效理解与把握。因此,要求学生围绕阅读目的和提出的问题,独立自主地对相关信息进行收集、筛选、分析、综合、提炼和重组,也就是过滤次要信息,筛选主要信息,压缩有用信息,使无序信息条理化、隐性信息显性化,把信息原码重新组合加工,衍生出新的信息。所收集的信息多而杂,这就要求教师一方面要善于激发学生的学习兴趣,调动学生的探究积极性;另一方面要教给学生收集的方法,指导探究的途径,提供解决问题的思路,使学生能够针对自己的探究对象进行研读。阅读是读者获取信息的一种手段。要让学生关注的是语言表达了什么信息、哪些信息,什么是重点信息,如何阐述、扩充关键信息等。通过宽泛收集信息与初步的加工,使学生明确进一步的学习与主题,这个主题的选择源自学生的特定兴趣与感受。

第二,整理筛选。资料有了,信息也有了,但面对堆积如山的资料,有的同学怎么也厘不清。这时,教师对学生的信息整理进行指导就显得十分必要和重要。那么,如何指导学生整理筛选信息呢?我认为应从以下几个方面入手:引导学生对信息的价值大小和取舍做出果断判断,培养学生的信息价值感。探究性教学过程中,教师不仅要设法让学生尽可能多地学习、收集与自己课题有关的各种信息,更要指导学生对信息分布进行价值判断:拆散整篇、完整的信息,根据"差异性",分成一个个"信息点",再把具有相同信息的内容归为一类;根据自己课题要解决的核心问题,区分各种信息对探究的价值的大小,把每个信息点按解决某一探究问题的作用大小进行分类排列,把重复的信息、作用很小的信息删除;找出探究目标和已拥有信息的差距,确定下一步寻找信息的方向和重点。教师要十分重视引导、督促学生经常对照探究方案,独立整理探究资料,养成随时整理信息的习惯,这将使学生受益终身。

(二)过程、方法维度

与掌握知识相比较,掌握方法具有更为积极而深远的意义。让学生改变以往的被动接受式的学习,转而学会在实践与探索的过程中,掌握受益终身的方法,使学生学会终身学习,实现我国学习化社会的理想有重要作用。掌握方法与掌握过程是相辅相成的两个目标,新课程理念认为,让学生经历知识产生、形成、创造和发展的过程,能够使学生获得对知识本质的准确理解,使学生感受到知识不断被质疑、修改、否定、拓展或超越的发展过程,从而培养学生自主学习的能力。

第一,阅读鉴赏。指在全面、深刻理解的基础上,对作品内容、形式的是非、优劣和美丑进行鉴别和欣赏的能力,它是较高层次的阅读能力。阅读鉴赏力按读物的文体差异可分解为文章鉴赏力和文学鉴赏力两种;

按读者的能力差异可分解为阅读欣赏力和阅读评价力两种。阅读欣赏是读者沉入作品的一种情感体验,一种审美活动,要求驱遣想象,反复涵泳,与作者产生共鸣,获得美的享受;阅读评价是读者跳出文外后的一种理智判断,一种科学活动,要求与作者保持一定的距离,依靠作品内在的证据和外在的准则,客观公正地做出真善与否的价值评判。显然,评价比欣赏更高一个层次。若对一定鉴赏的复杂操作技能再作分解至少可列四项:对作品思想观点正确性和社会意义的评价;对作品具体材料真实性和典型意义的评价;对作品章法、语言艺术和创作意义的评价;对作品气质、风格独特性和审美意义的评价。

第二,阅读迁移。指运用阅读所得知识、技能和情感来解决新问题的"及物"能力,它是比鉴赏层次更高的阅读能力。"披文得意"只是阅读活动的前半路程,"运思及物"才是阅读活动的后半路程。读者通过鉴赏,从理智上洞察和情感上体味了作品的意蕴和美质之后,还要联系主客观的实际,完成文本向实践的迁移,实现作者写作的社会价值,达到读者阅读的最终目的。这个阅读迁移的过程就是阅读应用的过程。我们说以往的阅读能力结构观出现严重残缺,主要指阅读应用阶段的阅读迁移能力尚未得到应有的重视和足够的阐发。阅读迁移力从根本上说,就是要求读者由"意化"转向"物化",由"输入"转向"输出",由"认识世界"转向"改造世界"。据此,阅读迁移能力可按其过程分解为三项:一是阅读借鉴力。即运用抽象、归纳,概括阅读心得,或借鉴文事、文意、文情,或借鉴文序、文技、文辞,汲取作品内容和形式两方面的营养,这种阅读心得的概括水平(汲取能力)决定了阅读迁移的准备条件是否充分。二是阅读表述力。即运用口语、书面语,外化内潜的阅读心得,或复述、摘述,或阐述、评述,甚至写出作品评论,这些由低到高的表述形式,反映阅读表述能力的发展层级,它使阅读向写作转化,成为文本向实践迁移的必然过渡阶段。三是阅读类化力。即运用联想、演绎、升华,寻找旧知识和新问题的相似点和相关处,将外化的阅读心得应用到同类或异类的事物中去,实现同化迁移或顺应迁移,以解决认识上和实践上的问题。

第三,阅读创造。指读者在消费精神产品时超越作者进行再生产的创新能力,它要综合阅读感知、理解、鉴赏、迁移各种技能,运用创造性思维产生超越读物原有内容的新颖、独特的见解或思路,因而是最高层次的阅读能力。简要剖析,至少包含四项:置换要素,补充加深作品内涵的能力;重新组合,改变作品结构意蕴的能力;发散思维,批评匡正,熔铸作品新意的能力;双向迁移,独立发挥读者创见的能力。

(三)情感态度价值观维度

"情感态度与价值观"在语文课程理念下被赋予了更为丰富的内涵和意义,其中"情感"不仅指学习热情和学习兴趣,还包括爱、快乐、审美情趣等丰富的内心体验。"态度",不仅指学习态度,还包括乐观的生活态度、求实的科学态度、宽容的人生态度等。"价值观"作为一个比较宽泛和抽象的概念,它强调个人价值与社会价值的统一。

1. 获得亲身参与探究探索的体验

苏联教育家苏霍姆林斯基在《给教师的一百条建议》一文中提出:"让学生体验到一种自己在亲身参与掌握知识的情感,乃是唤起少年特有的对知识的兴趣的重要条件。"。实践活动是儿童发展成长的重要途径,而良好的情感体验可以提高学生参与学习和活动的积极性。探究性教学的关键在"探究"二字上,探究本身就是一种躬身实践、亲历探究的体验过程。从学习目标上看,探究性教学特别注重让学生在宽松的学习环境中,以真正意义上的学习主人的姿态,放开手脚独立地从事探究学习活动,全程参与、亲力亲为,加强和促进实践活动的内化,扩大和加深学生的认知结构,激发和巩固学生的探索热情和情感体验。从学习内容上看,不论是教材上的篇目,抑或是课外的文章,作者都将艺术创作的体验置于一个十分重要的位置。

正如现代阐释大师伽达默尔所说的那样:"体验概念对确定艺术的立足点来说,就成了决定性的东西,由此,艺术创作就被理解为生命之完美的象征性再现,每一种体验似乎正走向这种再现,因此艺术作品本身就被表明为审美经历的对象,这便得出了一个美学结论:所谓的体验艺术是真正的艺术。"而探究性教学要求学生身处文本之中,从体验入手,通过类似于科学家探究的学习活动,从认识、情感和意志三维心理去分析和反思,去理解和感悟生活的乐趣和生命的价值,从而与作家作品产生思想的撞击和情感的共鸣。从学习方式上看,探究性教学将"质疑—直觉—领悟"作为体验过程的三个环节,引导学生以质疑为思之始、学之端,刺激学习情绪,振奋学习精神,诱发积极探究新知的欲望;接着由疑而问,借助显意识和潜意识的相互作用,促成知情合一、身心合一、理解和关照合一,得出当信息突然沟通后产生的那种瞬间的直觉判断或选择;最后是让学生在探读中感知,在探读中领悟,当然这种"悟"不仅仅是理解,更重要的是"长期耐心的探究之后突然诞生的概括,使我茅塞顿开"(俄国作家克鲁泡特金语)的大彻大悟。

2.学会与人分享与合作

第一,主体参与的意识。学生真正意识到学习是自己的事情,从而把握老师给予的机会或自己创造机会,全身心投入到学习活动中;学生尽力展示自己的才能,表达个人的观点,抒发个人的情感,阐明个人的态度,主动唤起老师与同伴对自己的注意,吸引他们与自己交流与切磋。主体参与是学生合作的起点与基础。

第二,亲和他人的意识。学生之间及师生之间相互接纳与交融,在完成探究目标的过程中彼此联合。学生主动获得教师学习策略、方法、资料等方面的指导帮助,教师与学生平等交流,师生之间相互亲和;学生毫无保留地把自己的见解主张传达出来,虚心接受同伴的认识和看法,在合作中加强学生间的信任与亲和,形成一种其乐融融,富有活力的课堂气氛。亲和他人的意识是合作的起点与必然归宿。

第三,扬长补短的意识。学生在合作过程中扬长补短,把自己所有的本领都拿出来,展示给同伴,同时充分吸收同伴传达的信息中有价值的部分,充实自己,完善自己。[1]

二、探究性阅读教学的实施原则

(一)以学生的发展为本位

探究性教学坚持以学生发展为本位,它把学生当作有鲜活生命的、丰

---

[1]孟宪军.语文阅读教学本体建构[M].济南:山东教育出版社,2018:77—79.

富内心的、无限发展潜力的完整的人看待,以促进学生的发展,高扬阅读的人文精神,实现阅读教学固有本质的回归。这里的"发展"包含两层含义:一是掌握语文知识、获得阅读技能,即人的生存层面的发展;二是生存基础上人的完满精神的建构。

用钱理群的话讲,语文教育是为人"打底子"的,"打好'终身学习'的底子与'终身精神发展'的底子"。突出阅读的人文精神和文化特质,并不与语文教育注重基本知识、基本技能的目标相矛盾,相反,二者共同构成了基础教育阶段语文教育的不同层级目标及其丰富内涵。探究性阅读要以知识掌握和技能训练为前提,只是把它们置于更为广阔的文学、文化的视野之内罢了。学生通过自主的阅读体验习得语感,在生活化的语文实践中历练能力,他在这种自觉自愿、情趣盎然的教学语境中,获得了较之物化的传输教育更为丰富的语文知识、更为敏锐的语感能力和更为练达的交际本领。此时,学习已化为学生内在的生活修养和自觉的生命需求,有了这种回旋喷涌的不竭动力,学生的语文知识、语文能力和语文素养的获取与提升自然不言而喻,从而为自身的生存和可持续发展夯实了基底。探究性教学强调,阅读教学须承诺知识的授受和智慧的开启,也须承诺身心的训育和人生境界的润泽与点化,关注生存基础上人的精神、个性、人格的育化和提升,这是"发展"的本质含义与最高境界。

学生不仅是主体性的人,还是个性的人。因此,在探究性教学中必须尊重学生的个性发展。这是由探究性教学的特点所决定的。探究性教学是学生独立探究教材的学习行为,在这个过程中产生的感悟,必然会有所不同,带有浓厚的个性化的倾向,正所谓"有一千个读者,就有一千个哈姆雷特"。学生是探究性活动的主体,探究性教学的整个过程,都应该是学生主动参与的学习过程。

而每一个学生的理解,都与原有的知识水平、认识能力、家庭环境、生活经验、社会大环境和阅读习惯等有着密切的关系。即使对同一篇课文、同一段文字,不同的学生在同一个教师的指导下,也会产生不同的感悟;甚至同一个学生在不同的时间和环境里,对同一篇课文的感悟也会有差异。在阅读过程中要允许、尊重、珍视并鼓励学生出现独立自主的感悟。因此,在探究性教学中应该给学生以个性化选择专题的自由,这样才能使学生在探究活动的整个过程中都充满热情、富有自信,也才能使之积极思维,使之在阅读中与读物作者的思想观点产生碰撞、产生出思维的火花。探究性活动需要学生独立思考、分析和判断,因此必须鼓励学生的个性思维,勇于提出己见,敢于坚持己见,不为教师的权威所左右,不为名家的观点所桎梏,不为他人的言论所影响。

(二)拓展思维空间

拓展思维空间,这是由探究性教学的目的所决定的。因为,要提出新观点,建立新思想,就必须要大量地占有材料,要对众多的材料加以分析探究。在探究活动过程中,大量的占有材料正是通过不断地拓展思维空间来完成的。所谓的拓展思维空间,就是指教师应根据学生探究的内容来诱导其发散思维,指导学生抓住需要深入分析探究的问题,借助于联想,由此及彼,联系与之相关的或解释性或证明性或比较性或否定性等方面的材料,多角度地来创设分析探究的背景,使分析探究的信息渠道由单一型变为多向型,使分析探究的思考层次由平面式变为立体式。在各种材料的相互联系、相互贯通中,将学生的探究能力向高层次推进。

(三)鼓励怀疑否定

孟子说:"尽信书不如无书。"这启示我们:在探究性教学中必须要有一种敢于怀疑、敢于否定的精神。德国唯物主义哲学家费尔巴哈又说:"新知识从怀疑中产生。"这就是说,怀疑否定是思维创新的前提。思维不能创新,主要是因为其思维受到某种定式的束缚而不能充分活跃起来,不能有所突破。怀疑否定正是为了打破这种定式,打破这种定式,关键在于培养学生的逆向思维的能力。逆向思维是思维创新的一种最直接的表现形式,它挑战权威,旨在求异;它打破陈规,旨在求新。但是,必须注意,培养学生的逆向思维不是鼓励学生怀疑一切、否定一切。随意地、盲目地滥用怀疑否定,这不是探究性教学应该有的科学态度。在探究活动中,学生滥用怀疑否定,主要是由于其思维的浅表性、片面性、偏激性,因此在培养逆向思维能力的时候,要注意引导他们的思维向深刻性、全面性、科学性方向发展。换句话说,教师既要鼓励学生敢于怀疑、敢于否定,又要注重培养他们严谨求实的科学态度,教给他们一分为二的科学方法,帮助他们做到言之有理、持之有据,这样才真正有利于学生思维的创新。

(四)选题具有价值性和可行性

对文学作品进行探究性阅读,在确定探究主题时,要充分考虑所选课题是否具有探究价值,对于中学生是否适宜可行。

第一,所选课题要有科学性。虽然是对文学作品进行探究性阅读,选题同样要注意科学性。选题的科学性是探究方向正确的保证,课题可以是某个领域中的新发现,也可以是对前人成果的完善与发展,还可以是对错误结论的修正,但都要符合科学原理或事物的发展规律。同时,探究性阅读不仅要满足社会的发展需要,还要满足全面提高学生语文素养和能力的需要,学生选题时要适应社会的长远发展,要落实语文学习的总体目标,使我们的科学探究更有实效。对于《沁园春·长沙》的阅读,可以探究词牌的特点、作者的写作风格、诗歌的意境、写景的方式等,但如果把注意力放在"沁园春"词牌的由来、命名与内容的关系上,可能会浪费时间,一无所获。

第二,所选课题要实践性强。一个人的能力总是在实践中得到培养和发展的,也总是在实践中才得以体现的。探究文学作品,学生同样可以选择实践性强的课题,通过查阅与文本及作者有关的资料、分析讨论资料内容、调查访问他人等多种途径,亲自动手,主动探索,深入思考,体验知识的运用,体验成功与失败,这样从实践活动中提高听说读写的能力,从实践活动中提高自身的语文素养。最后,所选课题要适宜可行。中学生的知识面、精力和财力、研究方法和技巧等方面的特点,约束并限制了探究的方向和范围。如果选题范围过大,就容易导致面面俱到,泛泛而谈,流于形式,起不到什么作用;如果选题范围较小但过于专业,就需要较高的专业理论和人员作指导,自然会给探究增加一定的难度。对于《林黛玉进贾府》的探究阅读,可以是林黛玉、贾宝玉等人物性格,可以是情节设计与安排,可以是贾府建筑风格与时代背景,但若选择《红楼梦》的文学价值和经济价值,则会因选题太大而无从着手,或者探究一段时间因收获不多而放弃,甚至从此对探究活动失去了信心和兴趣。所以选题时,学生要从自己的实际情况出发,既不太大、太高、太难,也不过于悲观保守,范围和难度适宜,内容具体可行,能使自己的阅读能力得到较大的提高和发展。

(五)指导科学求证

学生在探究活动中,提出了一个新的思想观点,思维创新活动并没有最后完成,因为这个观点还需要进一步的论证,还需要围绕这个观点来构建自己的思想,完善自己思维创新的结果,最终形成专题阅读的探究性论文,使思维的创新以文本的方式定格。这就需要教师指导学生去科学求证。这时,探究活动就进入了一个新的阶段——完善理论、充实求证。虽然,这不是以创新为目的的阅读活动,但是它却在促使思维创新成果—新的思想的构建更科学、更缜密、更有说服力,显然,这实际上是思维创新的一种深化。因此,教师必须高度重视,采用切实有效的方法去指导学生进行科学求证。

三、探究性阅读的步骤

探究性阅读可分为个体探究、小组探究、全班探究和拓展延伸四个阶段。

(一)个体探究

1.课前准备,搜集材料

教师根据课文内容布置学生搜集相关资料,或是了解人物相关事迹(作者或作品中人物),或是了解作品背景、环境,或是与作品紧密联系的相关资料等,目的是为阅读理解课文服务。

2.整体感知,厘清思路

整体感知是起点,是接近直觉的认知体验,它包括整体感知课文的大概内容、感受课文的语言所表现的思想内容、从课文中找出感受最深的句子或段落、从课文的内容中体会作者的态度或观点。整体感知可分三步进行：①学生自由朗读课文，借助工具书疏通字词；②学生默读课文，画出能表明作者思路的重点词句或给自己感受深刻的语句；③学生厘清作者思路，梳理作品脉络。思路即作者构思文章、布局谋篇的线索，厘清了文章的思路，也就把握住了文章的概貌，不仅能够准确理解文章的内容，还可以形成自己独特的阅读感受。

3. 发现问题，自主探究

学生个体自主探究是小组合作交流的基础。这一环节，学生整体感知后，再细读课文，提出自己认为有价值的、值得探讨的问题并尝试自己解决。要求每个学生都必须准备向其他同学表达自己的观点，阐述自己的看法，准备好小组内的发言。

(二)小组探究

小组内部合作交流是探究性阅读教学的核心部分，也是探究性阅读教学能否成功实施的关键。在小组内合做交流时，每个成员要充分发表自己对文章的独特感受，并提出无法解决的问题。只有这样，才能使认识更全面、解答更彻底。

小组内部的合作交流应确保组内成员的全员参与，一般由小组长主持，其基本步骤为：交流——个人发表自己独立思考的结果；讨论——意见不同的同学互相质疑、应答；归纳——评出小组内最有见解的感受，将个人的成果转化为全体成员的共识，谋求全体的统一意见或主导意见；或者将几种不同的意见归纳出来，作为小组的学习成果，并归纳出小组内不能解决的问题，准备在课堂提问。

在这个环节中，教师的主要任务是观察指导：观察是否有不参与交流者，了解情况，及时解决；检查各小组讨论的中心是否围绕着问题，组织中心(主持人)是否真正发挥作用；指导解决某些小组在讨论过程中出现组内无法解决的问题或障碍，或者作为普通一员，参与交流。

(三)全班探究

在小组内合作交流的基础上，组内成员已对文本有较全面的了解，组际交流已成为可能。在组际交流与集体讲解这一环节中，各组代表阐述本组合作交流的成果,在交流中相互补充,共同提高。

每一位学生也能从中综合他人的意见,得出适合自己思维习惯的、较为理想的结论。这一过程的基本步骤是:汇报——向全班汇报本小组认为最有价值的阅读收获。求答——提出本组探究不能解决的问题,介绍几种不同的观点,寻求全班帮助。补充——补充修正其他小组的观点。在这一环节中,教师注意筛选问题并进行适当的讲解,这可以起"画龙点睛"的作用。只是这时的讲解是简明扼要的,有较强的启发探究价值,可以为进一步交流、探索提供建设性的指导。此外,还应注意为小组评价留有足够的时间。评价——评价反馈各组的讨论情况。对自己和他人能进行客观评价是学生元认知的体现,这也是小组评价这一环节的价值所在,因而必须给学生足够的时间进行小组评价。小组评价的对象以小组为单位,以不足方面针对个人,优秀方面提及个人为基本原则。评价的主要内容是合作小组的学习态度、学习方法、学习能力、学习效果等。应该注意的是,这种小组评价并不等同于传统的评价,它是以使每个人能在原有的基础上有所发展,作为评价的最终目标和标准,把个人之间的竞争转变为小组之间的竞争,增强了小组成员之间的合作动力,使小组成员之间更加注意互相取长补短。更重要的是,小组评价可以使一些原来得不到或极少得到表扬的学生,在小组内经常得到同组同学的鼓励,这对提高他们的学习积极性是大有裨益的。

在这一环节中,教师根据以上各环节中存在的问题,可以进行必要的反馈补救,形式可以是多样的。如是个别问题,可在教师巡视小组活动时解决;如是共性问题,可进行集体讨论。

(四)拓展延伸

这一阶段教师指导总结探究过程和学习方法,实现知识内化,并要求学生以书面的形式展示探究成果,完成专题作业,可以写读后感、读书笔记、调查报告等,实现阅读基础上的写作,并有意识地安排若干问题让学生带出课堂,实现由课内向课外的拓展延伸。在以课文内容的延伸为探究点进行课外探究性阅读时可以以课文主要内容、知识点的延伸为探究点,也可以作者、时代背景的探究为探究点来开展。这时教师的主要任务是指导学生查找阅读相关资料,把自己的见解形成书面材料。教师可以将这些材料进行展示和交流。

以上反映的是探究性阅读教学的一般过程,具体操作时,应注意根据实际情况进行必要的调整。

四、探究性阅读教学的实施方法

探究性阅读教学的实施是以探究性教学的理论基础和内涵特征为指导,在特定的阅读教学情境中,为实现探究性教学的目标而采取的系统的决策活动。

(一)创设民主氛围,激发探究兴趣

探究性教学的关键是培养学生发现问题并解决问题的能力。因为问题是启动学生认识活动的启动器和动力源,是从未知到已知的桥梁和中介。但在教学中如果没有好的课堂氛围,学生处于一种压抑的紧张状态中是难以发现问题和提出问题的。教师应善于控制自己的情绪,与学生建立一种平等、民主、亲切、和谐的关系,使学生身心处于最佳活跃状态,愉快而舒畅地投入课堂。相反,教师表现如果缺乏教育机智,面对学生的怪问、刁问,就会束手无策,无言以对,万般无奈,只好挖苦讽刺。这样既挫伤了学生的积极性,扼杀了学生的创造性思维,还使课堂本来活跃的气氛一时变得抑郁和沉闷,酿成不良的后果。因此,探究性教学要求教师把学生视作与自己在人格上平等的、有生命的人,尊重与关怀学生的个性、情感、创造,用积极乐观的眼光欣赏和预见学生的天性,为学生的学习营造一个欢乐、自由、融洽的支持性环境。在这种氛围中学生能做出他自己的选择,能平等地同他人共同安排活动,能更多地意识到人的力量,能作为他或她自己生活的设计师而变得日益民主和创造性。探究性教学对和谐师生关系的强调,为学生的个性解读提供了开放而安全的民主氛围。

(二)创设学习情境,激发探究思维

探究性阅读教学注重创设能保障有效阅读的良好情境,或设疑指引或披文入情或精彩演示或语言点染,以与整个课堂气氛成为一个广阔的心理场,作用于学生的心理,充分调动学生的阅读注意与探究热情,使其保持最佳阅读心理状态,积极主动甚至迫不及待地去体验、去探究、去品味文本。

(三)激发学生的想象力

在接受美学看来:任何一部作品都具有空白点与未定性,都是一个多层面的未完成的图式化结构。对作品中作者有意留下的空白和未定性因素进行探究,加以补充、完善乃至升华,需要借助学生的想象力。可以说想象力是阅读心理中最重要的因素之一,一是因为语言描述的显像结构本身没有直接可感性,必须借助想象来完成;二是因为作者写作时是通过想象刻画出比较鲜活的人物形象,因此读者阅读时也必须借助想象的中介作用才能准确地、全面地把握作品所传达的复杂感情,探究到作者的旨趣所在。

正是未定性和意义空白,给读者提供了能动反思与想象的宽广余地。在保证一定理解信息的前提下,作品中包含的未定性与空白越多,给读者的天地越广阔,越能激发读者深入探究作品的意义。因此伊瑟尔认为评价一部作品不应当看它说了什么,而要看它没说什么。正是在一部作品意味深长的沉默中,隐藏着作品效果的效能;而如果一部作品的未定性与空白太少,或干脆没有就不能称为好的艺术作品,甚至不能称为艺术作品。

(四)开发课程资源,创造探究条件

探究性阅读教学的顺利实施,除了要求教师、学生具有相应的态度、兴趣、能力之外,还需要获得一定的探究条件,那么开发和利用课程资源就很有必要了。

按语文课程标准确定的语文课程资源,应"包括课堂教学资源和课外学习资源,例如,教科书、教学挂图、工具书、其他图书、报刊、电影、电视、广播、网络、报告会、演讲会、辩论会、研讨会、戏剧表演、图书馆、博物馆、纪念馆、展览馆、布告栏、报廊、各种标牌广告等"。这里着重谈谈开发利用以下四个方面的课程资源,为自主探究创造条件。

第一,教科书、工具书等课程内容资源的开发利用。教科书、工具书及其他图书、报刊等课程资源,就利用的经常性和便捷性来讲,在课程资源的开发利用中,应该占据主要地位。要打破教科书一统天下的神话,教师应创造性地选择和利用各类教材资源,应根据本校学生的实际需要,对教科书做出适当的"裁剪",从学生的兴趣、爱好和个性等角度去发掘、拓展语文课程的内涵和外延。应编写或选择贴近学生生活,适合学生心智水平的文本,要能体现时代发展的多样化需求,充分发挥工具书和其他图书报刊等课程资源的优势,改善和优化教学流程,让教材和各种课程资源融为一体。

第二,图书馆、博物馆等课外学习资源的开发利用。图书馆、博物馆、阅报栏等,是一座具有巨大开发潜力的课程资源库,应给予充分的关注,发挥潜在的资源价值。教师应有目的、有计划地组织学生到校外图书馆借阅图书,查阅资料,参观博物馆、纪念馆、名胜古迹,了解古今中外的人类文化遗产,开阔视野、丰富知识内涵,提高人文素养。学校图书馆应根据新课程的要求,适时调整图书结构,满足不同层次的学生需要,为学生提供良好的服务。

(五)开设探究性教学讲座

在很多学生眼里,探究是理科常用的手段,对语文学科究竟探究什么内容,如何开展探究活动,有哪些方法可以利用,应遵循怎样的原则和要求,他们则感到迷茫和困惑。教学初始,其行为非常盲目。因此,以班为单位或面向全校师生,开设探究讲座或报告就显得极为必要。讲座主要涉及以下内容。

第一,心理辅导讲座。针对探究性阅读教学的实际展开情况,采取定期或不定期相结合的方式,由教师或专家开设讲座,使学生了解一些相关的心理学知识,如多元智能理论、创造力的培养、认知结构的特点、如何高效记忆、如何调控自己的阅读情绪、如何更好地表达和交流等,使学生了解探究的特点和价值,引导学生对自己的阅读能力进行正确归因,认识到自身潜能,从而破除对"探究"的畏难心理,增强教学参与的积极性和自信心,为探究性阅读教学的顺利进行扫清心理障碍。

第二，拓展阅读图式的讲座。学生的探究性阅读行为能否顺利、高效展开，很大程度上取决于他自身阅读心理图式的丰富程度及其在何种程度上能被激活，因此教学不仅应关注学生的阅读积累，拓展阅读视界，还要引导学生将阅读所得加以优化，以保证在探究阅读过程中各知识点被有效激活。这就要求结合教学实际，由教师或专家开设讲座，联系作家作品向学生就中国古代文学、现代文学、外国文学等的发展线索做以简介，以使学生能从宏观上把握整个文学发展脉络，有利于他们以更阔大的视角审视教材文本。

研讨探究方法的讲座。包括对学生进行阅读方法与技巧的指导和训练，向学生介绍文献检索信息、积累和搜集资料以及撰写论文的方法。

第一，指导学生掌握基本的阅读方法。如朗读、精读、默读、泛读、速读、比较读等，能根据阅读目的采取相应的阅读策略，重点是教给学生科学的思维方法，包括基本的思维原则，如重视基础，注重应用；思维发散，类比联想；知识迁移，触类旁通；形象直觉，逻辑辩证等以培养学生思维的广阔性、深刻性、独创性、灵活性等良好的思维品质。主要的思维方法有联想和想象、求同思维和求异思维、形象思维和抽象思维、收敛思维和发散思维、综合思维和辩证思维等，尤其是让学生掌握在语文学习中综合运用形象思维和逻辑思维，以培养学生的问题意识、创造能力。

第二，指导学生掌握文献检索信息、积累和搜集资料的方法。指导学生认识图书馆的基本属性及其作用，学会选择那些与自己水平相当、学习风格相宜、个人需要相适应的文字资料；介绍文献及文献检索的基本知识，以提高学生查阅期刊资料的能力；介绍数据库、因特网的知识及其功能和特点，使学生掌握检索数据库以及在因特网上查阅信息的方法；介绍常用工具书的内容、作用、价值及使用方法，逐步加强学生对各种字典、词典及其他学科工具书的了解、认识和使用，使他们养成查阅工具书的良好习惯，并向学生介绍常用的阅读资料积累方法，如标记法、批注法、笔记法、卡片法、日记法等，使其做到既能围绕目的快速摄取信息，又能高效积累资料。

第三节 探究性阅读教学的实施效果及反思

一、探究性阅读教学实施的效果

(一)探究性教学充分体现了培养学生语文素质的教育理念

语文课程标准指出"语文课程应致力于学生语文素养的形成与发展。语文素养是学生学好其他课程的基础,也是学生全面发展和终身发展的基础","工具性与人文性的统一,是语文课程的基本特点","应该重视语文的熏陶感染作用",应该让学生更多地直接接触语文阅读材料,在大量的语文实践中掌握运用语文的规律。

那么,我们的探究性教学是如何培养学生语文素养的呢?为了使学生对探究性能持续地保持兴趣,在实验班级开展"精读一本书"的活动。具体做法是:在学期初,每个学生根据自己的喜好,明确各自探究性阅读的对象——可以是一本名著,也可以是某一位自己喜欢的作家的作品,还可以是如《古希腊神话传说》《伊索寓言》等类别的作品。在半个学期的时间里,同学们除了要认真阅读原著外,还要收集、整理与原著相关的资料,并根据相关资料,按照不同栏目完成读书笔记。具体栏目如下:作家介绍;作品背景;作品内容;名家点评;精彩语段摘评;我之所见;总结报告。学生还可以根据情况增设栏目,学生每两周完成一个栏目的内容。这样的阅读活动不仅教会学生精读的方法,提高了阅读行为的层次,还在阅读原著的基础上继续扩大阅读范围,使学生的阅读行为向广度和深度两个方向发展。这样的阅读成果是以读书笔记的形式表现出来的,毋庸置疑,学生的写作能力得到了培养。与读书剪报活动一样,学生搜集、整理、归纳信息的能力,对文章的感受、理解、欣赏、评价的能力,交流活动所需要的口头表达能力,持之以恒的学习精神都得到了培养。可以说做到了语文课标提倡的"自主选择阅读的材料""多角度、有创新的阅读",扎扎实实地培养了学生的语文综合素养。

（二）激发了学生们的创作欲望，能够生动、清晰地表达自己的观点

语文课程标准提出："阅读是搜集处理信息、认识世界、发展思维、获得审美体验的重要途径。阅读教学是学生、教师、文本之间对话的过程。"而"写作是运用语言文字进行表达和交流的重要方式，是认识世界、认识自我、进行创造性表述的过程"，"写作能力是语文素养的综合体现"。"问渠哪得清如许，为有源头活水来"，阅读行为本身可以大大丰富我们对整个世界的认识感知，可以说阅读就是写作"源头"的一种形式。阅读，不能仅仅停留感知、理解和一般意义上的口头交流，更应当利用好"源头"所提供的丰富材料，融合自己的情感体验和真知灼见，最终形成自己独到的见解和表述。甚至由此及彼，激发自我的写作激情，开展文学创作。

（三）学生的创新能力和批判思维能力明显提高

探究性教学充分发挥了学生的自主性，构建了开放式的创新课堂教学模式，提高了教学效益。例如，某同学在课外阅读了莫泊桑《项链》一文后，写了一篇题为《勇敢的玛蒂尔德》的读后感，观点非常新颖。她认为："玛蒂尔德为了还债，表现出了一种勇敢精神，她敢于面对现实，遇到空间的灾难后，不是吓得发抖，而是勇于承担责任，以极大的热情投身到偿还债务的劳作当中，终于还清了债务，随着债务的还清，她也体验到了人应该生活在现实当中，以前的幻想是多么的幼稚……"如在本学期学习了《米洛斯的维纳斯》一文后，给学生出一个题目，要求同学们展开想象，给断臂的维纳斯补上双臂，既可联想到古希腊神话的情节，也可联想到现在，甚至可以联想到未来。

（四）提高了学生与人交往和团队合作的能力

通过教学实验，小组活动的学习形式已经在班级中蔚然成风，无论是课内还是课外，同学们合作得非常好，同学们与人交往和团队合作的能力得到了大大提高。例如，在班级中开设一堂"可爱的中华"综合活动实践课，这个活动有四个环节，即"业余导游夸祖国""动听的歌声唱祖国"

"动人的诗篇颂祖国""灵巧的双手绘祖国"。随即将同学分为四个组,小组长由同学自己选。放学后,有些同学没有回家,有一个组在教室里练歌(小组合唱),同学们的积极性都很高。两周后,进行表演,同学们将活动搞得有声有色,效果良好。[①]

二、探究性教学实践的反思

在探究性教学的实施过程中必须要处理好以下几种关系。

(一)教师与学生的关系

联合国教科文组织编写的《学会生存——教育世界的今天和明天》一书中对教师的角色做了精辟的论述:"教师的职责现在已经越来越少地传递知识,而是越来越多地激励思考;除了他的正式职能以外,他将成为一名顾问,一位交换意见的参与者,一位帮助发现矛盾论点而不是拿出现成真理的人。"

师生在人格上应该是平等的关系。新的课程模式要求我们的教师放下"师道尊严"的架子,从居高临下的权威走向平等中的首席,师生之间更多的是一种互助合作的朋友式的关系。具体来讲,学生作为平等人格的个体,是自己学习的积极主动的建构者、参与者,教师是学生知识建构和探究学习的设计者、组织者、促进者。

教师要尊重学生的人格、平等地对待学生、热爱学生,特别是要关心、爱护帮助"学困生"。教师要尊重学生的选择,不横加干涉,教师要发展学生的个性,保护学生的创造性,决不能挫伤学生的积极性。要宽容对待学生的见解,精心保留学生的自尊心和自我发展意识;同时又要看到学生是处在半成熟、发展中的个体,需要对他们加以引导。

在教学的具体过程中要处理好"双主体"之间的关系。教学过程中不仅要体现学生学习主体地位,更要体现教师在教学中的主导性主体地位。从"笼中喂鸟"到"打开鸟笼"无疑是一次解放,探究学习打开了学科栅栏、教室之门。但是,如果没有教师参与下的科学设计和严格指导,其效果是可以预见的:"新鲜劲"一过,又纷纷回到"鸟笼"之中。我们既反

[①] 莫先武.小学经典课文阅读教学设计[M].苏州:苏州大学出版社,2016:19-24.

对过去"三中心"下以全面落实知识和技能为目标去实施教学，也反对教师一味追求表面形式，或实际安排好的所谓的"讨论式""研究式""探究式""网络学习式"的教学方式。平时我们听课经常看到学生似是"非常投入、非常有组织、非常热烈"，或者教师一味退缩到旁观者的地位，完全放弃教学中教师应有的主导性主体地位，盲目地跟着学生走。其实，无论过度地凸显教师的主导地位，还是完全放弃教师的教学应有的主体性，都无法实现教学的最好效果。任何教学活动必须体现"两个主体"，并且教师要非常贴切地处理好"两个主体"的位置，教师的主体性要体现在"导"学生学习知识和能力发展训练上，要"导"学生的学习态度、组织纪律、注意力、兴趣、意志、情绪情感、智力活动、创新思维、实践能力等提高上。学生的主体性则在教师的引领下，通过讨论质疑、体验和表达、实践和操作、合作与交流的学习活动中。只有充分发挥教师主导和学生自主这"两个主体"的积极性，才能实现学生最大的发展。

（二）教材与教学内容的关系

古人云："师者，所以传道受业解惑也。"不少教师把教完一本书作为自己教学的全部任务，所教所讲均是固定的知识，少有自己的独到见解，几年甚至几十年总在重复那些老的内容，精神全被束缚，没有任何创造。这不仅仅限制了教材功能的发挥，也将语文课教学引入了一条死胡同。探究性教学要求教师变"教教材"为"用教材"，由"分析教材"到"研究教材"，通过自己独立的思考探索，把教材知识激活，然后根据学生身心发展特点和自身的认知风格，对教材进行重新整合。在教学的过程中应该自始至终贯穿学法的指导，从而达到"授之以渔"的学习目的。作为学生学习活动有力的促进者和合作者，教师应该明白在探究性教学中，自己面对的不仅仅是依靠本门学科知识就能解决的问题，知识的整合性要求教师应该具备多学科的丰富而渊博的知识，教师不再是"一桶水"，而是"一条流动的河"。探究活动涉及广泛的内容和方法，教师必须对科学知识的本质有清楚的了解，对探究的方法有明了的系统把握。作为信息源的提供者，教师应该学会"IT"技术，利用网络资源，发挥信息技术的优势。学生的探究活动需要丰富的信息，如何向学生提供这些信息并保障信息渠道的畅通，是教师义不容辞的责任和义务。

（三）探究性教学与其他教学模式之间的关系

"教无定法"，教学方法没有固定的模式，因为教学的对象千变万化，课堂教学是由一系列环节构成的，教学环节与环节之间的联系应该在不同的课型中有不同的体现，表现为不同的样式，因此，教师应根据不同的教学内容采用不同的教学模式，既不能用"唯一"代替"多样"，也不能用"刻板"代替"灵活"。教学是一门艺术，教师只有通过创造性的工作，不断地组合各种有效的教学方法，才能使学生在课堂教学中获得最大的发展。实践证明，在阅读教学中开展探究性教学，可以引导学生参与到课堂教学中来，培养了学生的创新思维和实践能力，充分体现了"学生为主体、教师为主导"的教学原则，获得了良好的教学效果。但是主张阅读教学进行探究性教学，并不等于完全排斥和完全否定传授式教学方式，也不意味着只用探究性一种模式。因为传授式教学在教学中仍具有它的价值，而且，我们进行探究式教学也要从教学实际和学生的实际出发，在不适合探究性教学时，仍可进行传授式教学，并将探究性教学配合在其中，还可以兼用其他模式。这样，教学的效果才会更好。

第六章 中学语文复沓法阅读教学

第一节 复沓法的概念、特点与教学价值

由于对"复沓法"的系统研究比较少,所以许多人对这一教学方法的认知比较模糊,对其特点与教学价值的认识也不够全面。大多数人对"复沓法"的理解只是停留在"'复沓法'就对教学内容不断进行重复"的层面上,其实这种理解是非常片面的。只有系统深入地了解了"复沓法",才能更好将之运用于课堂教学,从而发挥出它应有的教学价值。基于此,将对"复沓法"进行明确的概念界定,总结其特点并阐释其教学价值,以使读者对"复沓法"有一个更全面清晰的理解与认识。

一、"复沓法"的相关概念

"复沓法"是受"复沓"这一艺术手法的启发而构想出来的,两者之间有密切联系的同时又有较大区别。因此,在明确"复沓法"的概念之前,首先对"复沓"进行概念界定。

(一)"复沓"的概念界定

"复沓",语出《庄子·田子方》:"列御寇为伯昏无人射,引之盈贯,措杯水其肘上,发之,适矢复沓,方矢复寓。"矢,去也,表示箭的射出,箭适去,复猷沓也。"复"与"沓"在这里分别是两个语素,二者都有"重复"之意,将之组合在一起,有"箭行矢之故道"的意思。我们今天所言的"复沓"就是这一含义的引申。

关于"复沓"的含义,《汉语大词典》解释为:"复沓,重复。"这其实不够准确。"复沓"与简单机械地重复是有区别的。大多学者对"复沓"的定义都比较相似,郭京春在《〈国风〉复沓初探》一文中认为:"复沓,也称回

环复沓、叠章、章节的复叠等。它指的是在一首诗里,各章之间字句基本相同,只对应的变化少数字句,形成一种在反复中略有变化的咏唱结构。"张敏在博士论文《〈诗经〉的认知诗学与心理分析研究》中认为:"所谓重章叠唱,就是'全篇各章的结构和语言几乎完全相同,中间只换几个字,有时甚至只换一两个字,反复咏唱。'"这些大多是依托《诗经》所进行的界定,将"复沓"手法局限在了诗歌当中。但事实上,"复沓"在散文、戏曲、现代通俗歌曲等艺术形式中都有应用。虽然在《诗经》中应用较早且被大量使用,但不能因为这一原因就对"复沓"的使用范围进行严格限定。相较于上述概念界定,吴萍、底同文在《复沓的文学意义及美学效果》一文中,对"复沓"的认知视角更为开阔:复沓,即生活中的重复孕育出的文学创作技巧。

复沓是宏观的大领域集合概念,而非狭义的不间隔修辞。复沓原是生命的本质规定,是生命的需求,人的生命具有别无选择的复沓性。这一界定为"复沓"赋予了更为宏阔深刻的含义。

结合上述定义,笔者将"复沓"的概念分为广义与狭义两类。狭义的"复沓"又叫重章叠唱,是在诗歌、散文、歌谣等艺术形式中常用的一种表现手法,将相似的句式结构变换少量词语后进行重复,可以达到便于记忆与吟诵、渲染气氛、强化情感、推进内容等作用。而广义的"复沓"则是指我们所生活的这个世界中所有的回环往复。它包括年、月、日的周而复始,包括某一舞蹈动作的重复,也包括文学创作中某一情节的反复出现生活处处是"复沓","复沓"是生命的本质。而"复沓法"这一语文阅读教学方法其实就是由广义复沓延展而来,属于广义复沓的外延。然而,为了进一步明确"复沓法"这一阅读教学方法与"复沓"艺术手法之间的隐秘联系,后面所指的"复沓"都取其狭义概念,并以诗歌中的"复沓"为例。

"复沓"既强调重复,也强调变化。重复的是其外在结构形式,通过重复来达到整齐、和谐、便于记忆与吟诵等效果;而变化的看似是某一字、词、句,实际上整首诗的内容和主旨都随之被改变和推动。变动之处通常就是诗歌的灵魂所在。

(二)"复沓法"的概念界定

"复沓法",首先要明确作为一种语文阅读教学方法,是受"复沓"这一艺术手法的启发而构想出来的。它是指教师通过对文本构成的某一单位(字、词、句、段、篇)提炼出的某一主旨或问题的非机械式重复,来组织、串联、推进教学内容的教学方法。其中,被重复的部分称为复沓基元。需要明确的是,"复沓法"并不是机械的内容重复,而是一种精心的教学设计,它将最能激发学生情感与思维的教学内容进行艺术化的处理,使之浓缩为一个复沓基元。然后在课堂时机最恰当、最关键的地方进行嵌入,通过对教学进程的推进或延缓,来达到加深学生感受、增强体验,培养思维与审美等的效果。

文章与课堂之间是存在隐秘联系的,写文章讲究修辞手法的使用,以增强其表现力;而课堂同样需要艺术的教学方法,以提高课堂的教学效率。"复沓"作为一种修辞手法,具有便于记忆与吟诵、渲染气氛、强化情感、推进内容的作用。将之加以转化,变成一种教学方法进行恰当运用,对于提高学生的阅读能力和思维水平也会有很大的帮助。随着对文本的进一步阅读,学生会产生新的阅读体验,而这新的体验又会作用于他们之前读过的内容,促使其产生新的思考。这就决定了语文阅读教学需要重复,但不是机械地重复。教师要带领学生在对文本的回环复沓,涵泳品味中,深入理解文本,加深阅读体验。[①]

二、"复沓法"的特点

想要更深入地了解"复沓法",除了要掌握其概念内涵外,还要明确认识到"复沓法"不同于其他语文阅读教学方法的独特性。"复沓法"的特点主要表现为重复性、递进性、聚焦性与深广性。

(一)重复性

重复性是比较好理解的,"复"与"沓"都有重复之意,这是"复沓法"最基本的也是最突出的特点。通过重复,学生的认知图式可以在短时间

[①] 宋一帆.上海高中语文H版教材的阅读能力系统构成研究[D].上海:上海师范大学,2020:33.

内经历多次同化或顺应活动,从而使其认知图式得到更新与发展;通过重复还可以延长学生的体验时间,使他们留住对某一内容更为深刻全面的感知。教学需要非机械式重复,教师正是通过使复沓基元在不同时间、不同教学流程中以不同方式重复出现,来达到自己所期望的教学效果。

(二)递进性

"复沓法"的重复并不是原地踏步,而是在重复之中有递进。就像《诗经》中运用了复沓的篇章,它们各重章之间的内容主旨并不是完全并列的,而是在重复相同内容的同时还通过变化少数词语来推动情感或事件的发展。如《诗经·蒹葭》一文,通过白露"为霜""未晞""未已"的变化来暗示时间的推进;《诗经·芣苢》中,则通过"采""有""掇""捋""袺"等动词来体现动作的变化。"复沓法"在教学中的运用也应当是这样,教师所设计的不应当是无意义的机械重复,而是通过细微的变化或是关键词语的变化,或是问题情境的变化来推动课堂进程,促进教学内容的动态生成。教师在运用"复沓法"设计教学时如若能自觉关注到其递进性的一面,就能设计出更富有层次性的课,从而推动学生积极认知与思考。

(三)聚焦性

"复沓法"的聚焦性主要体现在两个方面。第一,所复沓的内容,即复沓基元的选择需要有针对性和聚焦性。复沓基元并不是漫无目的地随机选择的,它需要教师根据具体的教学目标、教学内容与教学情境精心提炼,然后围绕此进行有效的教学设计。第二,"复沓法"的使用时机需要明确。在语文课上使用"复沓法",并不是说一整节课都在复沓。没有目的地使用"复沓法"容易造成课堂教学的散漫拖沓。"复沓法"的使用需要聚焦于某一问题的解决或某一教学效果的实现,只有在课堂最恰当的地方引入"复沓法",才能使它发挥出最大的价值。

(四)深广性

"复沓法"并非单纯的教学形式上的创新,对课堂的推进作用也并不只是沿着一条直线或一个单薄的平面来进行的。在阅读教学中,每一次的复沓都能够赋予文本新的含义,都能使学生对文本产生更深层次的理解,其最终目的指向增强学生的情感体验,培养学生的深度思维能力。借助复沓既可以使学生达到浸入式的情感体验,也可以掀起他们思维的狂风巨浪,又或者是使学生的理解更为全面多样。"复沓法"的运用还可以充分体现教师为主导,学生为主体的教育教学方式。于教师而言,为何复沓、何处复沓、如何复沓以及复沓基元的选择、文本切入的角度、阅读经验的总结等问题都需要教师在设计教学时进行深入思考,以便更好地引导学生。于学生而言,教师精心的教学设计可以充分调动起他们学习的主动性,可以将他们的思考引向深入,从而达到深度学习的目的。

"复沓法"不是简单的次数叠加,它既有纵向的深入挖掘,又有空间的立体发散,其最终目的是导向积极深度的学习与体验,因此具有明显的深广性。

三、"复沓法"的教学价值

"复沓法"首先表现为一种教学形式上的创新,这种新颖的教学方法之所以会产生很好的教学效果,与它自身所特有的教学价值息息相关。"复沓法"的教学价值主要表现在感知辐辏、认知催化与审美呼唤三个方面。

(一)感知辐辏

为什么要复沓?受阅读经验与阅读能力的限制,学生在进行自主阅读时通常会游离于对文本某一方面的感知,缺乏对文本更全面深刻的理解。而每一遍复沓所照见和关注到的都是问题的某一个侧面,通过复沓将这些侧面逐渐汇聚辐辏在一起,就可以得到更全方位的、身临其境般的感受与认知。就像是不同的光线交相汇聚在一起形成了更明亮的光束,照亮了学生的感受体验,激发了学生的思维活力。

如潘庆玉教授执教的《背影》一课,为了让学生深刻感知朱自清的父亲究竟是一个怎样的人,潘教授设计了三个问题。"在你眼里,这是一位怎样的父亲?"在提出这一问题后,学生通过对文本的细读与分析,探讨得出这是一个乐观、忙碌、疼爱儿子的父亲。但是,体验并没有到此为止。潘教授在总结完学生们眼中的父亲后,又抛出了第二个问题:"在当时朱自清的眼里,这是一位怎样的父亲?"这时候学生会忽然发现自己之前的认知受到了挑战,自己看到的朱自清的父亲,与当时朱自清眼里的父亲竟然是截然不同的,这就倒逼学生重新回归文本,站在当时朱自清的视角去看朱父,学生的认知层次变得丰富起来。接着潘教授再抛出第三个问题:"在写文章时的朱自清的眼里,这是一位怎样的父亲?"要回答这一问题,学生不得不再次返回文本,以写文章时的朱自清的眼光去观照朱父,从中读出的不再仅仅是朱父的形象,还读出了朱自清懊悔和愧疚的心情。这复沓式的三个问题,以"这是一个怎样的父亲"为复沓基元,引导学生一遍又一遍地回溯文本。每一个问题都是从某一特定的角度去观照文中父亲的形象,每个问题的答案所折射出的都是朱父形象的一个侧面,这诸多侧面汇聚辐辏在一起,使得朱自清父亲的形象变得更加立体和丰满。学生对其理解也不再仅仅是停留在几个单薄的形容词上,而是更加具体,更富有层次性。

(二)认知催化

"复沓法"是催化学生认知与思维的一个重要且有效的方法。潘庆玉教授认为:"思维过程的催化剂可以是推进式的,也可以是延缓式的。推进式的催化主要运用在学生解决带有逻辑性、思辨性、理论性的问题中;延缓式思维催化主要运用在解决感受性、审美性、体验性问题的过程中。""复沓法"同样可以分为同质复沓与异质复沓。同质复沓指的是能够引起学生认知同化的复沓,即复沓的目的是引起学生情感、体验与认知的不断深入,使学生原有的认知图式得以不断扩展、丰富。同质复沓相当于延缓认知的催化剂,它所注重的不是让学生快速得出结论,而是学生感受的过程,要让学生的体验在回环往复的延宕中走向深入。异质复沓指的是能够引起学生思维发生顺应活动的复沓,一般是通过对同一问题提出不同的甚至是颠覆性的见解,来激发学生的思维潜力,推动学生进行更加辩证的思考。异质复沓可以起到推进认知的作用,对于提升学生的思维水平、推动学生的思维发展有极大的帮助。

1. 延缓式认知催化

延缓式认知催化是指借助某一教学方法来将课堂的步调放慢,不急于让学生直接用词语来表达自己的理解,而是对当下的教学环节进行复沓与延宕,以增强学生的切身体验与感受。

2. 推进式认知催化

除了延缓式认知催化,异质复沓还能起到推动认知发展的作用。当学生的思维局限于某一层面或某一侧面时,教师可以运用"复沓法"再次重复之前提过的问题,引导学生在原有认知的基础上从不同层面、不同角度进行切入,进而产生更深更广的思考。这有助于学生批判性思维的发展,对于激发学生的思维潜能具有不可估量的作用。《普通高中语文课程标准(2017年版)》提出了语文学科的四项核心素养,其中之一就是"思维发展与提升"。核心素养指出,要"通过语言运用,获得直觉思维、形象思维、逻辑思维、辩证思维和创造思维的发展以及深刻性、敏捷性、灵活性、批判性和独创性等思维品质的提升"。

"复沓法"的运用可以在一定程度上激荡学生的思维,加速学生对某一问题的认识,使学生不仅能在一节课中体验到思维的风暴,还可以在语文课程的学习中获得高阶思维的发展并形成良好的、独特的思维习惯。

在语文课堂上,教师一般通过精心巧妙的问题设计来推动学生的认知。"复沓法"常用的问题设计就是一种行之有效的问题设计方式,即将同一问题反复提出,围绕这一问题进行多角度、多侧面的探讨,使学生的思维能够在否定之否定中得到激活,同时也可以使他们在日后的学习中能够主动获取并运用这种思维方式。

教师的复沓式提问相当于为学生的思考提供了推动力。同样的问题反复出现,比提问一个个单独的、关联性不大的问题更容易激发学生对问题追问与探索的欲望,从而也就更能促使学生去主动思考、主动探索,加快其认知与思维发展的速度。在教师长期潜移默化的影响下,学生也会逐渐养成深度思考的思维习惯。

(三)审美呼唤

教学也是一门艺术,一节课就像一件艺术作品。艺术作品自有其审美价值属性,讲究浑然一体、多样统一的和谐规律。"复沓法"在形式上展现出一种和谐统一的美,在课堂上能够对学生发出审美的呼唤。

"复沓法"本是一种语文阅读教学方法,服务于教师的教与学生的学,但作为一个独特的本体来讲,它本身又具有独特的形式美。在日常阅读教学中使用"复沓法",由于其形式上整齐、和谐、统一、富有节奏感等特点,所以更容易引起学生的审美注意,使学生的感知器官能够从复沓的特殊形式中获得新奇有力的新鲜刺激,从而使他们的感知反应更为细致、敏感。这种生理上的审美感知是心理上进行审美体验的基础,细腻独特的审美感知更容易将学生导向积极深入的审美体验。"复沓法"整齐划一的结构中内蕴着变化,重复之中又有推进,层层叠叠,一咏三叹。这对学生来说是一种审美呼唤,呼唤学生感受其形式美,进而由对形式美的欣赏走入对其内在价值属性的深入感知。

"复沓法"特有的语言结构与内容排列方式体现了其形式上的规律性,它所引发的审美活动既是合规律性与合目的性的统一,同时又是功利性与超功利性的统一。一方面,我们运用这种重复之中有变化、和谐整齐、回环复沓的语言组织规律可以更好地实现某一教学目标或达到某种教学效果,如强化记忆、渲染情感、推进思维等,这是"复沓法"合规律性与合目的性相统一的一面;另一方面,"复沓法"的使用本身是为了提高教学效率,优化教学效果,但在真实运用的过程中,这种方法本身也成为一种审美对象,能够使学生沉浸其中并感受到它的审美呼唤。这时,"复沓法"运用过程中超功利性的一面就显现出来。这体现了"复沓法"功利性与超功利性相统一的一面。

无论是集中使用"复沓法"来进行高浓度的情感渲染与爆发,还是借助"复沓法"来串联整个课堂、推动课堂进程,"复沓法"的使用无疑体现了一种内在秩序感。重复中的细小变化使得课堂教学得以层层递进而不至混乱,使课堂呈现出一种层次美、稳定美和秩序美。虽然没有刻意让学生去感受其中蕴含的审美价值,但它却作为一种课堂的审美背景始终存在,对学生形成潜移默化的审美熏陶,使学生能够聆听到其审美呼唤,从而引导他们去主动感受美、探寻美。

除了"复沓法"本身所蕴含的审美属性外,利用"复沓法"组织的课堂也具有审美价值。"复沓法"的运用可以使课堂教学更为完整、流畅、高效,这样,学生与教师之间也就更容易达成双向的审美互动。教师的教学风采与教学内容对学生发出审美呼唤的同时,学生的收获、体验与成长以及流畅高效的教学过程也在呼唤着教师的审美注意。双向审美活动的发生更有助于提高课堂效率,也有助于促进学生的深度学习。

第二节 复沓法的理论基础及教学要求

"复沓法"的提出并非不切实际的空想,而是有着坚实的理论基础。强化理论、皮亚杰的认知结构理论、解释学理论与随机进入教学模式等都为"复沓法"的应用提供了理论上的支持。笔者将从阐释"复沓法"的理论基础入手,并由此总结"复沓法"的教学要求。

一、理论基础

(一)强化理论

美国心理学家B.F斯金纳提出的强化理论认为:"强化是指跟随于某一行为之后且能够使该行为出现频率增加的事件,根据强化物性质的不同可以分为积极强化与消极强化。"如果有机体作用于环境的某一行为得到了认可、肯定或奖励,那这一行为出现的频率将会增加,这种强化被称为积极强化;消极强化指的是从环境中撤走某一消极强化物,如否定、惩罚等,同样也能够增加某一行为出现的次数。无论是积极强化还是消极强化,其最终结果都指向增加某一行为出现的频率,本质区别在于强化物性质的不同。如果对学生出现的良好行为予以及时的、重复性的强化,那学生这一行为将会得到有效保持。斯金纳的强化理论过于注重对外显行为的研究,班杜拉则在斯金纳强化理论的基础上加入了对人的自我意识的强调。班杜拉认为："除非人们意识到事件之间的相关，否则个体就不从重复的配对经验中学到任何东西。"但无论是否强调自我意识的参与，强化理论都强调刺激与反应之间的联结，即班杜拉所说的"配对经验"。

复沓可以强化刺激与反应之间的联结。就像电视剧中的插曲会在某些特定情感或特殊场景出现的时候循环播放，这种复沓可以促使观众建立起歌曲与情感(情节)之间的联结。即使电视剧不再播放，每当相同音乐响起的时候，观众都能再次回忆起其中的相关情节，体会到相应的情感。从语文课堂的角度来看，文本阅读的过程就是学生在文本内容与自身认知、情感、思维等体验之间建立联系的过程。"复沓法"凭借其重复性的特点，可以促使学生循环进入并体验文本，这种重复可以加固学生在文本与自身体验之间建立的联结。当文本或复沓基元再次出现的时候，学生阅读文本时的体验与思考也会随之而来。与只从单一角度进行一次阅读相比，"复沓法"教学下的阅读会使学生在文本与体验之间建立的联结更加紧密，因而所获得的认知、情感与思维等体验也会更加深刻。

(二)皮亚杰的认知结构理论

皮亚杰说："认识既不是起因于一个有自我意识的主体，也不是起因于业已形成的(从主体的角度来看)，会把自己烙印于主体之上的客体，认识起因于主客体之间的相互作用。这种作用发生在主体和客体的中途。"他认为人的认知结构发展的过程，其实就是认知主体与客体之间通过动作(活动)相互作用的过程，在相互作用的过程中完成主体与客体的双重建构。其认知结构理论主要包括图式、同化、顺应与平衡四个关键概念。图式是一种认知结构，即人们根据自己以往的经验在头脑中所构建的一系列知识系统，它们或简单或复杂。皮亚杰认为，儿童的第一个图式是依赖于遗传而获得的反射活动，在此基础上，他们通过与客观世界的相互作用，不断扩展已有图式并构建出新的图式。这就是儿童认知结构发展变化的过程。

图式的发展变化主要依靠同化与顺应这两项基本活动来实现。学生将所学的新知识纳入自己已有认知图式的过程叫作同化，属于主体对客体的改造,这是知识"量"的积累;而当所接收的新知识与学生已有认知发生冲突,已有认知已经无法满足和解释这些新知识的时候,他们就会对自己原有的认知图式进行改变或加工,或者创造出新的图式,这是客体对主体的改造。这一过程强调的是知识"质"的改变。经过同化与顺应这一过程的循环可以达到平衡,而新知识的出现又会打破这一平衡,因此学生的认知结构发展始终是处于一个动态的平衡当中。无论是同化还是顺应,都能够使学生的认知结构有所发展。

皮亚杰的认知结构理论为"复沓法"的研究提供了理论依据,对于"复沓法"教学有着非常深刻的启发意义。当教师带领学生进行第一遍学习的时候,学生可能理解得不够深刻,如果这时候教师匆匆而过,进行其他内容的学习,那学生对于这部分内容的图式建构可能过于简单,难以形成系统,因而也就难以长久地留驻在记忆中。相反,如果教师此时进行适当的复沓,可能会出现两种情况:一是所复沓的内容与第一遍所学内容是同质的,认知上具有相似性,那学生此时会进行知识的同化活动,来扩大和丰富其认知图式,这时学生的体验会更加深刻;二是复沓基元为某一问题时,这一问题的再次提出与学生之前对这一问题的思考形成认知上的反差,那学生此时会进行更全面辩证的思考,以改变自己原有的认知图式或创建新的图式,从而形成对该问题的更为独到的见解。与同化相比,顺应的发生更加困难,但也更有助于学生的提高与发展,这也是培养学生思辨性思维的有效途径。

(三)解释学理论

解释学这一理论发源于西方,在西方有着悠久的历史。它最早是作为对经典权威著作进行理解和解释的工具出现的,后来经过施莱尔马赫等人的努力,解释学演变成一门研究理解与解释的系统的科学理论。后来又经过海德格尔与伽达默尔等人的阐释,它又由方法论转向了本体论的角度,上升到了哲学层面。

无论是哪一时期何种形式的解释学,都存在一个比较重要的核心观点,那就是解释循环理论。单从语法解释的层面来看,解释循环理论是指:作品的整体与局部之间存在相辅相成、互为印证的关系,对文本整体的理解有赖于对文本部分与细节的把握,而对文本部分的理解又要依靠对其整体的感知。施莱尔马赫将解释学看作是一门避免错误解读文本的学问,而避免误解的方法之一就是依靠解释循环,即对一个文本的理解需要不断地从部分推进到整体,又要不断地从整体返回到部分当中。当然,这并不是无意义的重复,而是一个螺旋上升的过程,正是在对文本整体与部分的循环复沓中达成对其理解的纵深推进。尽管施莱尔马赫对于解释学的理解过于局限于对作者本意的执着探求,但他在解释循环理论方面的见解却具有一定的历史贡献和价值。

解释循环理论在海德格尔与伽达默尔这里得到了进一步的发展。他们认为解释者在阅读某一文本或观照某一事物之前,自身就存在特定的视域和前理解,而文本本身也拥有自己独特的视域,阅读的过程就是解释者与文本之间不断进行"视域融合"的过程。解释者带着一定的前理解进入文本,通过对文本的进一步阅读而不断更新自己的前理解。当读者再次进入文本时,新的前理解就会为更深度地理解文本提供基础和条件。在这样的循环往复中,解释者的前理解不断得到更新,对文本的理解也在这种回环之中得以深入。解释循环理论的观点暗含了"复沓法"的复沓规律与准则。

在某种程度上说,"复沓法"策略的制定所依据的就是解释循环理论所主张的文本局部与整体间的关系以及前理解与文本之间的关系。映射到"复沓法"的教学方式上看,教师可以提炼出文本中有价值的部分进行组织设计,使之与文本主旨内容产生呼应。然后在该部分与整体的循环出入中,使两者得以互相阐发、互为印证、逐层深入。最终,无论是对该部分的还是对文本整体的理解都可以达到更深的层次。又或者可以以某一篇文本作为复沓基元,在整体上重复进入。学生每一遍阅读之后都会产生新的观点感悟,这一观点感悟就构成了他们新的前理解,引导学生带着新的前理解反复从不同角度多次进入文本,这样学生会获得更多重的感知。但需要注意的是,尽管通过解释循环可以加深对文本的理解,但将这一理论运用在课堂阅读中时却不应当是无休止的。就像许多人也提出过解释循环的解决方法,如施莱尔马赫认为可以依靠直觉或顿悟等非理性的方式来达到完全的理解；狄尔泰提出依靠创造性的想象或移情来无限接近作者的原初体验；海德格尔认为要摒除流俗之见，面向事物本身进入循环，更何况课堂教学的具体情境不同于纯理论情境，"复沓法"作为以该理论为依据的实践上的尝试，更应当突破绝对理论的限制，结合具体的教学目标与教学情境进行合理的创造与运用，点到为止，不能拖泥带水。①

二、教学要求

在明确了"复沓法"理论依据的基础上，笔者总结出了"复沓法"教学所提出的几点基本要求，包括多角度、多层次循环进入文本，贯彻教师为主导、学生为主体的教学理念以及导向积极深度的课堂体验。教师在运用"复沓法"设计教学时需要牢记以下教学要求，才可保证在运用"复沓法"时不偏离其提出的初衷。

（一）多角度、多层次循环进入文本

"复沓法"旨在通过对复沓基元的重复来达到强化学生记忆，加深学生情感体验，促进学生思维发展的效果。这种重复不是简单机械地重复，而是变换了阅读视角与层次的螺旋前进式重复。因此，"复沓法"首先要求教师在文本解读的过程中坚持多角度、多层次进入文本的文本解读观念，不能一味照搬参考书与前人的解读，而是要在反复多次的阅读中形成自己对文本独特深刻的见解。

教师文本解读的全面性与深刻性是"复沓法"成功运用的基础与前提。教师形成对文本的独特见解后，要依照一定的逻辑与层次组织设计教学内容，合理地选择复沓基元并确定复沓方式，以使学生在教师的引导下也能够从不同角度与侧面观照文本，从而形成细腻丰富的情感体验并获得思维的发展。

除了教师要坚持此种文本解读观念外，"复沓法"还旨在培养学生良好的阅读习惯与思维方式。"复沓法"的运用会对学生的阅读与思维习惯产生潜移默化的影响，使学生在自主阅读文本时不再是一带而过，而是

---

①王昱华，徐洪岩.中学语文教学探索[M].成都：电子科技大学出版社，2015：61-63.

能够充分发散思维,自觉从不同角度与侧面对一句话、一个段落或是一篇文章反复涵泳品味,从而得到更为深刻的理解与体会。教师在进行教学时也要不断强化学生这种多角度、多层次循环进入文本的阅读观念,将这种隐性知识转化为显性知识,以此提高学生的阅读能力。

(二)贯彻教师主导、学生主体的教学理念

《国家中长期教育改革和发展规划纲要(2010—2020年)》明确提出:"要以学生为主体,以教师为主导,充分发挥学生的主动性。"然而,对此理念的错误理解却导致现在的语文课堂教学存在两种极端主义:一种是教师专制主义,这种教学观念与传统教学观念相似,主要表现为教师将自己对文本的理解强行传输给学生,将学生看作是装载知识的容器;另一种则是儿童中心主义,它过于强调学生的自主探究而忽视了教师引导的重要作用,最终会导致课堂教学的散漫无序与效率低下。这两种倾向其实都违背了"教师为主导,学生为主体"这一教学理念。

"复沓法"坚持"教师为主导,学生为主体"的教学理念。教师与学生在人格上是平等的,但在教学地位上却的确是不平等的,教师的引导与帮助是学生学习的先决条件。受知识水平与阅读视野等的影响,教师文本理解的深刻性与全面性一般要优于学生,这是实现教师主导的前提。在实际教学中,教师首先要将教材内容提炼转化为合适的教学内容,然后根据教学内容与具体学情选择高效的教学方法并合理安排教学步骤,最后在恰当的时机引出关键教学环节以引起学生的思考与探索。这一系列工作的顺利完成都需要教师深入的教学思考与精心的教学设计。"复沓法"无论是对教师的文本解读能力还是教学设计与组织能力都提出了很高的要求,它要求教师在设计教学时能够融入自己的思考并不断进行创新,以使得课堂更富有吸引力与引导性,从而使学生能够循着教师的教学设计不断产生新的体验与思考。在运用"复沓法"的课堂上,教师的设计与引导起着不容忽视的重要作用,在整个教学过程中,教师不但要在场,还要充分发挥自己的主导作用,做好学生学习的服务者与引导者。

教师在运用"复沓法"的过程中要充分发挥自己的主导作用,而"复沓法"运用的目的则是要充分激发学生的主体意识。坚持"以学生为主体"并不是让课堂变得热热闹闹，而是要引起学生内心的暗流涌动。"以学生为主体"也并不是让学生毫无头绪地自己摸索，而是需要教师通过教学设计来激发学生体验、思考与探索的欲望，并使学生在阅读的过程中逐渐培养其良好的阅读习惯与独特的思维方式。在运用"复沓法"的过程中，教师一定要避免让学生变成机械的"复读机"，而是要设计真正能促使学生深入体验、积极思考、主动探索的教学环节。

（三）导向积极深度的课堂体验

学生通过一节课想要有所收获，首先需要经历积极的、深度的课堂体验，只有全身心地投入、参与、积极地体验、思考并质疑，才会在原有的水平上取得更大的进步。现在语文教学存在的普遍问题是很多学生觉得语文课枯燥无味，所学习到的只是一些需要死记硬背的语文知识生成者是流于表面的文本分析，既没有深度的情感体验，也没深入的思维活动。"复沓法"主张帮助学生获得沉浸式的课堂体验，将学生带入到文本所编织的那个世界之中。因此，"复沓法"在运用的过程中绝不能流于形式而忽视内容，无论其形式如何多样，其运用的最终目的应当是将学生导向积极深度的课堂体验。比如一遍又一遍地引领学生进入文本情境，从而使他们能够身临其境般地再现文中的画面，或者是一次又一次使学生站在文中人物的角度来设身处地地体会其中深刻的情感，也可以是通过一问又一问来激发学生更深层次的思维活动。

总之，教师在运用"复沓法"设计教学时要始终秉持深度学习的理念，凭借自己对文本敏锐的洞察与感知能力，挖掘出具有教学价值的内容并对其进行深度加工。在对文本内容进行抉择与重构后，再借助巧妙的教学设计充分调动学生身、情、意、心的全面参与，使学生在对文本的深度体验与思考中，不断提升自己的阅读能力并获得个性的发展与成长。

第三节　复沓法的运用原则与教学策略

在之前的论述中，我们明确了"复沓法"在中学语文阅读教学中的价值及意义，分析了"复沓法"的类型。任何一种教学方法的运用都既有一定的自由度又有一定的限制性，只有进行恰当合理的运用才能使"复沓法"发挥出其最大的教学价值。

一、运用原则

"复沓法"的运用不应当是随意的。作为一种教学方法而言，"复沓法"的运用应当遵循适度原则与恰切原则，就其本身的特性而言，"复沓法"的运用则应当遵循蓄势待发原则。

（一）适度原则

"节制是一种美德"，这句话用在语文教学中再合适不过。任何教学方法只能是一种方法，只有与特定教学内容相结合并进行适度运用才会发挥出其最大的效力。如果把这种教学方法变成一成不变的模板和套路，不顾文本类型、不顾教学目标、不顾学情地随意滥用，那这种方法反倒会成为语文阅读教学的绊脚石。因此，"复沓法"的使用要坚持适度原则。

"复沓法"的适用范围要适度。并不是所有的文本都适合运用"复沓法"进行教学，"复沓法"对于渲染情感、激发思维有着独到的作用，而一些逻辑性、实用性较强的说明文与新闻等文本，像《看云识天气》《人民解放军百万大军横渡长江》等文章就并不适合运用"复沓法"。因此，我们在使用时不能一概而论，不能对所有文体都简单套用该方法。

在课堂中使用"复沓法"的频率要适度，不能为了复沓而复沓。不顾教学内容与教学目标地滥用"复沓法"，不仅不会优化教学效果，反而会造成课堂教学的低效和拖沓。从更长远的角度来看。一位教师在他的教学生涯中，也不能只抓住一种教学方法就觉得抓住了真理、找到了捷径。语文教学永远没有捷径,教师要根据所学内容与学情灵活选用最合适的教学方法,长期运用一种方法可能会造成学生的审美疲劳,从而丧失了该方法本应有的使用价值和意义。

(二)恰切原则

"复沓法"的使用,不仅要适度,也要恰切,这就要求教师要根据具体的学段学情、教学目标来选择最恰当的复沓方式。

在中学阶段运用"复沓法"主要起到激发学生思维与培养审美的作用。当然,这只是按照儿童普遍的发展水平来确定的,不同地区、不同学校、不同班级各有其自身的独特性,教师需要结合学生实际的学习情况进行选择。上述所讲的是宏观层面对"复沓法"类型的选择。当具体到某一节课、某一教学环节该选用何种"复沓法"时,除了根据学段学情,最主要的还是根据具体的教学目标与教学内容来决定。如果不加以认真审视和思考,"复沓法"的运用就容易陷入机械化、模式化的僵局。比如,王崧舟老师的《墨梅》一课,依旧在很多地方运用了独具他个人特色的"复沓法",但是教学效果却并不是太好。同样是诗歌教学,在情感饱满的《长相思》中,文本的复沓式朗读对于感情的激发有着至关重要的作用。但是,在凸显人物品格的《墨梅》中,再进行教师串词、学生朗读这种模式的复沓,仿佛就变成了教师的表演艺术。在学生没有充分感受到王冕精神之高洁的时候,这种复沓只是一种机械的重复朗读而已。因此,我们在进行教学设计时,要充分考虑到文本的特点,依据教学内容与具体学情来选择教学方法,不能在既定的教学模式中填充教学内容。

(三)蓄势待发原则

语文课需要像小说一样有高潮部分。课堂的高潮是经过蓄势后情感、思维与审美的集中爆发。正如"文似看山不喜平",语文课堂也应当是这样。"复沓法"并不是无意义的机械重复,它重复的目的是在要回环往复的阅读中积蓄情感或思维的力量,在经过反复酝酿后选择合适的时机喷薄而出,展现其"温柔"中所蕴含的巨大能量。当学生经历过情感、思维与审美的巨大冲击后,巨浪落下,学生的心灵重归平静,但是复沓所激起的涟漪却能久久地在他们脑海中回旋,形成一咏三叹,余音绕梁之感。经过冲刷后的学生心灵会获得前所未有的明净与澄澈。因此,教师在运用"复沓法"设计教学时应当有"蓄势"意识,所设计的每一次重复都要给学生的情感或思维带来推动力量。

需要注意的是,蓄势应当是学生的蓄势,是在教师的引导下学生自己所经历的文本理解、情感体验与思维冲击。然而很多教师在运用"复沓法"的时候却通常由于过于注重其形式而忽略了本质,教师总是代替学生进行概括总结和生硬抒情,然后运用引读的方式引导学生阅读文本中的某一句话。这样的复沓只会使学生变成跟读的机器而难以真正达到"复沓法"理想的教学效果。[1]

二、教学设计策略

在明确上述"复沓法"的教学原则之后,我们需要将目光定位于真正的课堂教学。如何在课堂上恰当运用"复沓法"设计并上好一堂课,需要研究并制定具体可行的教学策略。精心优质的教学设计是课堂教学顺利实施的保证。教师在设计教学时首先需要通过细读文本来锁定核心教学目标,然后提炼出复沓基元作为整节课的支撑点,最后在此基础上不断优化教学流程。

(一)细读文本,锁定核心目标

一篇文章的教学价值可能包含多个方面,但课堂时间却是有限的。如何在有限的课堂时间内让学生获得最优化的收获,需要教师在设计教学前对文本进行反复锤炼,细心品读,静心沉潜到文本当中,让每一遍的阅读都产生新的理解和收获。然后,在众多的理解与感悟当中,锁定最核心的、最有价值的教学目标。

在确定核心教学目标之前需要明确的是,教学目标并非分解得越细越好,三维目标也并不一定是三类目标。语文阅读教学其实只有一个核心教学目标就够了,围绕这一核心目标建立起一个阅读教学的生态系

---

[1] 韦美日,杨进,杨伟蓉,等.中学语文学科教学设计[M].北京:民族出版社,2015:55-57.

统,在这一完整的生态系统中能够体现教学目标的三个维度。当然,为了达成核心目标可以再设置相应的条件目标,以此形成一个指向核心的整体。比如,《湖心亭看雪》的核心目标可以表述成:通过写景叙事,感悟张岱痴情成癖、孤寂高雅的精神境界。其中就包含了熟读并理解课文,在语境中理解关键字词的含义,想象写意画面并感受空灵之境,结合作者生平体会痴人的不同心境等不同层级的条件目标。核心目标的选择,首先需要教师抛开教参等教学辅助系统的解读,以自由读者的身份直面文本、反复阅读,然后凭借自己敏锐的洞察力产生出自己对文本的独到理解与个性化解读。教师的个性化解读是为课堂注入的灵魂,如果缺失了这部分,那课堂就是对教参、对前人解读千篇一律的复制,毫无灵魂可言。但教师在进行文本个性化解读的过程中应当注意,解读的目的是教学而并非做研究,不可过分求新求异,以至于偏离了文本本身所蕴含的非常明显的教学价值点。如教学《背影》一文,"父爱"是无论如何都不可忽略的主题,教师对文中"父爱"的解读可以有不同的角度,引导学生体验的方式也可以多种多样,但是如果偏离"父爱"主题而只谈其中的生命意识,就是忽视了文本自身所特有的核心教学价值点。

当教师自身对文本有了一个基本的认识和定位后,核心教学目标也就初步确定了。这时教师需要再广泛阅读相关文献资料,以验证或纠正自己的解读。阅读文献资料可以帮助教师形成对文本内容更加深入的理解,同时也可以解决教师自己在文本理解上的一些疑问在经过自我解读与资料研读两步之后,教师最终需要结合文本自身特点确定核心教学目标。核心目标不一定要细分成知识与能力、过程与方法等割裂的成分,而是要在对一个目标的表述中集中体现知识、技能、情感、思维、审美等的某几个方面,让学生体验到此类文本不同于其他类型文本的独特之处以及此篇文本不同于其他文本的独特之处。如学习白居易的《琵琶行》一文,有的教师将核心目标表述为"通过朗读指导与语言品味,引导学生感受用语言文字来描写音乐的写作特色,还原学生的认知体验";有的教师则侧重于思想内涵方面,将核心目标设置为"结合白居易的生平,带领学生深入感受白居易与琵琶女以及人与人之间情感的互通"。

(二)斟酌萃取,凝练复沓基元

课堂教学也是一门艺术,确定核心教学目标只是第一步,如何设计并重构文本内容,使之更高效地实现教学目标才是教学设计最应当关注的地方。运用"复沓法"教学时,最重要的教学设计步骤就是对文本相关内容进行反复斟酌,进而萃取凝练出复沓基元。复沓基元的萃取并不是随意的,它需要时刻以核心教学点为依托,经过教师对文本内容与主旨的深入理解以及对教学过程的初步构想,反复斟酌、精心选择出来的。复沓基元的作用,既可以是对前面所学内容的进一步深入,也可以是将学习视角转归不同的层面,同时还可以与前面所学内容构成矛盾,以此来营构认知冲突,促进学生思维的发展。

(三)高效化合,优化教学流程

核心教学点与"复沓法"的碰撞像是奇妙的化学反应,能够迸发出意想不到的教学效果。如何将它们高效地结合在一起以实现其完美融合?这需要教师在教学设计完成后,再回头反复梳理、调整、优化教学设计,打磨教学流程。

运用"复沓法"进行教学,首先需要注意的是教学流程是否清晰流畅。自然而流畅的教学流程更容易让学生沉浸到教师为之营造的情感或思维场域中,而生硬的、有阻滞感的教学流程则容易中断学生积累建立起来的体验。教师在凝练复沓基元时,对于教学流程只是有一个简单的初步构想,而教学过程的每一个具体环节以及不同层面教学内容之间的过渡等问题还需要经过精心的思考与设计。一堂课如何导入、如何激趣、如何衔接过渡、如何推进、如何升华、如何结尾;在何处做铺垫、何处设悬念、何处回环往复、何处引入资料、何处激发高潮等都需要教师细细琢磨。复沓基元很多时候其实是起着承上启下的过渡作用,是连接不同层面教学内容的关键节点。因此,在打磨教学流程时尤其需要注意复沓基元处的衔接过渡是否合理、自然,是否尊重了学生现有的思维水平,是否遵循了学生的学习习惯与思维方式,要学会摒弃旁枝末节的教学设计,时刻以核心教学目标为导向。

三、教学实施策略

(一)赋意延展,铺排画面情感

德国理论家沃尔夫冈·伊瑟尔提出的召唤结构理论认为:"作品的意义不确定性和意义空白促使读者去寻找作品的意义,从而赋予他参与作品意义构成的权利。"文学作品中存在大量的艺术空白和不确定性,它们召唤着读者调动自己已有的知识经验和丰富的想象力,能动地参与到文本的二次创作中来,为文本的意义再生成提供无限可能。

基于此理论所提出的"复沓法"教学策略便是"赋意延展"。根据召唤结构理论的观点,文本并不是静止的、已经完成了的客观存在,而是一个未定的、开放的主体,阅读的过程是文本意义再生成的过程,也是召唤读者进行共同创作的过程。而所谓"赋意",就是指围绕文本中所存在的空白点,借助已有的经验与想象不断地进行空白点填充,以此充实其内涵,拓展其外延,透视语言背后所表征的全部与之相关的具体生动的意象。教师在进行教学时,需要引导学生自主进入情境,借助想象来生成场景,填充空白。然后,教师从中择取最贴切的、数量合适的意象,将之一项一项地附会在语境中,借助复沓式的阅读和学习,将其铺排成一幅幅画面、一幕幕场景。这样,文本中的意义空白点就能够逐渐延展成一条线进而铺展成一张面,就像一幅只知主题却不知具体内容的卷轴徐徐打开、延展,慢慢浮现出它的具体内容。由此,静态的语词得以变成动态的画面。借助语词所留下的空白点营造出可供深度学习与体验的情境,能够引导学生快速入境并深入其中感受画面,体会情感。

(二)多面观照,雕琢立体塑像

"兼听则明,偏信则暗",无论面对的是一件事还是一个人,都需要从多方面、多角度来观照,以形成对其客观的认知。而如果多方面的学习同时进行,又容易造成学生思维的混乱,因此可以运用"复沓法"来分多次进行某几个方面的学习,最终各个方面汇聚辐辏,还原出事件最本真的样子,展现出人物最立体的、全方位的形象。

而想要实现多面观照,首先教师需要拥有多层面、多角度解读的意识,然后带着这种意识进行文本的细读与相关资料的搜集。教师一方面可以从文本本身来寻找并提炼事物多方面的特征,另一方面则可以依赖于互文理论,借助文外资料做相关拓展延伸。最后教师在进行教学时,可以将从文本中提炼出来的内容或课外收集的资料进行归纳整理,选取最符合本节课核心教学价值与目标的内容进行组织设计。围绕核心教学目标,教师引导学生共同进行事物的雕琢,一面一面还原出其最本真的面目。

不同的侧面以何种方式和顺序呈现也会影响教学效果,一般是遵循由浅入深、由简单到复杂、由普通到特殊的呈现方式。当然,最终还是要根据具体文章与教学目标做合理的变通。

第四节 复沓法的教学实践

一、《归园田居(其一)》教学实践

(一)案例背景

《归园田居(其一)》是选自部编版人教必修上册第三单元的一首诗歌,本单元汇集了不同时期,不同诗人,不同体式的诗词名作。这首《归园田居(其一)》是陶渊明最终决定归隐后描写自己田园生活的诗歌,其诗歌语言平淡自然,读起来却又饶有韵味。他用白描手法描绘出一幅宁静生动的田园风光图,诗歌的最后一句"久在樊笼里,复得返自然"是陶渊明摆脱官场束缚后发自内心的感慨。因此,本节课学习的重点一是感受陶渊明描绘的田园生活的舒适惬意;二是体会其摆脱官场束缚的自由,感受其坚守本心的可贵。根据以上教学重点,将本节课的核心教学目标定位为"反复诵读诗歌,在对诗歌语言的品味中感受诗人笔下田园生活的舒适惬意,领会陶渊明摆脱官场束缚的自由以及他的选择对后世的影响"。

（二）案例呈现

1. 引出复沓基元

通过提问"你觉得这首诗歌中最能体现诗歌主旨的是哪一句"来引导学生自己说出复沓基元，即"久在樊笼里，复得返自然"。然后又从中提取出比较重要的"自然"一词，这节课的学习就围绕陶渊明诗歌中的三重自然来展开。

2. 第一次复沓

从"自然"最表面的意思入手，让学生在诗歌中找出诗人重返自然后描写田园生活的句子。先让学生自己读，然后配乐范读，读完之后让学生把看到的画面用自己的语言书写下来。这样可以激发学生的想象，使学生在脑海中更真实地还原再现诗歌中所表现的田园生活。然后，让学生思考作者是如何描写田园风光的，是否用了华丽的辞藻进行修饰，学生对此问题的思考与回答可以引出诗歌中白描手法的使用。作者使用白描手法来创作诗歌，虽然没有浓墨重彩，但是我们眼前看到的画面却是生动活泼且色彩丰富的，这与陶渊明的诗歌语言特点有关，由此进一步引出对诗歌语言的品味。

学生品味完语言后，再让学生带着想象重读描写田园生活的这部分，能背诵的同学则尝试背诵。学生这次的读或背相较于刚上课时的读情感更加饱满。经过了场景的描绘与词语的品味，学生对于诗歌中所写的画面有了较为清晰的想象，最后落脚到诗歌的最后一句，让学生带着对田园风光的感受读出自己的味道。

3. 第二次复沓

引导学生思考陶渊明"误落尘网中"的原因，由此展开对陶渊明出仕与归隐经历的探索。通过补充《五柳先生传》《归去来兮辞》与《杂诗》中的相关内容，使学生明白陶渊明出仕做官的两个原因，即一是维持生计，二是心中有志向。陶渊明出仕做官的原因与其诗歌中的"误落"一词构成了矛盾，这引发了学生的认知冲突。然后从此处切入进一步引导学生品味"误落"一词，使学生从中感受到陶渊明对于官场生活的失望、不满与厌恶。学生感受到陶渊明从胸有大志到对官场极度失望的巨大转变，由此对东晋社会与官场产生了好奇的心态。适时地为学生补充了东晋社会现实状况的相关资料,使学生更清楚地明白陶渊明急切想要逃离官场的原因以及对于回归田园的渴望与满足。

在文本外寻找到陶渊明厌恶官场的原因后,又引领学生重回文本,通过对"尘网""樊笼""羁鸟""池鱼"等词语的品味,进一步体会陶渊明被官场束缚的困顿之感。学生体验到的束缚与困顿越强烈,对于陶渊明回归田园的自由心态的体会就会更深刻。这样就进入到了对"自然"第二重意味的解读,即陶渊明"心"的自然。这时再让学生阅读最后一句,学生就能读出更深一层的意味。

(三)教学总结

本次诗歌教学以"久在樊笼里,复得返自然"一句作为复沓基元对文本进行回环建构。相比其他文体,诗歌比较短小,但越是短小的文本其实越难以把握其教学内容。很多教师在进行诗歌教学时要么是将诗歌一句一句地拆解开来进行解读,将其原本完整的意境解读得七零八落;要么就是大量填充与诗歌本身相关但联系却并不紧密的互文资料,轻视了对诗歌自身的品读。在固定的教学时间内想要让学生深入地学习一首诗歌,运用"复沓法"对诗歌进行回环建构,丰富学生的感知层次不失为一种行之有效的方法。

本次教学要抓住"自然"这一关键词,设置自然的三重含义——身的自然、心的自然、后世千千万万文人的自然。这三重自然对应的恰好是本诗的核心教学目标——感受诗人笔下的田园生活,体会陶渊明在仕与隐的抉择中对本心的坚守,了解陶渊明对后世的影响。三层自然,层层递进。每一环节结束后,都让学生以读最后一句诗作结,学生每一次读都能带着对诗歌新的理解与感悟,感情也一次比一次充沛、饱满。

在进行诗歌学习之前,并未给学生布置预习任务,因此学生对于诗歌最初的感觉并不深刻,刚开始的阅读只是做到了读准字音,阅读的节奏不够准确,情感也并不饱满。在运用"复沓法"带领学生在文本间反复出入后,发现学生能够逐步走近诗歌,这通过学生在诗歌前后朗读上情感的差异以及对最后一句"久在樊笼里,复得返自然"品读的语气就可以看出。通过学习,学生将自己对诗歌的感受与理解都融进了这句话中,从不同的角度,带着对诗歌不同层面的理解读出了自己的味道。"复沓法"的运用在很大程度上保证了诗歌意境的完整性,保证了课堂的浑融与流畅,同时还能够抓住学生的情感体验并逐步将其引向丰富与深入。①

二、教学实践反思

教师运用"复沓法"设计教学时要目光长远,在考虑本节课学生收获与教学效果的同时也要着眼于对学生阅读能力的培养。从整个语文课程的角度来看,在教师前几次运用"复沓法"教学的课堂中,文本切入的角度或复沓基元可能更多由教师来选择,但随着学习的不断推进,教师要有意识地引导学生自主选择文本切入角度,培养学生多角度、多层次进入文本的意识与能力。

"复沓法"的运用要重视其实质而非形式。"复沓法"特殊的形式是为其特定的教学目的与教学效果服务的,教师在实际运用的时候可能会只注意到"复沓法"形式的特殊性而忽视其实质。"复沓法"运用的最终目的是增强学生的阅读体验,提高学生的阅读能力与课堂效率,教师在设计与实施教学的过程中应当牢记这一原则,要时刻以学生的体验为主,不能过分追求形式的一致而违背其提出的初衷。在真实的课堂教学情境中,教师要做到灵活多变,不能完全按照预设的形式和内容死板地进行教学,而是需要根据学生的学习情况做出及时的调整,重视学生在课堂中自主生成的内容,然后以此为支点进行更进一步的引导。

"复沓法"的使用要避免模式化。"复沓法"的类型多种多样,按照"复沓法"的适用范围可以分为整体复沓与局部复沓;按照复沓基元的构成可以分为字词复沓、中心句复沓、段落复沓与篇章复沓;按照复沓的目的可以分为抒情式复沓、思维式复……在进行教学设计时,教师要根据教学内容与教学目的选择恰当的、多样化的复沓方式,避免局限在一种熟练的复沓方式中而造成教学方法的模式化、单一化。如《归园田居(其一)》一课不足之处在于复沓方式有些单一,只是采用了整体复沓的方式。为此提出了改进设想,即在整体复沓中嵌入局部复沓。比如让学生

① 魏孔贵.中小学语文阅读教学的现状及对策[J].都市家教(下半月),2017(02):137.

感受陶渊明身在官场的束缚时,可以抓住"一去三十年"一句对其进行赋意延展,让学生对陶渊明十三年官场生活的每一天进行想象,想象陶渊明说违背自己本心的话、做违背自己本心的事的具体画面。每一幕画面想象出来,都让学生自己感叹一句"我真是误落尘网中"。通过这种方式可以强化学生对陶渊明厌恶官场的心理感受的深度感知。一遍一遍重复的过程就是学生情感蓄势的过程,积累到一定程度,学生对于陶渊明厌恶官场的情绪就会感同身受。

一种好的教学方法可以提高教学效率,增强教学效果。但若是将这种教学方法固化为一种教学模式,无论教学哪一篇文章都套用这种模式,那这种教学方法不仅不会起到它原有的效果,反而会适得其反。因此,教师在教学中要敢于冲破自己的舒适圈,敢于挑战自己所不熟悉的教学方式,在不断尝试中对自己原本的教学方法进行改进完善,或补充或删减或修改,从而使得"复沓法"的理论与实践能够相辅相成,相互促进。

第七章　中学语文曲问法阅读教学

第一节　曲问法的内涵与教学价值

一、曲问法的来源

"曲问法"由钱梦龙先生于20世纪80年代首先提出。钱先生将"曲问法"解释为"问在此而意在彼",即曲折地达到提问目的的一种提问方式。钱先生对"曲问法"的这一界定一经提出,便以其通俗性和简练性受到人们的广泛接受。

曲问法的"曲"主要体现在其通过"问在此"的提问内容,在学生已有的知识经验和"意在彼"的教学目标之间搭设桥梁,引导学生通过问题主动走入文本,并借助已有的知识经验顺利达成相关教学目标。在这个解释中,包含着对曲问法核心特质的提炼:桥梁性。[1]

二、曲问法的内涵

曲问法所具有的"桥梁性"这一核心特质,在曲问问题的各个方面都有体现。下面,将通过分析与曲问法有关的课例,揭示曲问法这一核心特质的具体内涵。

概括来讲,曲问法在中学语文阅读教学中的内涵为:教师在语文阅读教学中,通过提出有较强现实感且与文本待解决问题有内在关联的问题,使被提问者产生思维转向,激发探究兴趣,从而有助于预定教学目标的实现和被提问者思维能力提升的提问方法。具体内涵体现在以下方面。

---

[1] 魏晓旭,全洪源.心理健康与潜能开发的元认知策略:中小学生心理教育技术化操作与原理[M].沈阳:辽宁科学技术出版社,2015:87-91.

(一)问题的提出是为了达成预定的教学目标

对于曲问法,曲问问题的本身类似于一个"引子"或"桥梁",学生对问题表面的回答并不能真正解决这一问题。因此,曲问法内涵中的"内在关联问题"即指曲问问题本身,它在学生已有的知识经验和预定的教学目标之间"搭设桥梁",可将之视为桥梁性问题。而"待解决问题"则是指实际需要达成的教学目标,即目标性问题。

比如,钱梦龙先生在《愚公移山》课例中,设计了"这个年纪小小的孩子(指'遗男')跟老愚公一起去移山,他爸爸肯让他去吗"这一曲问问题。实际上,"他爸爸肯让他去吗"并不是老师关注的目的,该问题的实际目的是引导学生实现对文言实词"孀妻""遗男"的理解。由于学生对文本具有一定的掌握,学生在面对"他爸爸让不让"这一问题时,通常会主动回到文本寻找有关小男孩爸爸的相关信息。于是在这个问题提出后,学生们先是一时不能回答,随后进行思索并七嘴八舌地说"他没有爸爸!"

这一问题的提出,就像给了学生一个强有力的牵引一般,引导学生主动探究"孀妻""遗男"这两个文言词汇的含义。因此,当学生指出小男孩儿没有爸爸时,老师仅需要追问"你们怎么知道"便可自然地完成此教学目标。

再比如,钱梦龙先生在《大铁椎传》中,以聊天式的对话慢慢展开对"使用大铁椎的人"的探讨,并顺势向学生们提出了"谁知道他是哪里人吗"这一问题。回答出"他是哪里人"并非钱先生的目的,其真正目的是引导学生探究"语类楚声"一句的意思。只有当学生真正理解这句话时,这个问题才能被完全解决,而此时,预定的教学目标(理解"类"和"楚声"的含义)也随之达成。

通过以上曲问法的课例片段可以看出,钱老师的每一次曲问都并非刻意地炫技,也并非随便发问,而是始终围绕着教学目标的达成和对学生兴趣的呵护。即一切的方法都是手段,最终目的应是作用于教学目标的达成,作用于学生素养的提升。

(二)问题与文本密切关联,立足文本矛盾

第二点承接第一点,二者相辅相成。曲问法涉及的问题,并不可以天马行空、随意发挥,而是应该紧贴文本,致力于引导学生走入文本,实现对文本更充分的解读。

语文阅读教学,一定要紧紧围绕文本展开。教师在设置问题时,一定要思考问题的解决是否依赖于学生对文本的充分把握。能否引导学生有效走近文本、深入文本,是评判一个问题好坏的重要依据。钱梦龙先生的几个曲问片段,都在或明或暗地通过提问引导学生深入探究文本本身。如在《愚公移山》中需要学生回顾文本掌握"孀妻""遗男"的含义,又如在《大铁锥传》中需要学生回归文本理解"语类楚声"的含义。尤其是《食物从何处来》这一课例的曲问片段,钱老师上课后向学生提出:"今天早上我吃了一个烧饼,两根油条,喝了一杯凉水,后来又吃了一个鸡蛋和一个苹果,谁能告诉我,我吃的哪些是食物?"并明确补充道"允许看课本回答问题"。

该问题的设计,意在引导学生充分掌握"食物"的定义:食物是一种能构成身体和供应能量的物质。学生想要解决该问题,就必须回归文本,明确"食物"的定义。只有在此基础上,才能判断出"凉水"不属于"食物"。

由此可见,曲问的问题都与文本密切关联,立足于文本矛盾。而曲问法的核心特质,就是以问题的形式,为文本与教学目标之间搭建出行之有效的"桥梁"。

(三)问题本身有较强的现实感、生活化

建构主义理论强调人们对世界的理解和赋予意义是由每个人自己决定的,该理论认为学习是学习者基于原有的知识经验生成意义、建构理解的过程。因此,教师在问题设计时,应努力确保问题契合学生原有的知识经验,所提问题应尽量与学生自己的实际生活相关,具备一定的现实感。

(四)问题会使被提问者产生思维转向

这里的"思维转向"是转向法的一种具体表现。转向法是创造性思维的一种方法,是指人们在思考问题时,其思路在一个方向上受阻时,便马上转向另一个方向,经过多次转向,直到获得创造性思维成果和创造性行动的方法。因为曲问本身的现实感和表面表现出的与文本拟解决问题的脱节,容易使被提问个体与已了解的文本信息、已掌握的现实经验和已建构的认知网络等产生某种程度的脱节,从而造成思维的受阻。这种思维的受阻通常会使得个体产生一种不完满感和不平衡感,并催促其通过思维的迂回推进来实现思维的疏通,从而促进了学生的探究意识和解决问题的积极性。

(五)提问致力于学生知识、思维和认知等的提升

这可以看作曲问法的最终目的。就如教学中关注知识和技能、过程与方法、情感态度和价值观一般,曲问法同样致力于学生这些方面的提升。

通过曲问,一是可以解决知识性的问题,让学生在探究中掌握、巩固知识,从而增强掌握的牢固程度。如在《愚公移山》中对"孀妻""遗男"这两个文言实词的掌握。二是通过"绕一个弯"使得学生深度思考和推理等思维不断锻炼,从而具备较好的思维能力。如在《大铁椎传》中,通过问"是哪里人"来让学生通过文本推理相关结论,结合自己对"类"和"楚声"的了解,在让思维"绕一个弯"的前提下,综合得出最终的判断。三是结合现实,让学生能较好地调用自己已有的经验和知识来解决问题,并在解决中与已有认知进行交流和碰撞,从而在一定程度上促进学生认知的提升。如在《论雷峰塔的倒掉》中,对白蛇娘娘是好是坏的判断,能够与学生普遍具有的"妖怪是坏的"这种认知进行碰撞,从而促进学生认知的提升。

总之,曲问法的"曲"体现在它的桥梁性,体现在它并不是对文本本身问题的直接提问,而是转化为具有较强的现实感、情境感的问题。通过让学生先回到现实,依靠已有的知识经验积蓄力量,并借助问题本身与文本内在的联系,实现"拐一个弯"回到文本,最终在解决问题的过程中达成既定的教学目标。

三、曲问法的教学价值

"曲问法"自被提出以来,就以其"化腐朽为神奇"的效果引起广大教育工作者的积极关注。曲问法作为提问方法中的一种,与常见的"直问"相对应,具有其特有的教学意义和价值。下面,将从作为语文学习主体的学生角度来概括曲问法的教学价值。

(一)激发学生的探究兴趣

语文课程标准提出充分发挥师生双方在教学中的主动性和创造性。学生是语文学习的主体,教师是学习活动的组织者和引导者。语文教学应在师生平等对话的过程中进行。曲问法的有效使用,可以极好地发挥教师在学习活动中的组织和引导作用,积极调动课堂情绪,营造轻松、愉悦的课堂氛围,从而激发学生的探究兴趣。

曲问的问题本身具有较强的现实感、生活化,能较好地贴合学生的最近发展区。通过曲问的问题,教师在学生与教材之间建立一个"最近发展区"的距离,给学生留有想象的余地,从而能够较好地调动课堂氛围,让学生在愿意学和乐于学的情绪下投入学习。另外,"问题本身不是目的"的这一特质,可以让学生对问题产生一种新奇感。这种不把知识全部告诉学生,适当留有空白以待学生探究其中隐藏的"玄机"的提问方式,可以很好地激发学生的探究兴趣,让学生积极主动地解决问题。

曲问法突破了课本的窠臼,既有入乎其内的生气,又有出乎其外的高致。曲问的问题与文本联系密切,立足文本矛盾,要求学生回归文本,从而探究出问题的答案,这使得问题的解决有据可循,不会让学生感到无从下手,这无疑呵护了学生解决问题的兴致,也有助于教学目标的有效达成。曲问在遵循课本意图的同时,更钟情于学生的思想。它合理地引入现实因素,赋予这"死的"课本以强有力的生命力,减少课本知识对学生思想的束缚,让学生以更宽阔的视野来审视问题,从而更好地做到教学中的以点带面、举一反三。

(二)发展学生的思维能力

培养思维能力总是从问题产生开始的。教师要根据学生已有的认知结构和思维层次,有意识地制造矛盾,设疑问难,从而发展学生的思维能力。曲问因其立足文本矛盾、从学生最近发展区出发和制造思维转向等特质,能够较好地制造矛盾,让学生回归文本进行思维训练,从而促进学生思维能力的发展。

根据布鲁姆的教育目标分类法,认知目标由低到高分为识记、理解、应用、分析、评价、创造等六个维度。在这六种类型的问题中,通常将前三类归属于初级层次的认知问题,它们一般有直接的、明确的、无歧义的答案;而后三类问题属于高级认知问题,通常没有唯一的正确答案,从不同的角度有不同的回答。布鲁姆的教育目标分类法提出,教师在问题设计中,不应仅仅局限于初级认知的问题,还应在适当的时机提出高级认知问题,从而激发学生思维,发展学生的思维能力。在平时的阅读教学中,要求学生采用高层次思维能力分析和处理问题的机会并不是很多。而曲问问题,通常有助于训练学生的高层次思维能力。

第二节 曲问法的学理基础

曲问法教学提出之初是学者自己的切身体验,多得益于自己教学时的感受和感悟,更像一种自发性行为。如好多文献都提到曲问法能够激发学生的好奇心,从而使得学生学习积极性提高等,但对于曲问为何能激发好奇心,好奇为何就会引发学习积极性等原因没有深入地研究和分析。

如今,现代教育学和心理学的发展为曲问法提供了较多理论上的支持,使我们能更好地理解这一思想并付之于实践。将重点阐述与"曲问法"密切相关的教育学、心理学等理论。

一、曲问法与认知心理学

语文阅读教学既是一门艺术,也是一门科学。其中,语文阅读教学的科学性,要求其按规律办事。而心理学作为教育学的基础理论之一,对于正确指导语文阅读教学具有重要意义。尤其是近年来蓬勃发展的认知心理学,因其与其他心理学理论的广泛连接和自身的批判发展而显示出强大的生命力和现实指导意义。

课堂教学是在教师的引导和启发下,有目的、有计划、有组织地展开的。1912年,美国的史蒂文斯对教师提问进行了系统的研究。他发现,教师提问和学生回答大约占了授课时长的80%,是学生能够理解的目标语言输入的重要来源。课堂提问的价值在于促进学生的认知和情感的发展,所提出的问题及提问技巧都是与心理学密切相关的,因此,课堂提问所具有的心理学意义也是巨大的。根据认知心理学相关理论,有效的语文阅读教学提问应关注背景效应、意义感和思维能力的培养等三点,而曲问法的内涵与之高度契合。

(一)背景效应

认知心理学中的编码特异性原则指出:如果提取的背景与编码时候的背景相似,回忆成绩会更好,我们通常会忘记不与我们当前背景相关联的材料。同时,所谓的"背景"不仅包括物理背景,也包括心理背景,而且许多时候物理背景可能不如心理背景重要,即编码特异性原则可能取决于两种环境感觉起来多么相似,而不是看起来多么相似。因此,根据编码特异性原则,如果提取的条件与编码条件相匹配,人们就会记住更多的材料。

此外,认知心理学在"情绪、心境与记忆"方面的快乐(Pollyanna)原则表明:愉悦的项目比不愉悦的项目被加工得更有效和更准确。这个原则适用于知觉、语言和决策中的各种现象。在针对情绪刺激与长时记忆的关联研究中发现,人们对愉悦的项目比消极的项目回忆得更好,尤其是如果延长时间很长的话。

由此可以看出,要想提高阅读教学的效率,应当关注教学中背景的设置。教师应积极创设与学生实际相关联的教学背景,唤醒学生积极、愉悦的情绪体验,从而提高学生对相关知识的吸收效果,使学生能够记忆得更准确、更牢固。

曲问法强调现实感和生活化,重视问题本身的背景设置,能够有效提高语文阅读教学的效率。如在钱梦龙先生《食物从何处来》的教学课例中,通过叙述自己早餐时所吃所喝,创设出与学生实际相关联的教学背景,从而唤醒学生积极、愉悦的情绪体验,加强了学生对于"食物"有关知识的理解和记忆。

(二)意义感

认知心理学中的完整语言理论强调,阅读理解教学应该重视意义感,应该是愉快的,能够激发学生学习阅读的热情。有效的语文阅读教学提问应是让学生能感受到此问题的价值性,能够在解决问题的过程中获得意义感的。

(三)思维能力的培养

恩格斯曾赞誉思维是"地球上最美丽的花朵"。培养思维能力是每一个教育家所共同关注的,放在语文阅读教学中也不例外,在教学的过程中,很重要的一点就是培养学生的思维能力。

在语文阅读教学中,设置有效的提问需要首先明确教育目标,在此基础上设置提问的序列,以确保问题的循序渐进性。最后,问题的解决应该有一个结论,这也是由分析到综合的必然要求。认知心理学领域,针对问题解决策略方面的研究,提出了一种重要的启发式手段:手段——目的启发式,即将一个问题分解成几个小的问题,然后逐一解决这些小的问题。根据手段——目的启发式的相关研究来看,问题解决者在使手段——目的启发式的时候,必须将注意力放在问题的起始状态和目标状态的差异上,这种方式是最有效灵活的问题解决策略之一。在现实生活中也会出现许多需要暂时的迂回才能解决的问题,此时最有效的前进方法是暂时后退。

语文阅读教学中,曲问法的提问方式可以让学生的思维不得不先"转一个弯",让其先进行后退,引导学生关注问题起始状态和目标状态的差异,从而唤醒其思维的活跃性,更好地促进问题的最终解决。如在钱梦龙先生的《大铁椎传》课例中,为解决"语类楚声"这一句的含义,钱老师问学生"他是哪里人",从而使学生的思维不得不先行后退,在弥补问题起始状态和目标状态差异的过程中,唤醒思维的活跃性,有效解决"语类楚声"的含义,并由此培养和发展学生的思维能力。[①]

二、曲问法与建构主义学习理论

建构主义主张世界是客观存在的,但是对事物的理解却是由每个人自己决定。不同的人由于原有经验不同,对同一事物会有不同理解。建构主义学习理论认为:学习是引导学生从原有经验出发,生长(建构)起新的经验。建构主义学习理论重视学习者原有经验,强调问题的情境性,主张通过设置矛盾、障碍等引导学习者完成对自身知识的主动建构。建构主义学习理论的这些研究结论,与曲问法的内涵高度相通。

(一)重视学习者原有经验

建构主义学习理论的学习观认为,学习是学习者根据自己的经验背景,对外部信息主动地选择、加工和处理。个人头脑中已有的知识经验不同,调动的知识经验相异,对所接收到的信息的解释就不同。

在语文阅读教学中,建构主义学习理论强调不能无视学习者已有的知识经验,不能简单、强硬地从外部对学习者实施知识的"填灌",而是应该把学习者原有的知识经验作为新知识的生长点,引导学习者从原有的知识经验中,主动建构新的知识经验。教学不是知识的传递,而是知识的处理和转换。

曲问问题的设置,充分考虑学生已有知识经验,问题本身都源于学生实际生活,契合学生的经验背景,从而有助于学生从原有知识经验出发,主动完成对新的知识经验的建构。

(二)强调问题的情境性

建构主义认为,知识不是对现实的纯粹客观的反映,而是人们对客观世界的一种解释、假设或假说,将随着人们认识程度的深入而不断地变革、深化,出现新的解释和假设。

在具体问题的解决中,需要针对具体问题的情境对原有知识进行再加工和再创造。另外,尽管语言赋予了知识一定的外在形式,并且获得

[①]吴欣歆,许艳.书册阅读教学现场[M].北京:教育科学出版社,2016:105.

了较为普遍的认同,但这并不意味着学习者对这种知识有同样的理解。因为对知识的理解,还需要个体基于自己的知识经验而建构,还需要取决于特定情境下的学习历程。

"情境教学"作为一个概念直接提出,源于西方建构主义教学理论中的典型教学模式。也就是说,情境教学是在建构主义教学观的理论背景下产生的。情境认知理论表明,知识的形成有赖于周围的环境。即作为结果,我们所知道的知识取决于我们所在的情境。情境认知强调特定背景和情境的重要性。由此可见,建构主义对背景、情境等因素的重视。

曲问问题本身具有较强的生活化、情境感,如在《愚公移山》一课例中,钱梦龙先生将曲问问题设置在"小男孩儿的爸爸让不让小男孩儿帮愚公移山"这样的情境中,营造出一种符合学生已有知识经验的具体情境,从而激发学生的探究热情。

(三)主张学习者通过解决矛盾、障碍等完成对知识的主动建构

建构主义学习理论的一个核心观念:"学习是由可能产生的某个惊人的结果、某个障碍或者某个矛盾等不安因素引起的"从而强调学生对知识的主动探索、主动发现和对所学知识的主动建构。如在文本阅读中,我们通常会在某些令自己感到惊异或不理解的地方做长时间的停留。因为这些矛盾、障碍等使得我们发现了自身先前建构的知识的局限,而通过思考和探究,我们尝试着解决这些矛盾、障碍,从而不断完成新的知识建构。如此,在"提问—解答—提问"的不断循环中,在不断的疑问中,我们主动完成对相关知识的建构,逐渐变成一个更加成熟的阅读者。

三、曲问法与元认知理论

美国心理学家弗拉维尔于20世纪70年代提出元认知这个概念,他将元认知定义为:"反映或调节认知活动的任一方面的知识或者认知活动。"美国心理学家斯滕伯格将元认知定义为,关于认知的认知,认知包含对世界的知识以及运用这种知识去解决问题的策略,而元认知涉及对个人的知识和策略的监测、控制和理解。

元认知是认知发展的高级阶段,在整个认知中处于管理调控的重要

地位,元认知能力的高低决定了认知能力的高低。提高学生的元认知就是提高他们对学习的自我意识,从而增强学习的自觉性,及时调整和改进学习过程,提高学习效率和学习能力。

元认知理论指出,元认知能力一方面表现为个体在不同的学习情境下合理运用针对性的认知策略的能力,另一方面表现为个体的批判性思维能力。元认知能力的这些表现,恰恰是曲问问题对学生认知和思维训练的最终追求。

(一)设置不同情境提升学生元认知能力

个体在不同的学习情境下合理运用针对性的认知策略的能力,能够体现个体的元认知能力。教师在教学中,应结合学生实际情况,科学设定学习情境和训练目标,挖掘学生潜力,训练学生在不同的学习情境下合理运用针对性的认知策略的能力,从而提升学生的元认知能力。

在中学语文阅读教学中,教师的问题设置应具备情境性,通过问题的转变为学生营造不同的情境,训练学生合理运用针对性的认知策略的能力,提升自身元认知能力。曲问问题本身具有较强的情境感,可以通过不同的曲问问题,营造不同的问题情境,从而提升学生的元认知能力。如钱梦龙先生在《食物从何处来》一课例中,通过设置"早餐时吃了哪些食物"这样的具体情境,唤醒学生已有的认知,并从已有认知中合理运用针对性的认知策略解决这一问题,由此训练了学生的合理运用认知策略的能力,提升了学生的元认知能力。

(二)提升学生的批判性思维能力

有关研究表明,元认知能力强的学生实际上能够提高自己的批判性思维能力,这两种能力相辅相成、互相促进。这两种认知活动都鼓励人们"深入挖掘",元认知鼓励人们主动地思考遇到的信息,这种主动认真地分析鼓励人们使用批判性思维,而不是在没有怀疑陈述的有效性的情况下就接受了它。

曲问法,在问题设置时通常"拐个弯"。这就要求学生具备批判的能力,要求学生先判断问题陈述的有效性,再对问题进行解决。通过这样的训练,有助于提升学生的批判思维,鼓励学生就问题"深入挖掘",从而提升自身的元认知能力,促进学生对阅读文本的记忆和理解。

第三节　曲问法的设计原则与类型

一、曲问法的设计原则

（一）以学生为中心

学生是教学中的主体,教师的教学应该始终面向学生。曲问法要想成功使用,必须坚持以学生为中心,精准把握学情。

鉴于曲问法对问题的"现实感"方面的要求,一个成功的曲问必然是一个能让学生感觉与自己的生活息息相关、对现实有影响的提问。而只有把握准了学情,才能知道学生们对生活中的哪些事情或问题更为熟悉和关注,才能依据学生的实际情况设计出能够吸引学生,让学生认为有价值的曲问。

此外,有必要对"提问具有现实感为何通常能激发学生的兴趣"这一问题进行进一步的阐释。抛开学科的限制,从人类自身发展的角度（或者说从生物学的角度）来看,人类作为一种能动的生命,自存在起就逐渐发展出了"趋利避害"的本能,因为不懂"趋利避害"的生命体通常会在时间的洪流中走向灭绝。而这些所谓的"利害"又源于何处呢？答案无疑是：现实。人类有对现实敏锐感知的本能,而教学中许多知识之所以提不起学生的兴趣,通常是因为学生作为一个生命个体,感受不到这些知识对解决现实问题、作用于现实生活有何"好处"。有人会反对,说学这些知识对现实有好处啊,学好了能考个好成绩、上个好大学,以后生活、工作等方面也会受益……这是个不错的反对,但它的效果通常显现在已经是"过来人"的家长身上。为何？主要是因为,尽管这个道理非常有说服力,也合情合理,但作为学生的生命个体,并没有经历和体验过"以后的生活、工作",他们对此的认知多是间接的,或者说是始终"隔了一层"。

也恰恰因此,他们通常难以彻底接受这样的道理。

(二)以文本为立足点

教师若对文本没有充分的理解和解读,一堂阅读教学将难以获得真正的成功。教师对文本精准而充分地把握,是有效设计曲问问题并达成教学目标的关键。

还原,即揭示原生状态和形象间的差异。文本中描绘的事物,有一种人们普遍的认识和情感态度,还原的方法就是首先通过阅读文本感受在文本中作者所传达的对于该事物的感受或情感态度,然后将该事物脱离文本进行还原,寻找其原生的内涵。然后捕捉文本的和普遍之间的差异,从而找到矛盾之处,这就是抓住作者情感的特殊性、产生对话的有效手段。

比较的方法贯穿文本解读的始终,比较可以是将最终稿和修改稿的比较、将相同题材却不同形式的作品的比较、艺术形象的情感逻辑和现实的理性逻辑的比较等。这是在设计比较中较容易操作的几种方式。总之,比较的方法应是首先找共性的事物、特点、方面等,然后在二者的比较中捕捉差异,由此层层深入,达到对文本的深入分析。

分析,尤其是具体问题具体分析,是文本解读的关键。因为作品的解读,是从语言开始的,每个语词是解读的落脚点,语言本身隐藏着情感复活的机制。通过具体分析,才能抓住作品个性化的特点,才能让读者在千篇一律中找到一种新异感,才能真正彰显作品的价值。

同时,特殊性并不是贯穿全文,那些超越常规、瞬时的语义,通常只在一些关键词语中表现特别明显。而在古文中,最大的障碍并不是语法或读音,而是词汇。为了更好地理解词汇的文中意,就需要通过上下文进行意会和揣度,反复验证,这更需要辨析毫厘的具体分析。

应当注意:还原中有比较,比较中有还原,还原和比较中都贯穿着分析。它们三个是一体的,是同一方法的分解,因此在文本解读中不可人为地将它们割裂,而是要彼此配合,层层递进,以有效把握作品深层的内涵为依归。同时,这也要求解读者,应善于在别人看不到联系的地方,寻到联系。

（三）以教学目标为导向

教学目标的明确，是一切教学方法成功开展的必要前提。若没有明确的教学目标，曲问法的使用将失去意义。

若前文涉及的曲问法案例中，这种方法之所以有效，是因为曲问的问题紧紧扣住了教学的目标。若与教学目标无关或关联微弱，那无论问得有多"曲"、问得有多"妙"，都应被视作失败的。[1]

二、曲问法的主要类型

为了更好地把握曲问问题的共性，依据教学目标的指向，将曲问划分为知识导向型曲问、内容导向型曲问和主旨导向型曲问三种主要类型。

（一）知识导向型曲问

知识导向型曲问，即是指曲问问题的最终指向为学生对某知识点的理解性记忆。一般来说，对知识的记忆可以采用重复和理解等方式，相比于重复性记忆，理解性记忆以其耗时短、遗忘慢等特点引起人们的重视。

（二）内容导向型曲问

内容导向型曲问，即是指曲问问题的最终指向为学生对文本内容的理解性梳理或回顾。相比于直问，曲问问题更能激发学生对文本的探究兴趣，从而引导学生积极深入文本，高效把握文章主要内容。

如在钱梦龙先生执教《论雷峰塔的倒掉》课例中，曲问问题的最终导向是引导学生完成对第2段情节的梳理。钱先生通过让学生们"证明白蛇娘娘是好妖怪"，极大地调动了学生们对第2段的探究兴趣高效完成了对该段情节的梳理；再如在钱梦龙先生执教的《食物从何处来》课例中，曲问问题的最终导向是引导学生完成对"食物"定义的梳理。钱先生通过让学生说明自己早上吃的"哪些是食物"，极大调动了学生们探究的热情，从而积极深入文本把握"食物"的定义。又如在记叙文教学中，针对康拉德·劳伦兹的《动物笑谈》一文，为引导学生积极梳理文中有关"小野鸭"部分的内容，设计了"怎么让刚孵出的小野鸭自愿跟你走"这样的问

---

[1] 夏琰.小学高年级个性化阅读教学研究[D].扬州：扬州大学，2017：16-19.

题,引导学生积极回归文本,梳理相关情节。而这一问题一经提出,便极好地调动了学生们的探究热情,学生们通过积极的梳理和思考,踊跃解决了这一问题。

内容导向型曲问在现代文阅读教学中使用较为频繁。尤其是针对篇幅较长的现代文,"梳理文章内容或脉络"通常是一项重要的教学目标。在现代文阅读教学中,通过曲问的方式引导学生梳理相关内容,可以有效激发学生探究文本的积极性,更好地实现相关教学目标。

(三)主旨导向型曲问

主旨导向型曲问,即是指曲问问题的最终指向为学生对人物性格和思想情感等的理解和把握。通过曲问,能够更好地引导学生从自身知识经验出发,设身处地地思考文本中人物的性格和作者想要表达的思想情感,从而深化学生理解,训练学生思维。

第四节 曲问法的设计与实践

一、曲问法在中学语文阅读中的设计步骤

教师在完成教学目标的确定、学情的精准把握和文本的深入理解的前提下,曲问法的具体设计步骤才存在意义,曲问法才能真正地发挥其"四两拨千斤"的催化作用。那具体该如何设计呢?总结步骤如下。

(一)明确原初问题,寻找现实联系

这里所谓的"原初问题",是指教学目标中明确计划解决的问题。如钱梦龙老师的《愚公移山》课例中,"'遗孀'是什么意思"这一问题就可以认为是原初问题。它通常与现实缺少联系,更多是单纯地指向知识性的文本问题或技巧性的应试问题。因为这样的原初问题,同现实关联度低且早已经被学生熟知,故很难引起学生的兴趣或注意力。因此,这样的问题一经提出,通常会唤起学生的抗拒心理,使得原本就热情不高的学

习兴致变得雪上加霜。如此,要想设置出恰当的曲问,就需要转化"原初问题",就需要为其寻找现实联系,寻找现实联系的角度。

1. 日常生活的关注点

教学中"如话家常"通常能够使得学生放松,注意力集中,听讲的主动性也会大幅提升,究其原因,还在于话题的"现实感"。在转化原初问题时,可以考虑日常生活中的哪方面可以与之发生关联。如他人的年龄、出生地、日常的衣食住行等个人信息。曲问的设计者,应该逐渐在自己的大脑中建立一个"日常生活关注点汇总库",以方便在设置曲问时,能够快速地从日常生活中检索与原初问题相关的"现实点",从而更高效地设置出恰当的曲问问题。

2. 是非善恶等价值判断问题

生活中的人们,习惯于对他人进行"好坏""善恶""对错"等的划分,在曲问的设计上,通过将某一直问的问题转化为有关价值判断的问题,通常会引起学生的兴趣和注意力。如在钱梦龙先生在《论雷峰塔的倒掉》课例中,让学生们评判白蛇娘娘是"好妖坏妖"的问题,能够很快地抓住学生的注意力,激发学生的探究欲望。

3. 与常识相矛盾的情境或问题

"日常生活"是现实,但其反面,"与日常生活相矛盾"同样可以看作是一种现实,或者说是与现实密切关联,二者相反相成,亦可以解释为"矛盾的辩证统一"。

因为,人有关注现实的本能,并且努力扩充自己的认知以匹配于现实。当某一情境或问题与自己已有的对现实的判断相矛盾时,人就会倾向于解决,其结果一是同化该矛盾,使得该矛盾与自己已有的认知相协调或被包含;二是改变自己的认知,使得自己的认知进行扩大或调整,以适应这一矛盾。

(二)设置文本障碍,激发思维转向

能否在提问中激发思维转向,是一个问题能否被称为"曲问"的关键,也是曲问"问在此而意在彼"的最佳注脚。正是因为思维受阻的存

在，才使得被提问者不得不让思维"拐一个弯"，才使得被提问者意识到这个提问"有些问题"，由此促使被提问者探究问题表面隐含的深意，从而促进在"彼"的"意图"的被发现、被解决。那么，如何激发思维转向呢？

答案很简单：制造矛盾。联系方法中的第一点，可以解释为：在与现实关联的基础上，制造矛盾。心理学中有关"注意"的现代理论强调，人的注意有所谓的"经济性原则"，即凡是熟悉的、认识了的事物，人们就不再注意它了，否则人的心理就会被弄得精疲力竭，穷于应付，只有那些新鲜的尚未认识到的事物才能引起人们的兴趣。而矛盾的出现，则会引起人们的注意兴趣，从而有助于教学问题的解决。①

二、曲问法在中学语文阅读中的设计注意事项

为了真正让曲问法在中学语文阅读中发挥应有的效果，有几点注意事项有必要在此进行进一步的强调。

（一）不要为了"曲问"而曲问

一定要记住：曲问等方法只是一种教学方法，它们的最终目的应是服务于教学目标的达成。教师在使用曲问法设计曲问问题时，一定是建立在对教学目标的明确和对学情等的准确把握上的，而不应该不顾教学实际的需要，任意设计"自我感觉良好"的曲问以"自娱"。

一切恰当的曲问，都是建立在对学生主体性的尊重和解决教学目标的基础上的。正如钱梦龙老师之所以会"发明"曲问这种提问方法，也是立足于文言文教学的弊端，为了解决实际的教学问题才提出的，并非为了曲问而曲问。

当一位语文教师真正地用心教学，将自己的心思都用在提高学生语文素养、解决实际教学难题上时，许多方法就会应运而生。曲问法也仅仅是众多"无心插柳柳成荫"的优秀教学方法中的一种罢了。

（二）合理使用曲问法

恰当的曲问，产生的课堂效果的确令人惊叹。但曲问法也并非万能的，它的成立需要各种前提或铺垫。倘若教师每个问题都力争做到曲

---

① 詹丹.阅读教学与文本解读[M].上海：上海教育出版社，2017：45-47.

问,那就有些过犹不及了。

曲问问题的设置有一定的难度,需要教师投入比直问更多的时间和精力来设计。经过前面的探讨,虽然认为曲问法可以作用于各种类型的知识,但在有效解决程序性知识和策略性知识方面,还欠缺太多的实践案例支撑,这或许也与曲问法本身的适用范围存在关联。最后,课堂本身应该是丰富多样的,一种问题方法始终占据课堂主要时间,也并非明智的选择。

总之,我们可以欣赏曲问法适用得当时的种种神奇效果,也可以赞美其"化腐朽为神奇"的强大力量,但不应将其美化到完美无瑕,曲问法并非万能,需要教师的合理使用。正如"红花还需绿叶衬",在一堂课中,种种提问法、教学方法紧紧围绕在达成最终教学目标的旗帜下,纷纷呈上,各显其威力,方不失为一堂精彩的教学典范课。

(三)曲问问题的有效设计,对教师的能力提出更高要求

要想设计出有效的曲问,势必对教师的能力提出更多和更高的要求。

要求教师具备较深厚的教育学、心理学等方面的知识。曲问法的有效实施,要求教师能够较好地把握曲问法涉及的相关学理,只有懂得曲问法设计成功的关键,把握其"桥梁性",理解何为"思维转向"等,才能设计出切实有效的曲问。

要求教师培养对生活细致观察的能力。曲问法立足于现实,其魅力所在,很大程度上源于它有效完成了文本与生活实际的沟通。而教师想要有效实施曲问法,就必须做生活中的有心人,细心捕捉生活中的点点滴滴并有意识地寻求与教学文本的关联。如此,才能在曲问的有效设计上百尺竿头更进一步。

要求教师具备终身学习的坚守。"学如逆水行舟,不进则退",要想在教学中灵活而有效地运用曲问法,要求教师不断地学习、不断地提升自我。唯有此,有效的曲问才能像具备"源头"的"活水"般,不断涌出。

三、中学语文阅读教学曲问法设计实践

理论的确立需要实践的支撑,只有将曲问法有效作用于实践,才能真

正使悬在空中的理论落地。下面,将以文言文《孙权劝学》为例,在中学语文阅读教学实践中使用曲问法进行教学设计。

(一)学情分析

七年级的学生正处于价值观形成的关键时期,因此在指导阅读的过程中要重点关注伟人的精神品质,引导学生感受伟人的人格魅力,从而唤起学生的理想与抱负。

通过上学期的学习,学生已初步积累"乃""但"等文言词汇的简单用法,对一些文言句式、语感和朗读方法有了初步的认识。浅显易懂,学生在熟读课文的基础上,借助课文的注释和相关资料,应该可以很容易地理解故事大意。

(二)文本分析

《孙权劝学》选自部编版七年级下册第一单元。该单元是一个名人单元,共四篇文章,《孙权劝学》处在本单元的最后一课。前三篇分别为《邓稼先》《闻一多先生的说和做》《回忆鲁迅先生》。

这些文章人文内涵丰富,都各自有侧重地写出了名人的品格、气质和生活道路,颂扬了他们对人类的贡献。这些名人都是璀璨的明星,是我们学习的榜样。《孙权劝学》在延续前面三课展现名人风采的同时,也有一些新的变化。

《孙权劝学》是选自《资治通鉴》的一篇小短文,通过写孙权劝导吕蒙学习及吕蒙接受劝告认真学习后发生的变化,点明了学习对于健全人格的作用。文章只有129个字,浅显易懂,学生在熟读课文的基础上,借助课文的注释和相关资料,可以较容易地理解故事大意。本册教材选编这篇课文的意图是:一是让学生感受吕蒙从一介武夫变为一名儒将的巨大变化,从而体会学习对健全人格的重要性;二是让学生能掌握阅读浅易文言文的方法。

(三)教学目标

了解司马光及《资治通鉴》,积累常用文言词语。运用多种方式朗读课文,配合翻译方法,理解并准确翻译课文。通过分析人物对话,准确把握人物的性格特点,理解读书学习的重要性,并能够从中获得启迪。

(四)曲问问题设计

1.知识导向型曲问问题设计

为检验和加深学生对"蒙辞以军中多务"一句的理解,可将原初问题"请同学们翻译'蒙辞以军中多务'"转化为以下问题:谁能说一下,吕蒙是做什么的?请从文本中找出相关依据。

本曲问问题与学生们日常关注的职业等生活化的信息有关,给人以轻松的感觉,容易调动起学生回答的积极性。同时,该问题与文本联系密切,回答此问题需要回归文本,明确"军中多务"是"军队中事务繁多"的意思,并结合前文的"当涂掌事"来推断吕蒙是一位军人,且职位较高,在军队中"当权管事"。

当学生回归文本,将思维由致力于直接回答"吕蒙是做什么的"转向对文本"军中多务"的理解时,该问题便迎刃而解了。该提问应建立在学生充分朗读、有整体感知的基础上。

2.内容导向型曲问问题设计

为引导学生充分揣摩吕蒙在说"士别三日,即更刮目相待,大兄何见事之晚乎"时隐含的调侃语气,可将原初问题"揣摩一下本句话中人物说话时的口吻"转化为以下问题。

想象一下,假如你是鲁肃,之前有些看不起能武不能文的吕蒙,这次见到他,发现他大有长进,你不禁惊叹地夸道:"你如今的才干和谋略,不再是当初那个吴下阿蒙了!"吕蒙居然回答道:"士别三日,就要另外拭目相看,长兄知道这件事怎么这么晚呢?"吕蒙是不是过于骄傲了?该问题为学生们营造一种类似于日常对话的生活化场景,给人以较轻松的感觉,有利于调动学生回答的积极性。同时,该问题紧贴文本,需要学生在联系上下文,充分把握文章大意的基础上,设身处地感受人物内在心理,这样才能理解吕蒙所说话语中含有的幽默、调侃意味。

当学生回归文本,将思维由致力于直接回答"吕蒙是不是过于骄傲了"转向对文本中"士别三日,即更刮目相待,大兄何见事之晚乎"的理解时,能够通过该问题设置的情境较好地进行换位思考,由此更有助于学生把握吕蒙话语中的调侃意味,从而实现该问题的最终解决。该提问应建立在学生把握文章大意、对人物关系有一定了解的基础上。

第八章　中学语文阅读微课教学

第一节　微课概述及应用依据

一、微课的概述

对于微课的定义,不同学者有不同的见解,因此需要先对微课的概念进行界定。熟悉微课的特点,可以帮助教师更好地了解微课,掌握微课的类型,从而使用微课。

(一)微课的定义

研究微课首先要确定微课的概念。随着时代的发展和教学实践的深入,微课的内涵和外延也在不断地丰富和发展。我们经常听到的就有微视频、微课和微课程三个词汇,但是三者有很大的不同,我们必须在概念上弄清楚才能深化微课的研究。微视频是技术层面的概念范畴,本身和教学并没有直接的联系。微视频属于微课的核心部分,但是相对于微课来说缺乏完整的教学设计。微课和微课程则是从教学层面而言的,前后二者有显著的差异。微课程是微课的集合,着眼于整个学科体系,是由同一学科的一系列课构成的,是微课的整合和系统化。

不同的学者对微课的概念从不同的视角给予了差异化的解读。通过一部分国内学者对微课定义的比较发现,微课的定义和分类大体分为三种:课、课程和教学资源。张一春和黎加厚提出微课属于"课",是一种短小的教学活动;胡铁生定义微课属于"课程",是一种新型在线网络视频课程,包括与教学相配套的支持性和扩展性资源;焦建利、郑小军和金陵指出微课应属于一种"教学资源",如在线教学视频和可视化的数字学习资源包。此外,国内学界对微课内涵还持有很多观点,但其本质都离不开微课是支持教师教和学生学的新型课程资源。无论将课程怎样分类，其共同点都离不开短小精悍这一显著特征。

以微课作为一种课程进行概念的划分，与胡铁生老师的观点相一致。胡铁生老师是国内最早提出微课概念，并且进行了大量的实践研究的先导人物。他对微课的解读也随着微课的发展在不断完善，微课的概念因而变得越发清晰。正是基于胡铁生老师对微课最新的概念界定进行研究。胡铁生把微课定义为：微课又名微课程，它是以微型教学视频为主要载体，针对某个学科知识点（如重点、难点、疑点、考点等）或教学环节（如学习活动、主题、实验、任务等）而设计开发的一种情景化、支持多种学习方式的新型在线网络视频课程。在他的研究中，微课从一种新的资源类型转化成有体系有构架的网络课程资源。他还关注微课应用的环境因素、学科内容、教学环节以及学习方式。其初衷其实就是希望微课成为微课程，成为系统化的教学资源。毕竟，单个的微课即使再优秀、画面再精美，对教育所起的作用也是九牛一毛的。所以主要采用了胡铁生老师对微课的定义。

（二）微课的特点

微课因为其显著的特征才会在时代的发展中脱颖而出。这种以小视频为载体的微课，让学习者可以在线或者移动的方式随时随地进行学习。这充分利用了学习者的业余时间，丰富了个性化的学习实践经验，可以更好地贯彻和落实终身学习的理念。

1.短小精悍

微课的内涵可以从不同视角去解读，但是无论哪一种内涵，都离不开微课最显著的特点——短小精悍。微课的"短"是指微课的录制需要控制好时间。对中学阶段的学生来说，最好的时间段就是5~8分钟。控制好时间有利于学生集中注意力，从而达到更好的教学效果。微课的"小"并不是指其呈现的知识点小，也不是发挥的作用小，而是指其物理的空间容量较小。微课中的微视频主要的应用方式就是网络媒体播放，一般储存格式都是MP4、FLV等，便于储存和传播。微课的"精"是指精心的教学设计。微课的使用并不是一种形式，归根结底要从教学本身出发，因此必须注重教学设计。微课的"悍"是指主题聚焦。一个5~8分钟的微课，要有清晰突出的知识点，这样学习者思路才能清晰，从而在最短的时间达到最好的教学效果。

2. 灵活便捷

微课的设计能有效地针对课程的重点和难点。学生对重难点的理解有一定的困难，微课在课前、课中和课后对重点的知识都会有相应的设计。当学生出现知识盲区时，可以通过数字技术和移动终端，去浏览微课。学生可以在任何时间和空间内自由地学习，不用像在传统的教学中需要等待老师解答，由此实现了个性化的学习。

3. 形式丰富

微课虽小，但是五脏俱全，其核心是教学微视频。它还包括微教案、微课件和微反思等。配乐、动画、图片、旁白和互动等元素都可以融入其中，形式丰富，给参与者更多的精神享受。

(三)微课的类型

微课虽然时间短，但是其承载的内容却能实现很多不同的功能。课前、课中和课后微课的使用时间不同，其对应的教学目标也不同。在不同的教学目标下，采用不同类型的微课，会使课堂更加灵活多效。微课的类型并没有统一的定论，根据划分维度不同，微课可以分成不同的类型。以教学方法的维度分可以划分为讲授类、问答类、启发类、讨论类、演示类、实验类、练习类以及表演类等；以技术实现载体可以划分为手机微课、PPT式微课、录屏式微课和交互动画式微课；以课堂环节的维度可以划分为导入、问题、故事和习题等类型的微课，主要从课堂环节的维度来介绍微课的类型。

1. 导入型微课

无论哪一门学科，一个精彩的导入，都能瞬间吸引学生进入状态，激发其求知欲。导入型微课的主要特点就是有强烈的趣味性、差异化的针对性、铺垫的实效性和主次的精练性。导入型微课在使用中，不同老师会采用有区分的导入方式。常见的微课导入方式有情境导入、旧知导入、问题导入和经验导入等。想要设计一堂好的导入型微课,首先要选择导入方法,进行导入设计、展示材料和引导点评,最后引出教学内容。在进行导入型微课时,设计者一定要结合教学目标使导入的内容形象直观,做到承上启下引出新课。

2.问题型微课

好的问题能逐步带领学生走入知识的殿堂,激发学生的探究欲望,引发学生思考问题。一堂好的问题型微课绝不是简单地提出问题,而是以问题为主线去逐步引导学生。常见的问题类型有"为何""是何""如何"。问题型微课要守住四个环节,也就是提出问题、分析问题和解决问题,最后对问题进行总结。好的问题型微课所设计的问题一定是有价值的,值得师生进行讨论的,最好是难度适中的。由老师带着学生进行探索,从而由浅入深,培养学生的探索能力。[①]

二、微课在中学语文阅读教学中应用的理论基础

微课在语文阅读教学中的合理应用,离不开理论基础的支撑。经过分析与研究,微课的可行性主要来源于建构主义学习理论、多媒体认知理论和个性化学习理论这三大理论依据。

(一)建构主义学习理论

建构主义观认为,学生学习知识必须要把学生作为认知的主体,强调学生对知识的主动探索、主动发现和对所学知识的主动建构,知识的学习必须在相关或"真实"的情境中。主张以学习者为中心,通过"同化"或者"顺应"达到有意义的建构。传统的语文阅读教学方式公式化和呆板化,学生的思维产生一定的惰性。千篇一律的语文课堂无法让学生产生兴趣,主动构建的积极性就会降低,自然无法充分发挥其主体性,充分地参与到课堂教学中。在语文课程标准关于阅读教学的建议中,明确提出了不能以模式化的教学来替代学生主观的体验与思考,着重培养学生感受、理解和评价能力,不能把学生学习机械化地割裂开。微课的应用很大程度上可以弥补传统语文课堂上的缺陷,为学生营造真实的情境,促

[①]张平仁.古诗理论与小学教学[M].北京:人民教育出版社,2015:117-119.

进学生对于知识的建构,满足课程标准中对于学生阅读学习的要求。相对真实的情境更易引起学生的共鸣,促进学生对于语文学习有意义的建构。同时微课是可以循环利用的资源,课前预习、课中参与和课后复习,其在时间上使用的灵活性,促进了学生去主动构建知识。随着时代的发展,好的微课学习App也越来越多,学习成员之间可以进行线上交流,在社会互动中体会充满情境性的学习。

(二)多媒体认知理论

微课是以微视频为核心,以多媒体为载体的学习资源,在其应用的过程中符合多媒体认知理论。多媒体认知理论是由美国教育心理学和认知心理学家迈耶提出,其观点以双通道假设、容量有限假设和主动加工假设为核心。双通道假设是指人们在认知的过程中对于视觉和听觉材料都具备相应的信息加工通道,而微课在使用过程中,大多数微课类型都会同时使用听觉和视觉材料。这种方式会使学习者更容易理解阅读材料,且记忆程度更深。容量有限假设是指人们在认知加工的过程中需要消耗认知资源,但是其资源是有限的,每个信息通道加工的信息数量也是有限的。微课更加丰富的呈现方式,可以让学习者可接受的阅读信息较之以往更多。主动加工假设是指为了对呈现的材料进行认知加工,人们会主动与他们的经验建立起一致的心理表征。这一核心原则也符合微课对学生的要求,主动去构建知识,做课堂的主人。

(三)个性化学习理论

个性化学习是根据学习者的个性特点和发展潜能,采取灵活且适合的方式充分满足学习者个体需求的学习。语文课程标准提出了要尊重学生的个体差异,鼓励学生选择适合自己的学习方式。学生可以通过各种学习资源,找到自己喜欢的学习方式以满足个性化需求,而微课的普及正好能营造便利的个性化学习氛围。由于学生的学习风格是多种多样的,有感悟直觉型、视觉言语型、活跃沉思型和序列综合型等,所以获取知识和处理知识都会有着不同模式。仅仅只是四十五分钟的课上时间,不能充分地满足各类学生对知识的需求,这时微课可以在课前、课中和课后三个环节创设阅读任务,进而从多环节满足学生的阅读需求。从课前准备开始学生就能选取个性化的阅读资源。在课中通过老师讲解、小组合作和创设任务情境进行内化。课后还包括习题或总结类型的微课。同时,学生可以写下阅读反思,课后在平台上进行交流并得到教师的评价。这样既符合现代学生的个性化需求,也能很好地满足"以学生为中心",充分地考虑到学生在认知风格、学习能力和学习兴趣等方面的差异。通过这种途径为学习者找到更好的学习方式,充分地体现出个性化的学习理念。

第二节 微课在中学语文阅读教学中的必要性

一、完善课堂,增加趣味性

现代的青少年处于信息化的时代,诸如手机、平板和电脑等许多电子产品伴随着他们的成长,传统课堂对他们来说已经不是获取知识的唯一途径。学生对教师的要求开始变得多元化,家长的想法也开始发生转变。传统的理念,大家对老教师或者说是教学经验丰富的人更容易定义为好教师,但处于信息化的时代,经验不再是唯一的评判标准。我认为好教师是让学生爱学习、会学习以及能紧跟时代的人。那么就不能再像传统课堂一样,要选择更适应时代的教学方式去教,让学生以易于接受的方式去学,从而满足现代学生的需求。

微课的使用可以更好地满足学生需求。从心理层面来说,微课的教学形式更加新颖,增加了中学生的好奇心以及猎奇心理,给传统意义上的阅读课融入了更加丰富的元素。微课从一定程度上改变了学生学习语文不积极,阅读难理解的现状。心理层面的改变会让学生主动去建构知识,增强了学习的主观能动性。从知识层面来讲,微课从课前、课中和课后各个方面对学生的阅读学习做好护航,避免了四十五分钟的课堂授课太集中,阅读理解困难的问题。对重点知识的把握不再限于一方课堂,而是将课后时间和课堂时间更好地融合起来。从认知需求上来看,初中生已经具备了一定的逻辑思维,希望对已学知识进行一定的深究。微课的融入更好地满足了现代初中生对知识的渴望,改变以往对阅读学习固有化和格式化的理解。这种融入微课的阅读授课模式,会让学生由点及面,对知识全方位地进行理解。微课完全可以满足现代初中生的学习习惯、学习需求、学习动机以及学习规律,从而使学生能够更热情地参与到课堂的互动中去。[①]

二、促进教师职业发展

微课作为一种新的教学方式,它的作用不仅仅是针对学生,对教师的职业发展同样有着不可或缺的作用。对经验比较少的新教师来说,既可以选择已有的微课资源,也可以选择自己录制微课。在选择和参与的过程中,新教师对阅读知识的理解以及教学重点的把控会更上一层楼,这也相当于一个借鉴与学习的过程。对老教师来说,新兴的授课形式,可以活跃课堂氛围,对自己惯有的教学模式会有一些反思和改进。同时,老教师在思想上也会发生转变,脱离惯有的教学模式,在融入时代特点的过程中,督促自己职业上的进步。

加入微课进行教学可以在很大程度上促进教师对教材的把控。微课毕竟只是课堂的一部分,传统课堂所占时间还是大于微课所占时间,所以何时插入微课、插入多久的微课以及微课和传统课堂如何更好地衔接,这些都是教师在采用微课授课之前就要思考的问题。这样一来教师对教学时间点的控制也更加地精准,会更加细致地研究每一个阅读内容,并从中加以分解和细化。在此过程中,教师对于微课教学理念和实际操作会有更深刻的体会。

三、提高学生学习效率,完善知识体系

现代化的教学手段,能够提高授课效率。从微课的授课时间和授课内容来说,微课的融入可以很大程度上提高课堂效率。学生的兴趣提高了,接受知识的速度也同样变快了。微课短小精悍,注重对知识点透彻

[①] 张晓琳.初中语文读写结合教学策略研究[M].长春:吉林人民出版社,2020:33-36.

的讲解,学生通过学习可以迅速找到解决问题的方法,那么在课堂上就节省了一部分知识内化与吸收的时间。教师有时怕学生忘记前面学习的知识,在课堂上会占用一部分的时间进行复习,但与其一遍遍不厌其烦地复习知识,不如把学生有疑问的阅读知识做成微课。上课时不用调用过多旧知,这样即使基础薄弱的学生也能跟得上,老师也不会出现顾此失彼的现象,授课的进度将会得到明显的提升。这种方式既简单又高效,促进了知识的转化与提升。

另一方面在中学语文阅读学习的过程中,知识点之间是相关联的。每篇文章虽然主旨不同,但是文章背后所对应的能力是在知识点的连接中逐渐培养起来的。在学习中完善语文知识体系才能更好地学习语文,而微课可以帮助学生们利用课余的时间巩固琐碎的知识点。在巩固的过程中,学生可以主动建构知识,将这些零散的知识点由易到难、由浅入深地进行整合,在自己的头脑完成相关知识点的相互衔接,从而形成语文知识体系。当知识形成体系,学生学习的驱动力就会得到提高,对知识输出的意愿也会变强。就这样建构到输出再到建构,形成了一个良性的循环系统,使学生主动积极地完善语文知识体系。

第三节　中学语文阅读微课教学的策略探索

一、中学语文阅读微课教学的应用原则

中学生有其认知的独特性,中学语文也有其独特的学科属性。微课在中学语文阅读教学中想要更好地应用需要遵循一定的原则,主要有三个方面的内容:聚焦和针对性原则、完整性原则以及以学生为中心的原则。

(一)聚焦和针对性原则

微课的选题和内容要有聚焦性和针对性。选题太大、太宽以及太空洞,在短时间内知识点无法讲解透彻,会造成内容堆砌。学生在短时间

内无法消化教学内容,跟不上教学节奏,教学效果就会不好。而且内容不能太散、太杂乱,这种内容上的不聚焦,缺乏核心思想,会给人以"走马观花"的感觉,从而脱离了使用微课的初衷。所以微课在内容的选择上要聚焦,且要聚焦重点、难点和关键点。同时要有针对性,选择的内容不能太难也不能过于简单。太难的内容几分钟讲解不透,太简单的内容又没有使用微课的必要性,所以应该针对难度适中的教学内容进行微课的使用。难度适中的内容符合学生的最近发展区,能够充分地调动学生的积极性。利用微课更好地聚焦和针对教学内容,才能让学生在课堂中获取知识,学习到实质性的内容。

(二)完整性原则

微课的时长通常不超过10分钟,但必须在短时间内呈现完整的授课内容。因为微课在设计的过程中就是一节完整的课,而不是一个教学片段,所以无论从设计还是使用的过程中都应注重其完整性。其完整性包括结构上的完整和内容上的完整。结构上的完整主要是设计微课的过程中,对于微教案、微课件、微视频和微反思等环节的完成。内容上的完整主要是指知识点的讲解完整,确保学生通过这节微课能梳理明白授课思路。只有保证微课的完整性,才能发挥微课在教学环节的作用,加深学生对于知识的理解和印象。

(三)以学生为中心原则

创新教学手段要与时俱进,最终都是为了学生更好地学,因此在利用微课进行阅读教学时要注意以学生为中心。微课不仅仅在课内教学时使用,还包括课前和课后学生的自学。只有做到以学生为中心考虑学生的需求,学生才能在课下主动使用微课,同时在课堂上认可微课。满足学生的需求要从以下几个方面考虑:首先尊重学生的视听需求,画面和声音要考虑学生的感受;在教学设计中,微课的教学思路要符合学生认知的特点;最后在心理层面,要考虑学生的接受程度。只有学生学好了,才是一节成功的微课。[1]

---

[1] 周婷.微课资源在初中语文阅读教学中的应用研究[D].上海:上海师范大学,2019:5-7.

二、中学语文阅读微课教学的内容设计

阅读微课教学内容的设计,是构建科学化和有效化阅读微课的关键所在。根据实践摸索,将中学语文阅读微课教学的内容设计分为依据文体、知识类型、教学环节和学情四个方面。

(一)依据文体进行设计

阅读在中学语文教学中所占比例较大,从文体上分可以分为古代诗文阅读和现代文阅读。其中古代诗文阅读可以分为古诗词曲阅读和文言文阅读,现代文阅读可以分为记叙文阅读、说明文阅读和议论文阅读等。不同的文体,设计微课时会有不同的侧重点,因此此处分别展开论述。

微课在现代文教学中的内容设计,现代文在中学语文中所占比例是最大的,也是教学的重中之重,主要涉及了记叙文、说明文和议论文三种文体。以中学语文部编版教材为例,七年级以记叙文为主,八年级以说明文为主,九年级以议论文为主。就题材的选择来看,现代文题材具有广泛的多元性。记叙类文章中包括记叙文和记叙性散文,说明类文章包括事物性说明文和事理性说明文,议论类文章包括立论文和驳论文,体裁涵盖全面。

(二)依据知识类型进行设计

语文阅读知识可以划分为阅读基础知识、阅读策略性知识、阅读重难点知识和教材延伸与拓展等几个方面。在教学过程中每一种知识类型都要针对不同的内容进行微课设计,以便更好地帮助学生学习语文。

1.阅读基础知识

在语文阅读的学习过程中,基础知识起到地基的作用。在语文阅读教学中,基础知识主要包含修辞手法、汉语语法、文学文化常识、标点符号以及基本的语言表达等。良好的基础可以帮助学生更好地理解文章,只有学生将基础知识掌握好,才能顺利进行文本解读。因此有很多微课资源是围绕着阅读基础知识展开的。例如,华师慕课网西南大学做的系列微课,就是针对中学语文现代文阅读的文体知识进行讲解的,该系列

微课一共分为八节,每节平均七分钟。主要包括散文的介绍、散文的特征、诗歌的介绍、诗歌的分类、小说的介绍、小说的分类、小说的特征以及戏剧的介绍。这一系列的微课讲解细微而且连贯,可以很好地帮助学生掌握文体知识。再比如中国微课网上某老师用微课讲解比喻。10分48秒的课程包含了比喻句的定义、比喻句的构成、比喻句的分类、比喻句的判别、比喻句的作用以及比喻句的答题格式,关于比喻句的基本知识点在微课中都有清晰的讲解,同时有其辅助资源包,包括微课中使用的PPT和比喻句的课堂作业。另外还有刘学奎关于虚实结合表达手法的讲解,卢新元的古诗词的表现手法借景抒情,罗桂娥词语的感情色彩等微课都对阅读基础知识进行了讲解。这些资源对学生学习阅读基础知识将会产生很大的帮助。

2. 阅读策略性知识

中学语文阅读的学习不仅仅要学习陈述性知识,策略性知识的学习也很重要。陈述性知识可以帮学生打好基础,但是策略性知识可以教会学生如何学习。策略性知识可以让学生更好地控制自己的学习,从而对认知过程进行把控,对学习过程进行调控和学习资源进行管理。策略性的学习更贴近素质教育对学生的要求,对学生的学习能力和自信心的建立都有很大的帮助。

在中学语文阅读教学中策略性知识主要是指关于现代文、文言文以及诗歌的阅读方法。通过学习这些方法学生可以进行自主学习,对文本的加工以及解读都会更加透彻。不同的学生对于策略性知识的掌握程度不同,有的学生策略性知识掌握得比较好,课内课外的阅读量都可以兼顾,但另一部分学生策略性知识掌握得不好,对于课外的阅读很难读懂。微课的形式比较灵活,学生可以根据自己的基础选择策略性知识的学习,针对自己不懂的地方,随时进行调控,从而对不同基础的学生形成补充。例如,青岛四十七中学郝欣对散文进行了阅读指导,通过不到10分钟的课程,解读线索的意义和运用的方法,让学生通过对线索的理解,从而掌握散文的学习方法。

(三)微课在课后环节中的应用

1. 布置作业,拓展提升

传统作业的设置基本都是片面的,作业的设计没有层次感而且实践性较差。教师的精力基本都在课堂上,忽视课后作业环节似乎已经成为常态,这种现状特别不利于学生的个性发展和主体性的发挥。因此作业的设计应该根据不同学生的基础,设置相应难度的作业,这样才能对不同的学生进行查缺补漏。利用微课可以很好地设置作业的层次性。同一文章,微课可以设计几种作业形式分层布置,分别有基础型、提升型和拓展型。基础型的微课可以帮助学生对于课文内容、文言文翻译和诗词理解进行自主复习;提升型的微课可以帮助学生掌握文体的情感并理清行文思路;拓展型的微课可以让学生掌握文章结构,拓宽语文学习的知识面。各种类型的学生都有对应的微课资源,真正做到因时而设,因人而异。同时以微课的形式留作业,更容易落实减负增效以及减量增质,让学生自觉地进行个性化的学习。学生可以通过微课更好地将课内外的知识进行联结,而不是简简单单地完成课本上的练习作业。

同时,微课也为学生提供了更丰富的资源进行课外知识的拓展提升。随着语文考试的开放性越来越强,课内的选文远远满足不了学生的阅读需求,这就要求学生有丰富的阅读量才能更从容地面对考试。利用微课进行课后拓展可以采取两种方式:第一,以课后作业的形式帮助学生进行拓展,引导学生阅读优质的文学作品,但不可盲目地进行阅读,而是带着老师的问题边阅读边思考。值得注意的是利用微课布置作业进行课外拓展,一定要结合课内教学,这样学生在课上分享交流的环节才能进行自我展示,学生学习语文的热情也会得到相应提升。第二,以自主选择的课后资源作为辅助资源,帮助学生进行拓展延伸。这一类的拓展并不是一种学习任务,而是学生在有学习需求的情况下,自己主动对已有的知识系统进行扩充,从而满足学生多样化的需求。在课后环节应用微课,利用微课资源布置作业,拓宽知识领域,可以让课后环节的学习得到更加合理的安排,更有利于构建开放有活力的语文课堂。

2.学生自主复习,查缺补漏

语文的复习环节一直容易被忽视。很多复习都是因为老师留下大量刷题的任务,而不得不进行的,因此复习一直处于低效、重复以及消极应对的现状。对中学生来说语文的阅读复习主要集中在文言文的背诵、实词虚词的记忆、诗歌的背诵和阅读的刷题等部分。其中背诵的部分对大多数学生来说都是可以完成的,但是关于刷题这一部分的复习,大部分的同学都在做无用功。例如,初一初二的学生都经历过大量刷记叙文阅读的题,但是最后仍然会大范围在记叙文丢分。这说明学生根本就不会阅读记叙文,那一味刷题只会让学生在课后时间更讨厌继续学习语文。

参考文献

一、专著

[1]常福胜.中小学语文探究性阅读研究[M].郑州：中州古籍出版社，2017：11-15.

[2]储建明.阅读教学觉悟论[M].长春：东北师范大学出版社，2018：21-26.

[3]胡忠于.教研与反思 高中教研指导与管理研究[M].重庆：重庆出版社，2014：31-33.

[4]纪秋香.独立阅读能力发展路径与评估[M].北京：华文出版社，2017：51-55.

[5]金建生.中小学课程与教学问题研究[M].上海：上海交通大学出版社，2019：17.

[6]陆建生，高原，陈展.微格教学理论及实践[M].北京：科学技术文献出版社，2018：19-21.

[7]孟宪军.语文阅读教学本体建构[M].济南：山东教育出版社，2018：77-79.

[8]莫先武.小学经典课文阅读教学设计[M].苏州：苏州大学出版社，2016：19-24.

[9]王昱华，徐洪岩.中学语文教学探索[M].成都：电子科技大学出版社，2015：61-63.

[10]韦美日，杨进，杨伟蓉，等.中学语文学科教学设计[M].北京：民族出版社，2015：55-57.

[11]魏晓旭，金洪源.心理健康与潜能开发的元认知策略：中小学生心理教育技术化操作与原理[M].沈阳：辽宁科学技术出版社，2015：87-91.

[12]吴欣歆，许艳.书册阅读教学现场[M].北京：教育科学出版社，2016：105.

[13]詹丹.阅读教学与文本解读[M].上海：上海教育出版社，2017：45-47.

[14]张平仁.古诗理论与小学教学[M].北京：人民教育出版社，2015：117-119.

[15]张晓琳.初中语文读写结合教学策略研究[M].长春：吉林人民出版社，2020：33-36.

[16]朱立金.小学语文教学研究与实践[M].济南：山东教育出版社，2018：91-93.

二、期刊

[1]高杨.尊重个性化阅读与教学的整体把握[J].文学教育(下),2020(04):82-83.

[2]魏孔贵.中小学语文阅读教学的现状及对策[J].都市家教(下半月),2017(02):137.

三、学位论文

[1]高爽.初中语文阅读微课教学的策略研究[D].杭州:杭州师范大学,2020:5-7.